現代
マネジメントの
基礎

髙沢修一・山田敏之［著］

財経詳報社

は じ め に

　老舗とは，創業 100 年を超える企業のことですが，日本は，世界第一位の長寿企業が多い国です。そして，わが国には，「金剛組」のような創業 1400 年を超える老舗企業が存在する一方で，ネットビジネスのような新しいベンチャービジネスも次々と生まれています。

　マネジメントの知識は，伝統的な老舗企業の経営においても，起業においても重要な経営能力です。マネジメント力とは，『ヒト』と『組織』を効率的に機能させて，社会に貢献する企業経営を行う能力ですが，このマネジメント力は，生まれながらに備わっている能力ではなく，養成することができる能力です。

　しかし，マネジメント力を養成するためには，体系的にマネジメントに関連する専門分野の知識を学習することが求められます。

　今日，企業を取り巻く経営環境は大きく変化しており，現代ビジネスでは，流動的な企業経営に迅速に対応できるマネジメント力を養成することが大切になります。なぜならば，現代ビジネスは，AI（人工知能）の発達によりデジタル化が急速に進展することにより，従来の企業とは大きく様変わりしているからです。

　また，グローバル化や IT 化が進展した経営環境に対応したマネジメント力を養成するためには，ピーター・F・ドラッカー（Peter F. Drucker）に代表されるような伝統的なマネジメントの専門知識に加えて，現代の最新のマネジメントの専門知識を習得することも重要になります。そのため，本書は，経営学及びマーケティング，会計学及び税法学の視点からマネジメントを体系的に学べるような構成内容にしています。

　また，本書は，初学者を対象としたマネジメント力の養成を目的とするだけでなく，公務員や経営コンサルタントを目指す受験生の入門書としても活用できるような構成内容にしています。

　なお，本書は，『マネジメント力の養成』（財経詳報社，2016 年）を修正加筆したものです。末尾になりますが，出版事情が厳しい時節にもかかわらず，

本書の出版を引き受けて頂いた財経詳報社代表取締役社長 宮本弘明氏とスタッフの方々に御礼申し上げます。

2024 年 3 月

著者

目　次

第3章　マーケティング

第4章　イノベーション

第5章　組織構造

第6章　モチベーション

第7章 リーダーシップ

第8章　集団の中の個人

第9章　国際経営

第10章　会計学入門

第11章　財務諸表論

第14章　税法学入門

第15章　法人税法

第1章　経営学を学ぶに当たって

1　企業経営の目的
1-1　企業の社会的責任

　企業経営の目的としては，①利潤の獲得と，②企業の社会的責任（Corporate Social Responsibility : CSR）の二つが挙げられます。

　ピーター・F・ドラッカー（Peter F. Drucker）は，「企業の目的は，顧客の創造である」と述べていますが，企業が利潤を獲得するためには，市場（顧客）を創造することが求められます。例えば，ファーストリテイリング（ユニクロ）は，新規の顧客開拓を目的として，フリース，ヒートテック，ブラトップ，及びマシンウオッシャブルニット等の新商品を次々と市場に送り出して顧客を創造し続けています。

　この他，わが国における「顧客の創造」の代表的な成功事例としては，次々と新しいアトラクションを創り出して顧客開拓を行っている東京ディズニーランドと東京ディズニーシーの運営管理会社である，オリエンタルランドのケースがあります。

　一方，CSR の先駆的研究としては，シェルドン（O.Sheldon）の『経営のフィロソフィ　企業の社会的責任と管理』が挙げられますが，シェルドンの研究成果は，企業経営における労働者の人間性を重視しており CSR の萌芽として評価されています。

　わが国でも，社団法人経済同友会「日本企業の CSR：現状と課題―自己評価レポート 2003」は，社会的責任経営を，「様々なステークホルダーを視野に入れながら，企業と社会の利益を高い次元で調和させ，企業と社会の相乗発展を図る経営の在り方である」と定義しています。つまり，CSR とは，株主，投資家，消費者，市民，経営者，従業員，及び地域社会等の広範囲なステークホルダーを対象とし，企業と社会の調和と相互発展を目的とする企業経営のことです。

　また，CSR には，メセナやフィランソロピーとの同質性が窺えますが，メセナが，"文化事業や芸能活動を対象とした経済援助を伴う社会貢献"であり，

フィランソロピーが，"社会的な奉仕活動を対象とした経済援助に伴う社会貢献"であるのに対して，CSR は，単なる経済援助に伴う社会貢献だけでなく，"人的な結びつきを重視した社会貢献"であるという点において異なっています。この CSR が注目されるようになった社会的背景としては，グローバリゼーションの進展に伴い，企業経営を取り巻く環境保護問題や企業不祥事問題への認識が高まったことが挙げられます。例えば，地球温暖化への対応やエンロン事件等の一連の会計不正への対応として CSR が注目を浴びるようになりました。

　しかし，CSR は，現代になって注目された経営観ではなく，近江商人に由来する「三方よし」，「売り手よし」，「買い手よし」，「世間よし」にも CSR の萌芽が窺えるのです。

　つまり，近江商人の経営観とは，「売り手」と「買い手」と「社会」の三者が互いに利益を得られるような関係構築を目指して，企業と社会の相乗発展を図る経営のことです。

　また，ガルフ（Gelb and Strawser）は，「CSR 活動に積極的な企業は，CSR 活動の一環として情報開示に取り組んでいる」と説明しています。つまり，CSR は，戦略的なステークホルダー対策として位置づけられ，CSR の導入効果としては，ⅰ．ステークホルダーに対する企業イメージの向上，ⅱ．継続性の高い安定株主の確保，ⅲ．企業の反社会的行動の防止，ⅳ．将来のリスク負担の回避等が挙げられます。

　そして，CSR 報告は，経営戦略の一環としてホームページ上で「CSR レポート」として開示されることが多いです。

1-2　企業の社会的責任会計

　CSR 会計は，"企業の社会的責任会計"として認識されますが，非財務情報を含む財務報告内容の充実を目的とした「CSR 会計」の存在意義は高いです。そして，CSR 会計は，外部報告会計的性向と内部報告会計的性向を併存した会計システムであるため，財務会計や管理会計との同質性を窺えるのです。

　しかし，CSR 会計には，「定量化・形式化」と，「システム化」という二つの課題があります。前者は，企業の CSR 問題にかかわる事象をいかに数値換算して，どのような報告形式を採用するべきか？という課題であり，後者は，

どのような経営管理システムを採用するべきか？という課題です。企業が社会的責任を果たすためには，企業の社会的責任会計である CSR 会計の整備も求められることになります。

2　マネジメントはなぜ必要なのか？
2-1　経済学の想定する企業像

　マネジメントの必要性を考える際の対比として，なぜ伝統的な経済学ではマネジメントといった発想が出てこないかを考えてみましょう。この違いの本質は経済学と経営学が想定する企業および人間の捉え方の違いにあります。経済学における企業行動の説明は，主にミクロ経済学の企業理論あるいは企業の経済学といった分野で行われています。経済学の目的は，一国の資源の有効配分のため，市場における企業間の競争のあり方をどのように構築していくかを考えることです。つまり，経済学の主たる関心は，一国の経済がムダなく，効率的に配分されるには，市場においてどのような競争の仕組みを構築すればよいのかを考えることであり，現実の企業行動の説明や予測ではありません。

　このような目的を持った伝統的な経済学の中での典型的な企業像は，「完全競争モデル」として概念化されています。完全競争とは，以下のような条件を有した特殊な競争環境です。第一に，全ての企業は同質の製品を同一の条件で生産しています。第二に，企業や消費者は価格や品質等の情報について完全な知識を持っています。第三に，企業は利潤最大化を，消費者は自らの効用最大化を目指して行動します。第四に，市場には互いに価格形成に影響を与えないほどの規模の小さい企業が多数存在し，原子的競争（atomistic competition）といった状況が現出しています。このような競争環境において，個々の企業は極めて小さいパワーしか持たず，企業側からは市場に対する反作用はできず，全ての企業が市場で決まった価格を受け入れる「プライステイカー（価格受容者）」として位置づけられます。第五に，市場への参入や退出が自由にできるということです。しかし，これらの条件は現実の世界でどの程度起こるものなのでしょうか。実は，これらの条件はあくまで経済学の理論で現象を説明する際の仮定であって，現実の企業の競争環境を反映したものではなく，その意味で非現実的な仮定となっているのです。

　一方，伝統的な経済学における人間は「経済人」として位置づけられます。

経済人とは完全な知識と情報を持ち，効用を最大化するよう，完全合理的に行動する人間です。したがって，企業は「経済人の集合体」としての性格を持つことになります。経済人は何人集まっても皆同じように完全合理的に行動するため（同質の特性），個々人の利害の対立はありません。つまり，組織の存在や組織の内側を考慮する必要はありません。なぜならば，経済人が10人集まろうが100人集まろうが1人の経済人が存在するのと同じことだからです。このような人間観に基づく伝統的な経済学では，組織の特性，組織における意思決定のあり方，経営戦略の違いから生じる企業行動等は，一切考慮される余地がないのです。したがって，組織は「ブラックボックス」として扱われることになるのです。

2-2　企業の本質的活動とマネジメントの必要性

　経営学が想定する企業の基本的な目的は長期の維持発展です。その目的を達成するための企業の本質的な活動とは，顧客に受け入れられる製品やサービスを作り出すこと，つまり「価値創造」の活動であり，最近の言葉でいうと「イノベーション」を創造する活動なのです。例えば，トヨタや日産等の自動車メーカーの本質的な活動は，世の中に受け入れられる自動車を設計すると同時に，鉄，ガラス，タイヤ等の材料や部品を調達し，それを設計図に従って最終製品に組み立て（製造），完成させた車を販売し，顧客に買ってもらうという一連の活動の流れで表すことができます。また，これら価値創造の活動は，万古不易なものではなく，環境変化に合わせて更新することが必要になります。その意味では，企業の本質的な活動とは，価値創造のプロセス及びそのプロセスの活性化にあるといってもよいでしょう。

　企業は経営に必要な資源であるヒト，モノ，カネ，情報をうまく組み合わせ，本業である価値創造の活動を遂行していきます。当然，このような活動は1人の人間だけで行うことは不可能です。例えば，部品が1万点を超えるといわれる自動車をたった1人で組み立て，量産し，販売することなど不可能です。この例からもわかるように，企業の価値創造の活動は，複数の人間がそれぞれの担当や仕事を分担しながら，協力関係を維持しつつ全体として1つの完成形に練り上げていくものです。つまり，企業の本質的活動である価値創造プロセスあるいはそのプロセスの活性化は，多数の生身の人間の協働により遂行される

ということになります。さらに，現代企業の価値創造は，企業内部のメンバーだけで達成できるものとは限りません。後述するように，価値創造の活動は従来の一企業内部で完結するものから（クローズド・イノベーション），外部のステークホルダーとの協働で行う側面も増えてきました（オープン・イノベーション）。

　我々生身の人間は，経済学が想定する経済人とは異なり，1人ひとり感情，価値観，考え方，利害関係等が異なった存在です。例えば，同じ企業で働いていたとしても，個々人の仕事への思い入れは異なります。金を稼ぐため，名誉を得たいために働くという人もいるでしょう。あるいは自分の能力を磨きたい，人間として成長したいと思って働く人，チームや仲間と一緒に何かを達成したいために働くという人もいるでしょう。このように生身の人間は，皆が自動的に同じ方向に動くような機械やロボットではありません。個々人がそれぞれ勝手に動いていたら，協働により1つの仕事を達成することはできないのです。

　したがって，様々な価値観，利害，動機等を持った複数の人間を，企業の共通目的達成という同じ方向に向かわせるには，マネジメント（経営管理）といった考え方が必要になるのです。ここで，マネジメントとは，個人が単独ではできない仕事を効率よく達成するために，価値観，利害，思い，考え方等が異なる複数の人間の活動を調整，統合していくことになります。

　もちろん，複数の人間の協働を促すマネジメントという考え方は，最近になって出現したものではありません。太古の昔，エジプトのピラミッドの建設にも多くの奴隷が使われたことから，複数の人間の活動の調整は昔から行われてきたものといえます。ただし，現代企業におけるマネジメントは，かつて奴隷に対し行われたマネジメントと同じ性質のものではありません。極端にいうと，鞭で打って無理やり強制的に複数の人間の仕事の調整を行うようなマネジメントでは，現代企業で価値創造の活動を活性化させることはできません。マネジメントという考え方は昔からあるけれども，現代ではその性質が変化しているということです。

　従来のマネジメントでは主に，仕事をいかに効率よく進めるかという生産性や効率性の視点が重視されてきました。まさにテイラーの科学的管理法の考え方です。しかし，現代企業の価値創造を促すマネジメントは，これだけでは不十分です。生産性や効率性に加え，新しいアイデアや発想を生み出す創造性と

いった視点も考慮しなくてはならないのです。企業が基本的な目的である長期の維持発展を達成するには，持続的な競争優位を獲得・維持する必要があり，そのためには継続的に新製品や新事業の開発を行うことが重要になります。生産性や効率性だけを目指したコストダウンだけの偏った視点では，短期の競争優位は獲得できてもそれを長期的に維持することはできません。継続的な新製品や新事業の開発には，従業員1人ひとりの創造性の発揮が必要であり，これを組織的にいかに喚起するか，という視点が現代企業のマネジメントの大きな課題になってくるのです。

2-3　マネジメントの機能

　では，具体的にマネジメントとはどのような仕事をすることなのでしょうか。マネジメントの具体的な機能について，マッシーは以下の7つに集約しています。

① 意思決定（decision making）

　意思決定とは，期待された成果を達成するため，実現可能な代替案の中から望ましい行動のコースを選択するプロセスです。意思決定には，基本的な企業の目的を設定し，製品─市場領域を決定する経営トップによる戦略的な意思決定，日常業務で発生する意思決定等が存在します。

② 組織化（organizing）

　組織化とは，組織構造や職務の配分を行うプロセスです。第6章で扱う組織構造の問題は組織化の一つの側面です。

③ 人員配置（staffing）

　人員配置とは，経営管理者が部下を選抜，訓練し，昇進，退職させるプロセスです。

④ 計画化（planning）

　計画化とは，経営管理者が将来を予測し，部下に委ねる代替的な行動のコースを発見するプロセスです。第2章で扱う経営戦略の問題が相当します。

⑤ 統制（control）

　統制とは，現在の成果，業績を測定し，これに基づいてあらかじめ設定した目標を達成できるように導いていくプロセスです。統制は目標に達していない場合に，どのような修正により目標達成に誘導するかを考えるもので，これ自

体は重要な機能です。ただし，統制が極端に厳しくなり，当初の目標に達成しない状況を失敗と捉え，失敗に対してペナルティを与えるといった発想では創造性をつぶしてしまうことになります。これでは誰もが失敗を恐れて，誰もやったことのない新しいことに挑戦したり，なかなか到達できないような高い目標を掲げることを避けるようになってしまうからです。

⑥ 情報伝達（communication）

　情報伝達（コミュニケーション）とは，望ましい結果が実現されるように，人と人との間に適切にアイデアや情報が伝えられるプロセスです。適切な情報伝達の経路を構築することはリーダーの重要な役割になります。

⑦ 指揮（directing = leadership）

　指揮（リーダーシップ）とは，部下の行動を共通目標の達成に向けて指導していくプロセスです。なお，監督機能は指揮機能の一つに過ぎません。監督は，物理的な監視が可能な作業現場のような場所での指揮を意味しています。

　なお，これらマネジメントの基本的な機能は，それぞれが独立に存在するわけではなく，相互関連性を持つということに注意が必要です。

3　日本企業の経営
3-1　日本企業の経営の特徴

　アメリカの経営学者ジェームス・C・アベグレンは『日本の経営』（1958年）の中で，終身雇用，年功序列，企業内労働組合を日本企業の特徴として指摘しました。その後，『OECD対日労働報告書』（1972年）ではこれらを日本的経営の三種の神器と呼び，今日広く知られるようになりました。歴史的には1920年代，熟練工の定着率が低かった日本企業は，改善策として終身雇用と年功序列を採用し始めました。戦後，高度経済成長期からバブル期にかけて，企業が持続的に成長したことでこれらの制度は定着しました。特に最初は大企業の正規従業員が対象でしたが，徐々に中堅企業まで普及していきました。

　終身雇用とは，従業員が高校や大学を卒業後，最初に就職した企業で定年まで働き続けることを意味します。年功序列とは，年齢と勤続年数を基準にして待遇（昇進や給与等）を決める人事制度・慣習を指します。こうした制度の下では，若年労働者は企業に対する自分の貢献に比べて，十分な給料を受け取っていないと感じるかもしれません。しかし，勤続年数を重ねるにつれ，自分の

貢献を超える給料を受け取ることができる制度であるため，中途退社すること
は少なく，結果的に長期雇用・終身雇用が定着することになりました。

　企業内労働組合とは，従業員の利益を代表する労働組合が，企業ごとに組織
されることを意味します。欧米諸国では職種ごとの労働組合が一般的ですが，
日本企業では企業内労働組合のため，若い時に組合活動をして経営陣と対峙し
ても，その後管理職に就き，非組合員となるケースが珍しくありません。労働
組合と企業の経営陣は自分たちの企業の業績を伸ばすことを基本的には目指し
ますので，協調的な交渉をすることが可能になります。言い換えると，それぞ
れの企業の実状にあった労使交渉を行うことができると考えられます。

　日本的経営の三種の神器の他にも，日本企業の経営には，他の諸国の企業と
は異なる特徴があります。諸外国では見られない高校や大学の新卒者の一括採
用もその一つです。必要なポジションに必要なスキルや能力を持つ人材を採用
する欧米企業とは異なり，日本企業では実際に仕事をしながらスキルを身につ
ける OJT（On the Job Training）という方法が採用されています。また，2
〜3年ごとに職場を異動するジョブローテーションが行われ，一つの職種に特
化するスペシャリストではなく，一つの企業の中で様々な職種をこなすことが
できるジェネラリストを養成しています。従業員から見ると，同じ企業で働き
続けたほうが自分のスキルを十分に活かすことができるため，他の企業への転
職は魅力的なオプションではなくなります。企業側は長期雇用制度の下，従業
員の教育・育成に安心して投資することができます。結果的に日本では，戦後，
職種ごとの外部労働市場が発達しませんでした。

　このような新卒者一括採用／終身雇用という日本型制度と，スペシャリスト
の随時採用／企業間の転職という欧米型制度は，蓄積の経営と組み合わせの経
営という経営原理の相違であるともいわれています。蓄積の経営では，同じメ
ンバーがチームとして時間をかけて同じ仕事をし，経験を積むことで，生産性
が向上すると考えます。それに対して組み合わせの経営では，能力の高いメン
バーを社内外から集めてチームを結成し，そこで共同作業することで生産性が
高まると考えます。いずれもそれぞれの国の外部労働市場のあり方や，企業の
採用・トレーニングといった制度と整合性を保つことが重要であり，どちらか
が優れているということではありません。

　こうして蓄積された経験をフル活用する制度として，技術の自前主義，現場

主義，ボトムアップ型の意思決定など，日本企業の特徴として挙げられます。いずれも現場の従業員の経験を十分に経営に反映させる仕組みです。

3-2　日本企業の課題と新たな取り組み

　これまで見てきた日本企業の経営には，次のようなメリットがあるといえます。長期雇用が保証されれば，長期的展望に基づいた戦略策定が可能となり，また長期的視点から人材育成ができます。企業理念の共有，帰属意識や愛社精神の涵養，仕事への意欲とチームワークの醸成，最終的には企業の生産性と競争力の向上につながるでしょう。

　しかしながら，同時に以下のような問題点も浮上します。チームワークや集団主義を重視すると意思決定に時間がかかってしまいます。また終身雇用の場合，企業の人件費が固定費として高くなってしまいます。成長期にはそのコストを吸収できますが，企業の成長が鈍化すると負担となってしまいます。さらに年功序列的価値観が強まると，若い従業員の活躍の機会を奪う可能性もあります。伝統的・固定的な観念にとらわれると，諸外国からもしばしば指摘されるように，出産や育児などで一時的に職場を離れざるを得ない女性労働者のキャリア形成が難しくなります。

　1990年代以降はバブル経済の崩壊により，それまでの，成長を前提にした日本的経営に対する評価が見直されるようになりました。グローバル化，情報化が進み，日本企業も世界を視野に入れた経営を迫られる中，年功序列型の人事評価制度や技術の自前主義を維持することは困難になりました。また，現場でのOJTと企業内教育にのみ頼っていては，グローバルに通用する能力を形成することもできません。

　国内の競争はもとより，グローバルな競争も激化する中で，日本企業は新たな取り組みに着手しています。技術力や競争力を獲得するために，外部からの人材の補充，いわゆる中途採用も始まりました。それは逆に，正当な評価と待遇を求めて，優秀な人材が社外へ転職する機会を生み出すことも意味します。評価制度の見直しも余儀なくされています。また，情報を駆使した複雑な意思決定と，スピード感のある経営が求められます。今後，企業においてマネジメント力を発揮するためには，基礎的な経営学の知識と同時に，それぞれの分野での最先端の研究成果をも学ぶことが重要になると考えられます。

ディスカッションのテーマ

1　近年，CSR 活動に力を入れている企業が多いです。自分が将来，就職した
　いと考えている企業の CSR 活動を調べて，企業経営における CSR 活動の
　果たす役割について，ディスカッションしてみてください。
2　学校生活，アルバイト等の中で具体的な協働の例を挙げて，どのような問
　題が発生し，その問題を解決するためにどのようなマネジメントが行われ
　たのか，ディスカッションしてみてください。
3　近年，大学新卒者の3割は就職して3年以内に転職するといわれています。
　なぜそのような状況が生まれたのか，自分が転職するのはどのような時か，
　職場に何を求めるのか，ディスカッションしてみてください。

【参考文献】
・伊丹敬之＝加護野忠男『ゼミナール経営学入門〔第3版〕』（日本経済新聞社 2003）
・ジェームス・C・アベグレン（山岡洋一訳）『日本の経営〔新訳版〕』（日本経済新
　聞社 2004）
・十川廣國『経営学イノベーション1　経営学入門〔第2版〕』（中央経済社 2013）
・倍和博『CSR 会計への展望』（森山書店 2008）
・J・L・マッシー『エッセンス経営学』（学習研究社 1983）
・O・シェルドン（企業制度研究会訳）『経営のフィロソフィ企業の社会的責任と管
　理』企業の社会的責任シリーズ no.1（雄松堂書店 1975）

第2章　経営戦略

1　経営戦略の基礎
1-1　経営戦略の意義

　「戦略（strategy）」はギリシア語の「strategos（将軍の術）」に由来する軍事用語であり，国家目的達成のために軍事的手段を配分，適用する方法を表します。軍事用語である戦略が企業経営の分野に適用された嚆矢は，アルフレッド・チャンドラーJrによる『Strategy and Structure』（1962）とされています。同書では，経営戦略を「企業の基本的長期目標・目的の決定，とるべき行動方向の採択，これらの目標遂行に必要な資源の配分を行うこと」と定義しています。

　企業経営における経営戦略の意義を考えてみましょう。企業は市場に対して製品やサービスを提供する経済的主体であると同時に，株主，消費者，供給業者，地域社会等のステークホルダーとの関わりの中で存在し，彼らの利害調整を行う社会的存在でもあります。このような側面を持った企業の基本的目的は長期の維持発展であり，この目的を達成する手段が経営戦略です。その前提として，なぜ自社が存在しているのか，自社が将来どのような会社になりたいのか，社会でどのような貢献をしたいのかが明確であることが必要です。これがミッション，経営理念，ビジョンと呼ばれるものです。そして，ミッション，経営理念，ビジョンを具体化するロジックを含んだ打ち手こそ経営戦略なのです。

1-2　経営戦略の階層

　経営戦略は全社戦略，事業戦略，職能別戦略という3階層で構成されています（図表1）。

(1)　全社戦略

　全社戦略は，企業の戦略行動の大枠を示し，自社の生存領域，製品－市場領域を決定していくものです。具体的には，自社の進むべき方向性を決め，多角化した複数の事業へ資源を配分するという2点がポイントです。経済が持続的な成長を遂げ，需要過剰な状況での全社戦略では，特定の事業への投資の重点配分を決定するポートフォリオ戦略の考え方が重視されていました。企業が直

面する競争圧力は現在に比べそれほど強くなかったため，個々の事業単位の内部問題である競争の要素はそれほど重要ではなかったからです。

(2)　事業戦略

事業戦略は全社戦略とは異なり，個別事業レベルの戦略を扱います。ライバルとの競争という次元を扱うのが事業戦略の本質です（競争戦略）。事業戦略の目的は，全社戦略で設定された目標を達成できるように自社の競争優位を構築し，持続する競争力を実現して高い収益を得ることです。事業戦略では，全社戦略によって示された戦略的思考の大枠を具体的な活動に書き換え，実行段階の効率を高めることが必要となります。

(3)　職能別戦略

職能別戦略は，企業内のさまざまな職能部門が保有する資源の整備や活用に関わる戦略です。全社戦略で示された大枠を，事業戦略で実行段階へと具体化し，それをさらに職能部門における実際の活動のレベルに具体化することが必要です。職能別戦略は，具体的にはマーケティング，生産，研究開発，人事，財務等の職能における事業戦略達成に向けた諸活動を意味しています。

図表1　経営戦略の3階層

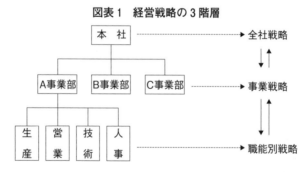

これら3つの戦略は密接に関連しています。また，相互の関連は全社戦略→事業戦略→職能別戦略という一方向だけでなく，職能別戦略→事業戦略→全社戦略という方向も存在します。

1-3　戦略形成の考え方

(1)　伝統的な考え方：策定と実行の分離

戦略形成の伝統的な考えの嚆矢はアンドリュースの戦略論です。さらに，こ

れを実務的に応用した枠組みに SWOT 分析があります。伝統的な戦略策定の本質は戦略の策定と実行を明確に区分し，戦略の策定は主に経営トップが行い，その忠実な実行を組織が担うとする点にあります。

(2)　新たな考え方：策定と実行の相互作用

　戦略は全知全能の英雄が1人で作るものではありません。現実には多くの組織メンバーが戦略形成プロセスに参加し，彼らの相互作用から生まれるのです。これが戦略形成の創発プロセスです。現在のような不連続な環境変化の中で，企業には戦略の柔軟な転換が求められています。そのためには，戦略転換を実現する個人の創造的アイデアや発想が，組織の中からわき上がる必要があります。組織が環境変化に柔軟に対応することは容易なことではなく，戦略と組織の相互作用があってこそ，組織は有機的に機能するのです。組織が戦略を実行する中から，新たな戦略を生み出していくとも考えられます。したがって，戦略形成プロセスから組織を切り離して考えることは現実的ではありません。戦略形成の場としての組織という位置づけが重要になるのです。

2　全社戦略
2-1　企業ドメインの規定

(1)　企業ドメインの定義

　企業ドメインは企業の事業範囲や領域限界です。経営理念やビジョンは自社の存在意義や将来像を問うものですが，それに答える形で企業ドメインが規定されます。企業ドメインは日常的に問いかけるものではありません。環境変化に合わせ自らを変化させる時に必要なのです。

　企業ドメインを規定する重要性として，意思決定者の焦点が限定されることで，重点的な投資分野が決定され，集中と選択のめりはりがきくこと，蓄積が必要な経営資源が明確になること，企業の一体感が醸成されること，社会に対する自社の役割を伝達すること等が挙げられます。

　ただし，企業ドメインは万古不易なものではありません。環境変化に応じて，一旦規定された企業ドメインを再定義する必要があるのです。

(2)　企業ドメインの次元

　企業ドメインを規定する際，空間的な広がり，時間的な広がり，意味の広がりの3つを考慮する必要があります（榊原，1992）。空間的な広がりでは，取

り扱う製品という物理面だけに限定するのか，機能面まで広げるのかを考えます。物理的側面のみに注目すると，時間的，空間的に限定され，変化の方向性や発展の道筋を描き難いということになります。時間的な広がりでは，企業活動の発展性，変化等のダイナミックな次元を考えます。意味の広がりとは，特定の経営トップに固有で特殊的なものか，逆に組織メンバーや社会の共感を得ることができる一般的なものか，を考える次元です。

(3)　ドメイン・コンセンサス

　ドメイン・コンセンサスとは，企業ドメインに対する企業内外の関係者間での社会的合意です。企業ドメインは経営トップが勝手に作り出すものではありません。組織メンバーや外部の人々に受け入れられて，初めて機能します。社会的に支持されないような企業ドメインは単なる飾り物に過ぎません。

　多様なステークホルダーにドメイン・コンセンサスを形成してもらうには，コーポレート・スローガン等を表面的に伝えるだけでは不十分です。経営トップ，組織メンバー，外部社会の相互作用を通じて形成される合意が必要なのです。特に，経営トップが機会をとらえて継続的にメッセージを発信し続けることが重要です。

2-2　成長戦略の枠組み

(1)　アンゾフの成長ベクトル

　アンゾフは，企業成長の方向を「製品」と「市場」の2軸で捉え，それぞれを「現有」と「新規」に分け，製品―市場マトリックスの4つのセルに分類し，「成長ベクトル」として説明しています（図表2）。

図表2　成長ベクトルの構成要素

市場＼製品	現有	新規
現有	市場浸透	製品開発
新規	市場開発	多角化

出所）アンゾフ（1969），p.137 を参考に作成。

　市場浸透戦略は，従来と同じ事業領域で市場シェアの拡大を目指すものです。このため，広告，販売促進，PR，人的販売等を通じて，需要の普及・拡大を

図ること，顧客1人当たりの使用量を拡大することが必要です。ただし，市場需要の成長力が衰えていないことが前提です。

　製品開発戦略は，既存の市場に対して新たな製品を開発，提供するものです。この戦略では他社との差別化が大きな課題です。製品開発戦略には改善型製品開発と革新型製品開発が存在します。

　市場開発戦略は，製品は従来と同一ですが，新しい市場（顧客）を開拓し参入するものです。これは既存の製品を従来とは異なるタイプ（性別，年齢層，所得層，地理的特性等）の顧客層に提供していく戦略行動です。グローバル市場の開拓は典型的な市場開発戦略です。

　多角化戦略は，製品，市場ともに新しい領域に進出する戦略です。その意味で他の3つの戦略に比べリスクは最大になります。多角化は関連型と無関連型に分けられます。関連型多角化は本業に関連する分野に進出するもので，複数の事業間に何らかの関連性があります。関連型多角化は技術関連型と市場関連型に細分化されます。技術関連型多角化は自社の中核技術を基盤に新たな関連分野を開拓します。一方，市場関連型多角化は従来のマーケティングに関する知識・ノウハウ，既存の販売チャネルが活用できる分野に進出します。無関連多角化は技術，市場ともほとんど関連のない事業へ進出します。多角化の成功確率や企業業績との関係をみると，関連型多角化のほうが無関連多角化よりも成功の確率は高く，より高い企業業績と結びつきます。多角化を実行するには，必要な資源を内部で開発するか，買収あるいは戦略的提携等により外部から獲得・補完することが必要です。

⑵　**シナジー概念**

　アンゾフは成長ベクトルの4つの戦略を評価する基準として「シナジー（synergy）」概念を導入します。シナジー効果は2つのものの間に何らかの共通する関連性があって，両者が共同利用できる時に発生する費用節約効果です。シナジー効果は，$1 + 1 = 3$ となるような，部分の単純合計より大きな結合効果です。

　アンゾフはシナジー効果を具体的に販売シナジー，操業シナジー，投資シナジー，マネジメント・シナジーの4つに分類します。販売シナジーとは流通経路，販売組織，倉庫等の共同利用による費用の節約効果，操業シナジーは複数の事業間で施設や人員を活用したり，間接費を分散したり，一括大量仕入れを

行う等による効果，投資シナジーは工場，機械，研究開発等の共同利用による
費用節約効果，マネジメント・シナジーは経営能力の共同利用による効果を表
します。マネジメント・シナジーは，その有効性を拡大解釈した場合，経営能
力をあらゆる事業に展開できるという誤った結論を導く恐れがあるため注意が
必要です。マネジメント・シナジーを求めて，既存事業と全く無関連な事業を
展開してしまい，コングロマリット（複合企業体）に陥る危険性があるからで
す。

2-3　PPM と資源配分

　多角化の進展に伴い，複雑になった事業の管理が急務となりました。複数の
事業の性質を把握し，過去の実績や勘ではなく，客観的な基準による判断で資
源配分を行うことができないか，という問題意識から生まれた分析手法が
1970 年代にボストン・コンサルティング・グループによって体系化されたプ
ロダクト・ポートフォリオ・マネジメント（Product Portfolio Management：
PPM）です。PPM は経験曲線効果と製品ライフサイクルという 2 つの経験則
の上に成立している，「戦略の科学化」を目指した分析枠組みです。

⑴　経験曲線効果

　経験曲線効果とは，当該製品の累積生産量が 2 倍になると，製品単位当たり
のコストが 20 ～ 30% 低下するという経験則です。経験曲線効果を生み出す要
因として，習熟効果，規模の効果，新たな生産プロセスの導入，製品の標準化
等が挙げられます。経験曲線効果による低コスト化を推進するためには，競合
他社よりも市場シェアを大きく取り，早く市場で成長して累積生産量を増大さ
せることが必要です。また，競合他社の累積生産量が判明すれば，製品コスト
の概要を推測することができ，戦略的な対抗措置を考えることもできます。

⑵　製品ライフサイクル

　製品ライフサイクルは，製品が市場に投入されてから成長，成熟，衰退の局
面を経る間に，資金の流入と流出がどのように変化するかを示したものです。
製品ライフサイクルには導入期，成長期，成熟期，衰退期の 4 つの段階が存在
します。導入期は製品が市場に投入されて間もない時期であり，市場での認知
度を高めるため，広告・宣伝や販売促進等に資金を投入する必要があります。
この期の戦略的課題は市場の拡大です。そのため，ライバルと戦うよりも協力

して市場を拡大させることが必要です。導入期では製品の認知度は低いため，売上の急激な増加はなく資金流入も少なくなります。一方，売上や利益が少ない中，認知度を高めるための活動資金が必要になるため，資金流出は大きくなります。成長期は製品の認知度が高まって急激に売上が伸びる時期であり，資金流入は多くなります。しかし，市場成長に伴い，参入者との競争が激化するため，ライバルへの対抗が課題となります。したがって，ライバルとの競争に勝つための資金流出も多くなるのです。成熟期は競争が一段落し，市場シェアも固定化して安定した資金流入が期待されます。一方，成長率鈍化のため，追加の設備投資や資金準備は必要ありません。したがって，資金流出は最低限にとどまり，キャッシュ・フローは高水準でプラスになります。衰退期は製品の売上が低下し，寿命を終える段階です。この期は撤退を含む事業自体の見直しが必要です。ただし，全くチャンスがないわけではありません。市場の再拡大あるいは残存者利益の獲得という手段も残っています。

(3)　事業ポートフォリオ

　事業ポートフォリオは，市場成長率と相対的マーケットシェアという2つの次元を用いて事業を分類し，企業全体の資金配分を考える分析枠組みです（図表3）。縦軸の市場成長率は製品ライフサイクルから導かれ，事業の将来性や魅力を表します。一方，横軸の相対的マーケットシェアは経験曲線効果から導かれ，ライバルと比較した自社の優位性（コスト競争力）の程度を表します。

　事業ポートフォリオは4つのセルに分類され，自社の保有する事業が位置づけられます。「花形」は将来的な成長も見込め，コスト競争力も高い事業です。「花形」は資金流入が大きいものの，成長市場での競争激化に伴い，製品改良，販売促進，設備投資等のための資金流出も大きくなります。

　「金のなる木」は将来の成長は期待できませんが，コスト競争力は高く，資金流出が少ないため，大きな資金流入をもたらす安定した事業です。しかし，「金のなる木」はやがて衰退し，市場から姿を消す可能性が高いため，これ以上の新たな資金投入は必要ありません。ここで獲得された資金は，将来に向けて育成が必要な「問題児」や競争力強化が必要な「花形」に向けられるべきです。

　「問題児」は将来の成長は期待できますが，現段階ではコスト競争力は低く，製品の改良や知名度を上げる努力を要する事業です。競争力が低く利益もまだ

ないか少ない状態であるため，ここに多くの資金を投入し，「花形」に育てていく努力が必要です。「問題児」の典型は新規事業（新製品）です。これら事業は将来の「花形」や「金のなる木」の候補であるため，「問題児」に事業が1つもない状態も問題なのです。複数の「問題児」が存在することは，企業の将来の発展にとって健全な状態です。「問題児」を生み出すようなイノベーション創造の活動が行われていることを意味するからです。ただし，すべての「問題児」に均等に資金を配分するということではありません。将来，有望と判断された「問題児」を選別し，そこに資金を配分することが重要です。「問題児」の選択と集中が必要なのです。

　「負け犬」は将来の成長は既に見込めず，コスト競争力も低く，資金流入も期待できず，改善の余地の少ない事業です。したがって，撤退を含め事業の見直しを考える必要があります。ただ，「負け犬」は必ず撤退すべきということではありません。市場の再拡大がないとはいえません。また，「負け犬」に所属する従業員のモチベーションの問題も考えなくてはなりません。

　事業ポートフォリオの基本的戦略は，「金のなる木」で生まれた資金を有望な「問題児」へ回し，「花形」に育てるというものです。「花形」は時間の経過とともに，「金のなる木」に移行します。また，「金のなる木」で得た資金を研究開発につぎ込み，直接「花形」を作り出すという方法もあります。しかし，これは非常に難しく，成功する業種も限られており（例えば，医薬品），さらに時間もかかることになります。

図表3　事業ポートフォリオの基本的戦略

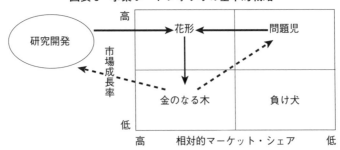

注）点線：資金の流れ，実線：ビジネスの位置の変化。

　PPMの意義は，第1に複数の事業をマトリックス上に描くことで視覚的に

わかりやすく捉えることができる点，第2に個々の事業の部分最適の視点に陥らず，キャッシュ・フローの全社最適化の視点を持つことができる点（全社戦略と事業戦略の統合）が挙げられます。

　一方，PPM の問題点としては，第1に戦略策定プロセスの保守化に陥る危険性があることです。客観的なデータへの過度の依存は，定量化が可能なデータしか注目せず，分析できることしか分析しない傾向を生み出します。そうなると，目先の事業機会だけを求めて行動したり，確実に成果の出る事業にしか投資しないという弊害を生む可能性が出てきます。これでは将来性を見込んだ事業や不確実性の高い事業への投資は後回しになってしまいます。

　第2に人的側面や組織メンバーの行動的側面が欠落している点です。例えば，「負け犬」事業に配属させられた人のモチベーションの低下，「金のなる木」に所属する人間と「問題児」に所属する人間との感情的な離齬等の問題は考慮されていません。

3　競争戦略
3-1　業界構造分析

　マイケル・ポーターはライバルとの競争を決める要因は業界構造にあるとして，企業の収益率に影響を及ぼす5つの要因を導出しました（図表4）。これら5つの競争要因が強ければ，当該業界で企業が利益を上げることは難しくなります。この考え方の背後には，「産業組織論」の基本的なパラダイムである市場構造（Structure）が企業行動（Conduct）を決定づけ，それが市場（企業）成果（Performance）に結びつく，という視点があります（SCP パラダイム）。このような発想の競争戦略は「いかに戦うか」より「どこで戦うか」を重視します（ポジショニング・アプローチ）。

(1)　既存企業間の敵対関係の強さ

　既存企業間の競争は価格，広告，新製品開発，顧客サービス向上等の面で現れます。既存企業間の敵対関係を激しくする要因として，競争業者の数が多い又は規模とパワーが同等，業界の成長率の低さ，大きな固定費（在庫費用），差別化の困難さ，高い撤退障壁，生産能力の拡張が小刻みには行えない，多様なバックグラウンドを持つ競争相手の存在，戦略的な価値の高さ（将来性）等が挙げられます。

図表4　業界構造分析の枠組み

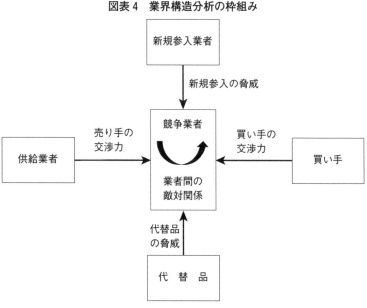

出所）ポーター（1995），p.18，図表1-1を参考に作成。

(2)　新規参入の脅威

　新規参入者により業界全体の生産能力は増大し，市場シェアを拡大しようとする意志と能力が生まれます。その結果，激しい競争が生じ収益構造を悪化させる可能性が高まります。また，実際に参入がなくとも，その可能性が高いだけで既存企業は高い価格を維持できません。新規参入の脅威の程度は，参入障壁の高さと既存企業から受けると予想される反撃の強さで決まります。参入障壁を高める要因として，規模の経済性，経験効果の作用が大きい（シナジー効果が大きい），強力なブランドの確立，大規模な運転資金の必要性，流通チャネルへのアクセスの困難さ，政府の政策・法律等が挙げられます。一方，予想される反撃の強さは，以前に既存企業が強力な反撃をしたことがあるという実績の有無，反撃するための経営資源を既存企業が豊富に持っているか否か，業界の成長率が低いか否か等の要因で決まります。

(3)　代替品の脅威

　代替品とは，現在の製品と技術的には異なりますが，同じ機能を持つ別の製

品です。他に代替品がなければ，自分の思い通りの高い価格を設定できますが，代替品が存在する場合，自社製品にそれほど高い価格をつけることはできません。最も注意すべき代替品とは，現在の製品よりも価格性能比（コスト・パフォーマンス）が高い製品，高収益な業界が生産する製品，破壊的イノベーションの特徴を持つ製品です。

(4)　買い手の交渉力，売り手の交渉力

　買い手（顧客）は値引き，優れたサービス・品質を要求する等の圧力を企業（売り手）に対してかけることができます。買い手は交渉を通じて企業と利益を奪い合う存在です。買い手の交渉力の程度は，買い手のパワーと買い手の価格センシティビティで決まります。買い手のパワーは，買い手が自己の言い分や希望を相手に押しつける力の強さです。買い手の価格センシティビティは，買い手が購入価格を低下させることにこだわる強さです。

　買い手のパワーが大きくなるのは，買い手の数が少ないあるいは買い手の購入量が自社の売上にとって大きい場合，製品が標準化されているあるいはスイッチング・コストが低い場合，買い手が後方統合すると脅す場合，買い手である卸や小売が最終ユーザーの意思決定を左右できる場合等です。一方，買い手が価格センシティビティを高めるのは，買い手の利益水準が低い場合，売り手の製品が買い手のコストに占める割合が大きい場合，売り手の製品が買い手の製品の質にあまり影響を及ぼさない場合等です。

　なお，売り手の交渉力については，基本的に買い手の交渉力の逆を考えればよいことになります。

3-2　3つの基本戦略

　ポーターは業界で平均以上の業績を上げるために必要な基本戦略として，コスト・リーダーシップ，差別化，集中の3つを提示します（図表5）。

(1)　コスト・リーダーシップ戦略

　コスト・リーダーシップ戦略は，低コスト化で競争優位を確立する戦略です。高い稼働率，規模の経済性，経験曲線効果，範囲の経済性等が，コスト優位の源泉です。低コスト戦略は業界リーダーあるいは上位数社が追求できるに過ぎません。コスト・リーダーシップ戦略のリスクには，技術革新により既存の生産設備等が無効になること，新規参入企業の新鋭設備によって既存のコスト

図表5　3つの基本戦略

戦略の有利性

	顧客から特異性が認められる	低コスト地位
業界全体	差別化	コストのリーダーシップ
特定セグメントだけ	集　中【差別化集中】	【コスト集中】

戦略ターゲット

出所）ポーター（1995），p.61，図表2-1を参考に作成。

リーダーの優位性が消滅すること，コストだけに注力し市場の変化や製品変更の機会を逸してしまうこと等があります。

(2)　差別化戦略

　差別化戦略は，価格以外の面で競合他社とは異なる独自の顧客価値を創造し，競争優位を獲得する戦略です。自社の独自性に顧客が価値を見出してくれる場合，ライバルよりも高い価格をつけることができます。差別化の要素には製品性能，品質，デザイン，使いやすさ，納期，ブランド，アフターサービス，ビジネス・モデル（事業の仕組み）等があります。差別化の成功では，顧客価値の独自性が戦略的な意味を持ち，長期に持続されることが重要です。複数の要因を組み合わせた差別化はライバルに容易にまねられません。差別化戦略のリスクは模倣企業の出現です。模倣企業の出現は差別化の意味を低下させます。また，低コスト戦略をとる企業と差別化戦略をとる企業とのコスト差があまりに大きくなると，優位性は失われます。

(3)　集中戦略

　集中戦略は，業界のリーダー企業等との直接の競争を避け，特定の分野に資源を集中して事業展開を行う戦略です。この戦略は，集中した分野で低コストを追求するコスト集中と差別化を追求する差別化集中に分かれます。集中の例には特殊分野，特殊顧客，地域，チャネルへの特化等があります。集中戦略のリスクは，第1に広い市場を対象とする戦略をとる企業と集中戦略をとる企業との間で低コスト，差別化両面での特徴の差が喪失することです。第2に特定

セグメントの支配から全体へ視点を広げ，集中戦略をあいまいにすることです。第3に焦点を絞ったターゲットの内部に，さらに小さな市場をライバルが見つけ，集中戦略をとっている企業を出し抜く危険性です。

⑷　スタック・イン・ザ・ミドル

　企業は3つの基本戦略のうち1つを選択し，一貫してそれを追求することが必要です。複数の類型を同時並行して追求すると，中途半端な所で動きがとれなくなり，にっちもさっちもいかない状態に陥ります（虻蜂取らず）。中途半端なシェアで低コスト化と差別化を両方達成しようとすると，シェアが低くとも差別化できた場合よりも収益性は低くなります。これがスタック・イン・ザ・ミドル（stuck in the middle）という状態です。このような状態に陥るのは，異質な競争優位を複数構築しようとすると，首尾一貫しない行動をとらねばならないからです。

　しかし，この考え方は低コスト戦略を追求する企業に差別化は必要ない，逆に，差別化を追求する企業にコスト削減は不要ということを意味しているわけではありません。差別化を考慮したコスト削減や低コストの差別化への努力は，当然取り組むべき課題です。そのような努力を行った上で，ライバルに対してどこで競争優位を構築するか，その選択をすることが重要なのです。

3-3　資源・能力ベース戦略論

⑴　資源ベースの競争戦略

　ポーターの戦略論に代表されるポジショニング・アプローチの特徴は，第1に魅力的な産業を探し出すとともに，ライバルとの熾烈な競争をなるべく避けるように自社を位置づけること，第2に競争圧力が存在する中で利益を確保するために他社と違うことを行う，という点にあります。

　しかし，ポジションをとるだけでは不十分です。ポジションを維持するためには継続的なオペレーションが必要なのです。そこで1980年代以降，企業の競争優位の源泉として企業独自の資源や能力が注目されるようになりました。ポジショニング・アプローチでは，経営資源は流動的であるため，必要とする経営資源は即座に獲得できると考えます。一方，資源ベース戦略論では，経営資源が容易に獲得できるならば，結果としてすべての企業が同じ存在となり，競争優位は獲得できないと考えます。また，多くの経営資源は瞬時に蓄積でき

るものではありません。資源ストックの水準は時系列で引き継がれ，時間の経過とともにゆっくりと蓄積されるのです。

　しかし，保有する経営資源がすべて競争優位に結びつくわけではありません。バーニーは競争優位を生み出す経営資源の特質として，経済価値への貢献，希少性，模倣困難性を挙げています。特に，模倣困難性は持続的な競争優位を獲得する上で最も重要な特質です。模倣が困難になる理由として，経路依存性の存在，資源と競争優位との因果関係の不明瞭性，経営資源が招く矛盾の問題，一見した非合理性の包含等が挙げられます。

(2)　能力ベースの競争戦略

①　経営資源の蓄積と活用

　経営資源の大量保有は競争優位の獲得を保証しません。環境変化が緩やかで安定的ならば，大量保有した経営資源の効率的な配分を考えればよいでしょう。しかし，現在，環境変化は不連続で激しく，企業は迅速な対応を迫られています。急速な変化に対応するには，環境変化に合わせて新たな競争力や未来の市場を創造できる能力が必要です。たとえ，ある資源を大量に保有しても，それが特定の目的でしか利用されない，あるいは特定の部門や部署に囲い込まれ，組織全体で活用できないとしたら，新しい価値を創造することはできません。現在では，経営資源の大量保有というストックの発想よりも，経営資源をいかに創造的に活用するか，というダイナミックな視点が重要なのです。

②　組織能力の概念と意義

　組織能力はさまざまな経営資源をつなぎ合わせ，活用する能力であり，組織内の資源を機略縦横に組み合わせる接着剤の役割を果たします。組織能力は絶えず新しい戦略を創造し，戦略転換を行うイノベーション実行能力として位置づけられます。組織能力が構築されると，経営トップが戦略的な方向性をビジョンの形で示し，強いリーダーシップを発揮して組織文化を変革し，従業員の創造性発揮が喚起され，組織横断的な協力が促されます。これらの組織的な活動によって，各部門や部署が持つ異質な知識・ノウハウが融合する中で，新たな知識・ノウハウが生まれます。それを基盤に新製品や新事業の開発が促進され，持続的な競争優位が確立されるのです。

③　コア・コンピタンス論

　能力ベース戦略論の代表的な理論がC. K.・プラハラードとゲーリー・ハメ

ルにより提唱されたコア・コンピタンス（Core Competence）論です。コア・コンピタンスとは「顧客に対して，他社にはまねのできない自社ならではの価値を提供する企業の中核能力」です。これは自社の核となる技術や技能を組み合わせ，技術体系を作り上げ，それを用いて新製品や新事業の開発を実現する組織の能力です。このような能力は図表6に示されたように企業の成長に必要な養分を補給し，安定をもたらす基盤（根）として位置づけられ，企業の競争優位の源泉となるのです。最終製品しか見ていない場合，ライバルの真の実力を見逃してしまいます。コア・コンピタンスの具体例として，ソニーの小型化能力やホンダのエンジン回りの技術体系等が挙げられます。

図表6　競争優位の源泉となるコア・コンピタンス

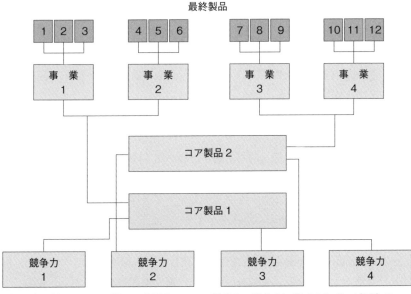

注）企業は樹のように，根から成長する。コア製品は，競争力に育てられ，ビジネス・ユニットを生み，さらにそれが最終製品として結実する。
出所）プラハラード・ハメル（1990），p.7，図1を参考に作成。

　コア・コンピタンスの性質は以下の3点に集約されます。まずは組織内の集団的学習という側面です。これは多様な技術の調整，複数技術の流れの統合を学ぶことです。第2に組織の境界を超えて活動するためのコミュニケーション，

参加，深くかかわることという側面です。技術者が，自己の専門的経験を他の
メンバーの経験の蓄積と新たな視点で結合する機会に気づくことが重要です。
第3に使っても消滅しないという性質です。コア・コンピタンスは，時間と共
に劣化する物理的資源と異なり，活用されるほど強化される傾向があります。

　ある競争力がコア・コンピタンスとなるには，次の3つの条件が必要です。
第1の条件は，さまざまな市場への参入の可能性をもたらすことです。第2の
条件は，最終製品がもたらす明確な顧客利益に実質的に貢献することです。第
3の条件は，ライバルにとって模倣が困難なことです。特に，ある競争力が
個々の技術と生産技能の複雑な調和の産物である場合，模倣は困難なものとな
ります。

(3)　コア・リジディティとダイナミック・ケイパビリティ

　ドロシー・レオナルド＝バートンは，いったん構築された組織能力が，時間
の経過とともに環境変化に対応できず，組織の硬直化を促すことで，逆に弱み
に変異してしまう状態を「コア・リジディティ（core rigidity）」と命名しま
した。企業を取り巻く条件が同じであれば，従来の組織能力によって優位性を
維持することができます。しかし，組織能力によって生み出された相互依存的
なシステムがルーティン・ワーク化すると，環境変化の中で従来の優位性は失
われ，硬直化が始まります。ルーティン・ワーク化により，人々の行動や判断
が慣性によってなされ，創造的な活動が行われ難くなるからです。

　コア・リジディティに陥らないため，企業には既存の組織能力を環境変化に
合わせて変更，向上させるようなダイナミックな視点が必要であるといった議
論が1990年代後半から盛んになっています。Teece, Pisano, and Shuen (1997)
は組織能力を変化させ，更新する能力を「ダイナミック・ケイパビリティ (dy-
namic capability)」と命名し，「急激に変化している環境に対応するため，内
部及び外部のコンピタンスを統合，構築，再編成する企業の能力」と定義して
います。ダイナミック・ケイパビリティは複雑な組織現象です。このような組
織の能力を構築するには，経営トップやミドルのリーダーシップのあり方が重
要となってきます。

ディスカッションのテーマ

1　富士フイルムのライバルであるコダック（アメリカ）はなぜ事業転換に失

敗したのか，考えてください。

2 業界構造分析の枠組みを使って，具体的な産業の構造的特性を考えてください。

3 3つの基本戦略の枠組みを使って，具体的な企業の競争戦略の特徴を考えてください。

4 スタック・イン・ザ・ミドルはどのような状況でも当てはまるのだろうか，考えてください。

5 コア・コンピタンスの具体例を挙げ，それがなぜ構築されてきたのか，考えてください。

【参考文献】

・青木幹喜編著『人と組織を活かす経営管理論』（八千代出版 2009）
・アンゾフ，I.『企業戦略論』（産業能率大学出版部 1969）
・榊原清則『企業ドメインの戦略論』（中央公論新社 1992）
・バーニー，J・B『企業戦略論［上］基礎編』（ダイヤモンド社 2003）
・プラハラード，C.K.・G.ハメル（坂本義実訳）「コア競争力の発見と開発」『ダイヤモンド・ハーバード・ビジネス・レビュー』1990年8-9月号，4-18頁
・ポーター，M.E.『新訂 競争の戦略』（ダイヤモンド社 1995）
・水越豊『BCG戦略コンセプト』（ダイヤモンド社 2003）
・レオナルド＝バートン，D.『知識の源泉』（ダイヤモンド社 2001）
・Teece, D. J., G. Pisano and A. Shuen. (1997) "Dynamic Capabilities and Strategic Management," *Strategic Management Journal*, 18(7), pp. 509-533.

第3章　マーケティング

1　マーケティングとは何か

　マーケティングは，私たちの身近な製品やサービスなどを事例として研究する魅力的な学問分野です。お気に入りブランドの新作，印象的なテレビCM，コンビニの棚に並ぶ新発売スイーツ，あるいは友人におすすめされた隠れ家カフェなど，これら全てにマーケティング戦略が組み込まれています。マーケティング関連の書籍を手に取ると，日常でよく目にする「ポッキー」や「キットカット」，「コカ・コーラ」などの多彩な事例が紹介されていることに気づくでしょう。他の分野でも事例分析は行われていますが，マーケティング分野では日常の身近な製品やサービスなどに焦点が置かれていることが多いので，イメージがしやすく，親しみやすい学問分野と言えるでしょう。

　この章ではマーケティングの基本的な考え方を学んでいきます。具体的には，マーケティングにおける性能と価値の違い，事業の定義，販売とマーケティングの違い，マーケティングの流れなどの基本的な概念を中心に学習します。また，ブランドやマーケティングの発展と進化についても触れていきます。本章を通じて，マーケティングがどのような学問であるのかを学び，その本質と重要性についての理解が深まることを期待します。

　マーケティングでは，顧客を重視し，顧客が求める製品・サービスを提供することが重要であると考えます。「マーケティング」と聞くと，多くの人はCMや市場調査などをイメージするかもしれませんが，それは一部に過ぎません。マーケティングの定義は，組織や専門家によって様々ですが，マーケティング分野で著名なフィリップ・コトラーらによって，「顧客が求める価値を創造し，強固な顧客リレーションシップを築き，その見返りとして顧客から価値を得るプロセス」（コトラーほか，2022a，p.8）と定義されています。この定義は少々難しいかもしれませんが，企業が顧客のニーズを把握した上で，価値のある製品・サービスを提供し，顧客と良好な関係を築くことで利益を生み出すという考え方です。

　これを実現するためには，企業は自社の事業を理解し，ターゲットとする顧

客を特定して，顧客が求める製品・サービスを把握するとともに，競合他社との差別化を図る方法を検討していく必要があります。企業は，常に以下について自問自答し続けなければなりません。

> 自分（自社）が提供できる価値（事業）は何なのか。
> 自分（自社）にとっての顧客は誰なのか。
> 自分（自社）の顧客が好み，あるいは欲しているモノやサービスは何なのか。それをつかんだうえで，競合相手に勝つにはどうすればいいか。
> （コトラー・高岡，2016，p.27）

　ここまでの解説の中に，「価値」という言葉を度々使用していますが，マーケティングでは「性能」と「価値」は異なるものと見なされています。次項では，「価値とは何か」について，性能との違いを踏まえて学習していきます。

1-1　性能と価値

　石井淳蔵によれば，製品の「性能」と「価値」は異なる概念であり，価値とは顧客が本当に欲しいモノを指します。一部のメーカーは売上を増やすために製品の技術や性能向上に注力するかもしれませんが，それだけでは顧客が実際に求めている価値を見落としてしまう可能性があります。結局のところ，顧客が求めているのは製品自体の性能よりも，製品が提供する価値なのです（石井，2020，p.12-15）。

　製品の性能と価値の違いを捉えるための比較的わかりやすい事例として，ここではハーレーダビッドソン（以下，ハーレー）を取り上げます。ハーレーは，1903年にウィスコンシン州ミルウォーキーで創業された，歴史あるアメリカのバイクメーカーです。以下では，石井の考察（2020，p.12-13）を参考に，性能と価値の違いを見ていきます。

　ハーレーのバイクには，大型で，重厚かつ大排気量という特徴があり，これらの独特な要素が，長年にわたり数多くのファンの心を捉えています。特に，大型クルーザースタイルのバイク製造に長けており，「SOFTAIL」や「FATBOY」など数多くのモデルが展開され，多くのバイク愛好家から支持されています。ハーレーのバイクを調べてみると，多くのモデルが重量は300 kgを

超え，排気量は1,800 cc以上あります（ハーレーダビッドソン，2023）。大型自動二輪免許は排気量400 cc以上のバイクを運転するためのものですから，ハーレーのバイクは非常に大排気量であることがわかります。小型かつ軽量で，取り回しが容易なバイクの方が良いと感じる人にとっては，ハーレーのバイクは機能的ではないと感じられるかもしれません。しかし，もしハーレーが「軽量かつコンパクトで小排気量の高性能バイク」という方針に製品を変更したら，現在のハーレーに魅力を感じている多くのファンは失望してしまうでしょう。なぜなら，ハーレーの魅力はその巨大さやダイナミックさであると感じている人が多いからです。

　筆者自身もハーレーのバイクと出会ったことで，実際に「性能」と「価値」とを天秤にかけて「価値」の方をより重視して行動した経験があります。筆者は大学生のときにアメリカにホームスティに行っていたことがあるのですが，そこですっかりハーレーの魅力にはまり，それまで乗っていた国産バイクを手放して，すぐに大型自動二輪免許を取得しました。さらにハーレーを購入するための資金を貯めてディーラーから見積もりを取るところまで一気に突き進みました（その後，諸事情がありハーレーではなく自動車を購入することになったのですが…）。

　操作性や機能性などの「性能」だけを考えたら，すでに手にしていた国産バイクの方が優れていたかもしれません。しかし，当時の筆者の決断と行動の源泉は，「性能」ではなく，力強さ，勇猛さ，ダイナミックさといったハーレー独自の「価値」に対する強い憧れと何としても手に入れたいという激しい欲求でした。

　企業が顧客のニーズに応えて，価値あるモノやサービスを提供するためには，自分たちが提供している事業の意味を深く理解する必要があります。これは，自社の事業内容を明確にすること，すなわち事業の定義が重要ということです。次項では，事業の定義について考えていきます。

1-2　事業の定義

　マーケティングでは，顧客のニーズや目的を深く理解し，それを基に自社の事業を定義することが重要になります。過去には，事業の定義を誤ったことが原因で衰退していった産業もあります。例えば，かつてのアメリカの鉄道産業

では，顧客を中心とするアプローチではなく，製品を中心とするアプローチを採用していたことが原因で衰退したと考えられています。マーケティング分野の大家であるセオドア・レビットは，鉄道会社が「輸送」という本来の目的を見失い，顧客が他の輸送手段（自動車や飛行機など）を選んでも対処しなかった点を指摘しています。彼らは自らの事業を「輸送事業」として捉えるのではなく，単に「鉄道事業」として定義していました（レビット，2007，p. 4）。この事例から学べることは，自社の事業を製品やサービスだけで定義するのではなく，顧客がどのような目的で製品やサービスを使用するのかという視点で定義する必要があるということです。

　実際に，マーケティングでは顧客が何を求めているのかを深く理解することが重要であり，顧客の視点で事業を定義している企業も少なくありません。例えば，グーグルでは自社の事業を単純な「インターネット検索」とは定義しておらず，ホームページには，「Google の使命は，世界中の情報を整理し，世界中の人が利用できるようにすること」（グーグル，n.d.）であると明記しています。また，スターバックスは単に自社の事業を「コーヒー販売」と定義しているのではなく，「自宅でも職場でもない，第3のリラックスできる場所（サードプレイス）を提供する」（スターバックス，2022）と宣言しています。これらの企業では，顧客が求めているものを見極めて，それを満たすことを事業として定義しているのです。

　顧客を中心とする事業を展開するためには，「顧客が求める製品・サービスを提供する」という考え方が必要となり，市場を深く理解し，顧客のニーズを重要視するマーケティング志向が重要になります。次項で，従来の販売志向との比較から，マーケティング志向を理解していきましょう。

1-3　販売志向とマーケティング志向

　「販売」と「マーケティング」は同じではないかと思う方もいるかもしれませんが，実際にはまったく異なるものです。レビットによれば，販売は製品・サービスを現金と交換したいという売り手のニーズに焦点を当てたアプローチを取りますが，マーケティングは製品・サービスの開発，配布，消費を通じて顧客のニーズを満たすためのアプローチを取ります（レビット，2007，p. 18-19）。つまり，販売は「売り手視点」，マーケティングは「買い手視点」であり，

両者の違いは明白です。

　「販売志向」と「マーケティング志向」は，出発点，焦点，手段，目標の4点で異なります（図表1参照）。以下では，コトラーほか（2022a, p.18）に基づき，販売志向とマーケティング志向の違いを見ていきます。

図表1　販売志向とマーケティング志向の比較

	出発点	焦点	手段	目標
販売志向	工場	既存製品	販売および プロモーション	売上から 得られる利益
マーケティング志向	市場	顧客ニーズ	統合型 マーケティング	顧客満足から 得られる利益

出所）コトラーほか（2022a, p.18）に基づき筆者が作成

　販売志向の場合，工場が出発点とされ，既存製品に焦点が当てられます。このアプローチでは，販売活動とプロモーション活動を通じて収益を目指し，「作るものを売る」ことに重点が置かれます。一方，マーケティング志向では，市場を正しく理解し，顧客のニーズを満たすことに注力します。これは，「顧客が求めるものを作る」ことを意味します。ここでは，顧客ニーズに焦点を当て，全てのマーケティング活動を統一し，顧客価値と顧客満足を基盤にした長期的な関係を築くことで，見返りとして利益を得ます。このように，販売志向とマーケティング志向は多くの観点で異なることに留意が必要です。

　ここまでで，マーケティングの基本的な考え方を学習してきましたが，マーケティングを実践するためには，その手法を知っておく必要があります。次項で，マーケティングの各プロセスと具体的な流れを学習しましょう。

1-4　マーケティングの主な流れ

　効果的なマーケティングを行うためには，「R → STP → MM → I → C」の順に進めることが必要です（図表2参照）。ここではコトラー（2000, p.46-47）に基づき，マーケティングの主な流れについて解説します。

　簡単に説明すると，マーケティングはまず「R（Research）＝市場調査」から始まります。次に「STP」を検討することになりますが，これは「Segmentation（セグメンテーション）＝市場分割」，「Targeting（ターゲティング）＝標的市場設定」，「Positioning（ポジショニング）＝位置づけ」の頭文字を取ったも

図表2　マーケティングの主な流れ

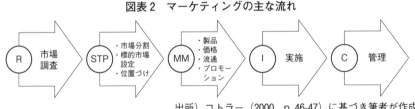

出所）コトラー（2000, p. 46-47）に基づき筆者が作成

のです。その後，「MM（Marketing Mix）＝マーケティング・ミックス」として，「Product＝製品」，「Price＝価格」，「Place＝流通」，「Promotion＝プロモーション」の計画を策定します。これらは，4つの要素の頭文字を取って「4P」とも呼ばれます。この4Pを「I（Implementation）＝実施」し，最後にマーケティング活動を評価・改善するための「C（Control）＝管理」を行います。つまり，市場調査から始まり，STPと4Pの実行に続き，最後にその結果を評価・見直すという一連のプロセスが，マーケティングの主な流れとなります。

　マーケティングの基本的な流れを理解するためには，STPと4Pに焦点を当てる必要があります。コトラーほか（2022a, p.72-80）に基づき，以下でSTPと4Pの基本的な考え方を学んでいきましょう。

　STPでは，「市場分割→標的市場設定→位置づけ」を考えます。まず，市場調査を実施し，調査結果が示す特性に基づいて市場を細分化します（セグメンテーション）。市場は様々なニーズ，顧客，製品・サービスで構成されているため，自社に最も適したセグメント（細分化されたグループ）を特定することが重要になります。セグメンテーションでは，消費者を地理的要因，人口統計的要因，心理的要因，行動的要因などの基準で分類します。次に，各セグメントの特徴を理解し，自社の強みを最大限に活用できるセグメントを選択します（ターゲティング）。選択したセグメントの中で，自社の製品やサービスの強みを生かし，競合他社との差別化を図ります（ポジショニング）。

　STPの要点は，非常に広範な市場であらゆるニーズに応えるのは困難なため，①市場を細分化して，②特定の市場に照準を合わせ，③その中で差別化を図り優位性を獲得する，ということになります。

　4Pでは「製品」，「価格」，「流通」，「プロモーション」の4つの要素を考えます。まず，「製品」は企業が標的市場に提供する製品・サービスを意味しま

す。次に,「価格」は顧客が製品・サービスを購入する際の金額を指します。そして,「流通」は製品・サービスを顧客に届ける手段や方法を示します。最後に,「プロモーション」は製品・サービスの価値を伝える活動や,購入を促進する手法を指します。これらの考え方を要約すると,企業は顧客のニーズを満たす「製品」を開発し,それらの「価格」を設定して,ターゲットとする顧客に届けるための「流通」を決定した上で,顧客とのコミュニケーションを通じて製品のメリットを伝えるための「プロモーション」を考える,ということになります。

　ターゲットとする顧客に適切なメッセージを伝えるため,そして,効果的なマーケティングを行うためには,4P全体を通して「一貫性」を確保することが重要です(清水,2000,p.43)。

　マーケティングはSTPと4Pだけで終わりではありません。自社の製品・サービスの独自性を打ち出し,競合他社との差別化を図るブランド構築も極めて重要です。次項では,「ブランドとは何か」,「どのような役割を果たしているのか」について学習します。

2　ブランドとは何か

　「ブランド」は製品を識別する手段としての役割を果たしています。マーケティングの辞書を見ると,ブランドは「ある売り手の製品を他の売り手の製品と識別するための名称,デザイン,シンボル,およびそれらの組み合わせである」(恩藏,2003,p.239)と定義されています。「ブランド」という言葉の語源は,古ノルド語(8〜14世紀にかけてスカンジナビア人によって使われていた北欧の古い言葉)の「brandr(ブランドル)」であると言われており,放牧している牛やその他の家畜が他人の家畜と混同されないように,自らの所有物であることを示すための焼き印を付けたことがブランドの始まりであるとされています(ブランド・マネージャー認定協会,n.d.)。ブランドの定義や起源を考慮すると,高級品であるか否かは関係ありません。「ブランド」という言葉を聞くと,多くの人はルイ・ヴィトンの財布,シャネルの香水,エルメスのバッグ,ロレックスの時計などを思い浮かべるかもしれませんが,数百万円という価格で「バーキン」などの高級バッグを販売するエルメスも,百数十円で「コカ・コーラ　ゼロ」などを販売するコカ・コーラも,どちらもブランド

として認識されています。つまり，ブランドは製品や企業を識別するための手段として存在しているのです。そして，ブランドの存在を際立たせるための様々な識別あるいは差別化方法が存在します。次項で，ブランドを構成している要素の種類について具体的に解説します。

2-1　ブランドの要素

　マーケティングの著名な研究者，ケビン・レーン・ケラーによると，ブランドには，自社製品を識別し，他社製品と差別化するために有効な「ブランド要素」が含まれており，各要素は商標としての登録対象とされています（ケラー，2015，p. 117-118）。具体的には，ブランド・ネーム，ロゴやシンボル，キャラクター，スローガンなどの要素があります（図表3参照）。ケラー（2015，p. 123-151）を参考に，各要素の違いを理解していきましょう。

図表3　ブランド要素

種類	内容
ブランド・ネーム	製品の中心的なテーマや鍵となる連想を非常に簡潔かつ経済的に表現するもの
URL	ウェブ上のページの場所を特定するもの（ドメイン・ネーム）
ロゴやシンボル	独特の書体で書かれた企業名や商標（文字だけで作ったワード・マーク）。シンボルは，ワード・マークでないロゴ
キャラクター	特別なタイプのブランド・シンボルで，架空・実在の人物や生き物をかたどったもの
スローガン	ブランドに関する記述的・説得的な情報を伝達する短いフレーズ
ジングル	ブランドについての音楽によるメッセージ
パッケージング	製品の容器あるいは包装をデザインし，製作する活動

出所）ケラー（2015，p. 123-151）に基づき筆者が作成

　私たちは日常生活の中で様々なブランド要素に触れています。ここでは，アップル，ナイキ，マクドナルドを例に各要素を説明します。

　「ブランド・ネーム」は製品・サービスの中心的なテーマやキーコンセプトを簡潔に表現するもので，ブランド要素の中でも中心的な位置を占める「アップル」，「ナイキ」，「マクドナルド」といったブランドの名前のことです。「ロゴやシンボル」は独自の書体を用いた企業名や商標（文字だけのワード・マーク）を指し，ワード・マークでないロゴのことを「シンボル」と呼びます。ア

ップルの「リンゴマーク」，ナイキの「スウッシュ」，マクドナルドの「ゴール
デンアーチ」は全てシンボルです。「キャラクター」は架空あるいは実在の人
物や生き物をかたどったブランド・シンボルのことで，マクドナルドでは「ロ
ナルド・マクドナルド」が有名です。「スローガン」はブランドに関する記述
的あるいは説得的な情報を伝達する短いフレーズを指し，アップルの「Think
different」やナイキの「Just do it」などが該当します。「ジングル」はブラン
ドメッセージを表現した音楽のことで，マクドナルドの「♪パラッパッパッ
パー」などはお馴染みですね。

　このように，ブランドには様々な要素が含まれており，私たちはテレビCM
などを通じて，日常的に多くのブランド要素に触れていることがわかります。
それでは，一体なぜブランドが重要なのでしょうか。次項で，ブランドの本質
的な役割とその重要性について学習します。

2-2　ブランドの役割

　ブランドは，消費者や企業の双方において，多様な役割を果たしています
（図表4参照）。ここではケラー（2015，p.6-9）を参考に，ブランドの役割に
ついて詳しく解説します。

図表4　ブランドの果たす役割

消費者	企業
製品の製造元の識別	製品の取り扱いや追跡を単純化するための識別手段
製造責任の所在の明確化	独自の特徴を法的に保護する手段
リスクの軽減	満足した顧客への品質レベルのシグナル
探索コストの軽減	製品にユニークな連想を与える手段
製造者とのプロミス，絆，約束	競争優位の源泉・財務的成果の源泉
シンボリックな装置	
品質のシグナル	

出所）ケラー（2015，p.6）に基づき筆者が作成

　消費者の視点で見るブランドは，多くの重要な役割を果たしています。まず，
消費者はブランドで製品の製造元やサービスの提供元を識別することができる
ため，製品やサービスにおける責任の所在を明確に知ることができます。また，
お気に入りのブランドが決まっている消費者であれば，欲しいモノがあったら

最初にお気に入りブランドを訪れればいいので，玉石混交の市場で製品を探し回る手間を省いてすぐに購入検討に移ることができるなど，買い物時の探索コストと労力の軽減にもつながります。さらに，ブランドを選ぶことでリスクを回避できるという側面もあります。消費者が製品を購入する際には，機能的なリスク（製品が期待した水準の機能を果たさないリスク）や時間的なリスク（製品を探索する時間や購入決定の判断ミスによって無駄が生じるリスク）など，様々なリスクが生じます。これらのリスクを回避するために，過去の購入体験や一般に認知されているサービスレベルなどから，自分が信頼できるブランドを選択することは効果的です。このような側面だけを見ても，ブランドが消費者の購買活動に非常に役立つ存在であることがわかります。

　企業の視点で見るブランドもまた，実に多くの役割を果たしています。例えば，ブランドは製品の追跡を容易にする手段として利用でき，在庫や売上の管理区分としても役立っています。また，ブランド名は商標として，パッケージングは著作権や意匠権として登録されることで，企業の独自性を法的に保護しています。さらに，ブランドは製品・サービスの一定の品質を保証する指標としても機能しており，製品に満足した消費者に対して，次回も同じ製品を選べば間違いないという安心感をもたらします。ブランドは製品やサービスに企業独自のイメージを付与し，他社の製品やサービスと差別化を図るために極めて有効です。長年のマーケティング活動と消費者の購入体験によって築き上げられた「イメージ」は簡単に模倣できるものではなく，市場における競争優位の源泉となります。

　このように，消費者と企業の双方に対して様々な役割を担っているブランドには，資産としての価値があります。次項では，資産としてのブランドについて解説します。

2-3　ブランドは資産

　ブランドには「資産」としての価値もあります。ブランド理論の権威であるデービッド・アーカーによると，ブランドは資産であり，その資産価値は企業の事業戦略や業績に影響を及ぼすとされ，この考え方を「ブランド・エクイティ」と言います。ブランド構築の最も重要な目標は，ブランド・エクイティを築き上げて，それを高め，活用することです。強いブランドは，将来的な競争

優位性や長期的な収益性の基盤となります（アーカー，2014，p. 10-16）。

　世界的なブランディング専門企業のインターブランドは，毎年，グローバルブランドの価値ランキングを発表しています。このランキングは世界のブランド資産価値の具体的な指標と言えるもので，2023年のランキングでは，アップルが世界で最もブランド価値が高く，5兆268億ドルとなっており，マイクロソフトが3兆1,666億ドルで2位，アマゾンが2兆7,693億ドルで3位となっています。日本の企業ではトヨタ自動車が最も高く，世界ランキングでは6位の6,450億ドルとなっています（インターブランド，2023）。

　ブランド・エクイティは，企業の経営資源と同様に，ブランドそのものにも価値があるという考え方です。以下では，アーカー（2014，p. 15-17）を参考に，ブランド・エクイティを高める要素について説明します。理解を深めるためにアップルを例に各要素を見ていきましょう。

　ブランド・エクイティを築き上げるためには，「ブランド認知」，「ブランド連想」，「ブランド・ロイヤルティ」などが不可欠です。1つ目の「ブランド認知」は，特定のブランドがどれだけ広く知られているかを示す指標です。インターブランドのランキングで1位を獲得したアップルは世界各国で広く認知されています。人々は，見慣れた製品や馴染み深いブランドを信頼し，その品質を高く評価する傾向があります。そのため，これは高価な製品などの購入時の重要な判断基準となります。2つ目の「ブランド連想」は，そのブランドが顧客に与える印象やイメージのことです。アップル・ブランドで言えば，「iphone」，「iPad」，あるいは「洗練されたデザインの高品質な電子製品」などが連想されます。ブランド連想をどのように築き上げるか，そして，そのイメージをどのように強化するかという戦略を立てることが，企業にとって極めて重要になります。3つ目の「ブランド・ロイヤルティ」は，ブランドへの忠誠心を指します。例えば，新型「iPhone」の発売日に，アップル製品のファンがアップルストアの前に作る行列は，アップルに対する強い忠誠心の表れと言えます。アップルの新製品は全て購入するというファンも多く，まさにアップルのブランド・ロイヤルティの強さを象徴する存在です。ブランド価値の中核をなすロイヤルティは，一度獲得したら簡単に消失することはありません。

　このように，「ブランド認知」，「ブランド連想」，「ブランド・ロイヤルティ」などの要素が，「ブランド・エクイティ」を形成する鍵となります。

　ブランドは資産としての価値を持ち，企業と消費者との関係において重要な役割を果たしています。実際，ブランドは単なる名称やシンボルにとどまらず，企業と消費者の関係構築における鍵となる要素であるとされています（コトラーほか，2022a，p.333）。したがって，企業が顧客との強い関係を築くためには，本章の第1節で学習した R，STP，MM，I，C のマーケティングの基本戦略に加えて，適切なブランド戦略を構築することが不可欠になります。

3　マーケティングの進化

　この章ではマーケティングの基本的な知識やブランドについて学びました。マーケティングは絶えず進化していく領域なので，変化を捉えて，正しく理解することが大切です。第3章の最後となる本節では，マーケティングがどのように発展してきたのかを簡潔に振り返りながら，コトラーほか（2010，p.16-19，2022b，p.61-67）に基づき，マーケティングの各段階の特徴を概観します。

　常に変化する市場環境に対応するために，マーケティングも常に変化を続けてきました。「マーケティング 1.0」から，現在では「マーケティング 5.0」まで進化を遂げています（図表5参照）。

　1950年代から始まった「マーケティング 1.0」では，製品の販売（売上）を目的とする「製品中心」のアプローチが採用されました。製品をより多く販売することがよしとされたこのアプローチによって，顧客にとって本当に必要かどうかに関わらず，ひたすらモノを消費させる消費主義文化が生まれました。

図表5　マーケティングの変遷

	マーケティング				
	1.0	2.0	3.0	4.0	5.0
年代	1950年～1990年代	1980年～2000年代	2000年代半ば～2020年代半ば	2010年代半ば～2030年代半ば	2020年代～2030年代
特徴	製品中心	顧客中心	人間中心	従来型からデジタル型	人間のためのテクノロジー
マーケティング・コンセプト	4P	STP，長期的なリレーションシップ	企業の倫理的，社会的責任	オムニ・チャネル	マーケティング 3.0 とマーケティング 4.0 の統合

出所）コトラーほか（2022b，p.61-67）に基づき筆者が作成

1980年代には「マーケティング2.0」が登場し，顧客の満足と維持を目的とする「顧客中心」のアプローチが採用されました。アプローチの変化が求められた背景には，1960-70年代の反消費主義運動の高まりや1980年代の景気低迷による需要の減少などがあります。当時のマーケティングはSTPを中心に展開され，企業は長期的な顧客関係の構築を重視するようになりました。2000年代に入って登場した「マーケティング3.0」では，誰もが幸せに暮らせるより良い世界を目指し，価値主導で製品を販売するための「人間中心」のアプローチを導入しました。この変化の背景には，世界的な金融危機や企業の不祥事などが多発したことを受け，企業に社会的および倫理的責任が求められるようになったことがあります。2010年代半ばに登場した「マーケティング4.0」では，マーケティングの舞台が従来のアナログ型から「デジタル型」へと移行しました。モバイル・インターネット，ソーシャル・メディア，eコマースの台頭によって大きく変化した顧客の購入行動に対応するために，オムニ・チャネル（実店舗，オンラインストアをはじめとするあらゆる顧客チャネルで統合された顧客体験を提供するための手法）が導入されました。そして，現在迎えている「マーケティング5.0」は，「マーケティング3.0」と「マーケティング4.0」を統合した概念で「人間のためのテクノロジー」を特徴としています。特に「Z世代（1997〜2009年生まれ）」や「α世代（2010年以降生まれ）」への適応を意識しており，人々の生活の質を向上させる次世代技術の導入などについて活発に議論されています。

　改めてマーケティングの進化の歴史を俯瞰することで，マーケティングは不変ではなく，変動する市場環境に適応するために進化し続けていることがわかります。

　本章ではマーケティングの基本的な考え方を学習しました。現代社会ではマーケティングに関する知識と技術の重要性がますます高まっており，営利企業だけでなく大学，美術館，博物館，病院，NPOなどの非営利組織も，事業運営に際し，マーケティングの考え方と手法を積極的に取り入れています。多種多様な組織でマーケティングの重要性が認識され，様々な取り組みが行われている今日，進化するマーケティングに適応し続けるために学び続けながら，知識をより深化させていくことが求められているのです。

ディスカッションのテーマ

1　売れている製品またはサービスを一つ選び，人気がある理由を考えてみましょう。
2　自分のお気に入りのブランドを一つ選び，その魅力を考えてみましょう。
3　自分のお気に入りのブランドから連想するキーワードやイメージを考えてみましょう。

【参考文献】
・石井淳蔵「マーケティング発想の経営」石井淳蔵＝廣田章光＝清水信年編『1 からのマーケティング〔第 4 版〕』（碩学舎 2020）
・恩藏直人「ブランド」宮澤永光＝亀井昭宏監修『マーケティング辞典〔改訂版〕』（同文舘出版 2003）
・ケビン・レーン・ケラー（恩藏直人監訳）『エッセンシャル戦略的ブランド・マネジメント〔第 4 版〕』（東急エージェンシー 2015）
・清水信年「マーケティングの基本概念」石井淳蔵＝廣田章光＝清水信年編『1 からのマーケティング〔第 4 版〕』（碩学舎 2020）
・セオドア・レビット（有賀裕子訳）『T. レビット マーケティング論』（ダイヤモンド社 2007）
・デービッド・アーカー（阿久津聡訳）『ブランド論—無形の差別化を作る 20 の基本原則』（ダイヤモンド社 2014）
・フィリップ・コトラー（木村達也訳）『コトラーの戦略的マーケティング—いかに市場を創造し，攻略し，支配するか』（ダイヤモンド社 2000）
・フィリップ・コトラー＝ゲイリー・アームストロング＝マーク・オリバー・オプレスニク（恩藏直人監訳）『コトラーのマーケティング入門〔原書 14 版〕』（丸善出版 2022a）
・フィリップ・コトラー＝高岡浩三『マーケティングのすゝめ—21 世紀のマーケティングとイノベーション』（中央公論新社 2016）
・フィリップ・コトラー＝ヘルマワン・カルタジャヤ＝イワン・セティワン（恩藏直人監訳）『コトラーのマーケティング 3.0 —ソーシャル・メディア時代の新法則』（朝日新聞出版 2010）
・フィリップ・コトラー＝ヘルマワン・カルタジャヤ＝イワン・セティワン（恩藏直人監訳）『コトラーのマーケティング 5.0 —デジタル・テクノロジー時代の革新戦略』（朝日新聞出版 2022b）
・一般財団法人ブランド・マネージャー認定協会『どうしてロゴが牛なの？』

https://www.brand-mgr.org/about/why.html（ブランド・マネージャー認定協会，n.d.）

・インターブランド『Best Global Brands 2023』
https://interbrand.com/best-brands/（インターブランド，2023）

・グーグル『Google について』
https://about.google/?fg=1&utm_source=googleJP&utm_medium=referral&utm_campaign=hp-header（グーグル，n.d.）

・スターバックス『「おかえり」「ただいま」が聞こえてくる居心地の良い場所。サードプレイスの価値とは（大阪府・豊中市)』
https://stories.starbucks.co.jp/ja/stories/2022/community_store3/（スターバックス，2022）

・ハーレーダビッドソン『2023年モデル』
https://www.harley-davidson.com/jp/ja/motorcycles/index.html（ハーレーダビッドソン，2023）

※インターネット・リソースは2023年10月10日に最終閲覧した。

索引作成のための5個のキーワード：顧客，価値，STP，4P，ブランド

第4章　イノベーション

1　イノベーションの基礎概念
1-1　イノベーションの本質と意義

(1)　狭義のイノベーションと広義のイノベーション

　「イノベーション（innovation)」という言葉を目にする機会が増えています。日本語では一般に「技術革新」と訳されます。イノベーション理論を体系化したシュンペーターは，経済発展を導くイノベーションの本質が「生産手段の新結合」にあると主張します。ここでの生産は，利用できるさまざまな物や力の結合と広い意味で使われており，その手段や手法の変更がイノベーションということになります。

　イノベーションは狭義と広義2つの意味を持っています（十川，2009)。狭義のイノベーションは新技術・新素材の開発，新製品の開発といった，主として技術的な成果を意味し，製品イノベーションに相当します。技術革新という訳語は，まさに狭義のイノベーションを反映しています。技術的な成果は企業が長期に維持発展していく上での基盤であり，その重要性は否定されません。ただし，技術的成果のみに注目する議論は，顧客ニーズをいかに満たすか，あるいは技術的成果を生み出す背後のマネジメントはいかにあるべきか，といった問題を捨象してしまいます。

　一方，広義のイノベーションは，企業の価値創造プロセス全体の視点から，新技術，新製品開発の活性化を支える組織プロセス，マネジメント・プロセスの変革まで含めてイノベーションとして捉えます。具体的には，顧客ニーズに合った新しい製品・サービスを創造するために，研究開発の方法や生産システムを更新したり，新たな保守，サービスの仕組みを構築したり，さらにそれらを支える組織プロセス，組織間関係，ビジネス・モデル，制度等の変革まで含めたものになります。

(2)　イノベーションの必要性

①　経済成長の源泉

　ヨーゼフ・シュンペーターは資本主義の本質を，イノベーションによる「創

造的破壊」と位置づけました。経済成長は人口増加や資本の供給という外生的な環境要因よりも，企業による内なる創造により達成されます。製品や産業の成熟化を乗り越えるには，新製品や新産業を生み続け，自らを革新するプロセスが必要です。

② 生活や社会の根底からの変化

イノベーションによって，我々の生活や社会は根底から変わる可能性があります。例えば，鉄道，電信，電話，自動車，航空機，化学繊維，ラジオ，テレビ，コンピュータ，スマホ等々は，我々が日頃当たり前のように使っている製品ですが，これらが存在しない生活は想像できません。

③ 企業の競争優位の源泉

イノベーションは企業の競争力や浮沈を左右し，競争優位の源泉となります。企業の基本的な目的は長期の維持発展です。この基本目的を達成するための企業の本質的な活動こそ，新製品・サービス，新規事業を生み出す価値創造のプロセス（及びその活性化），つまりイノベーション創造の活動なのです。過去に成功を収めた企業であっても，未来永劫その地位が持続するとは限りません。新たなイノベーションを携えた新興企業に敗れ去り，市場からの退出を迫られるケースもあります。イノベーションを組織の中で継続的に生み出すために何が必要か，を考えることは現代の企業経営の重要な課題なのです。

(3) **イノベーションの本質**

イノベーションの本質について，一橋大学イノベーション研究センター（2017）は以下の4つを挙げています。

① 知識の営み

イノベーションの直接の成果は，最終的に我々が享受する製品やサービスではなく，それらの基盤となる知識です。知識は物と違い，その利用を排除できません。知識は何度もそして同時に利用可能です。これは知識の漏洩や模倣の問題につながります。また，新しく創造された知識は全くゼロから創造されるのではなく，過去の知識を基盤とします。既存の知識との関連がイノベーションの累積性という特質を生み出します。過去の経緯や蓄積が次のイノベーションに影響を及ぼすのです。このような累積性はイノベーションの方向を決定づける要因となります。

②　システム性

　イノベーションは単なる思いつきや発明とは違います。多様な技術，知識，仕組みが組み合わさり，システムとして機能して初めて成果に結びつくのです。このようなシステム性の本質から，イノベーションの相互依存性という特質が生まれます。単独の製品やサービスが優れていても，既存の関連するシステムとの互換性がないと社会では受け入れられません。例えば，燃料電池車は燃料の水素を低エネルギーで生産する技術が確立され，さらに全国に水素ステーションが建設されないと普及しません。

③　社会性

　イノベーションは組織における人々の協働，相互作用によってなされます。イノベーションの主体である人間や企業は社会的な存在であるため，イノベーションも社会的プロセスと切り離すことはできません。イノベーションには一部の技術者や企業家のみならず，一般の組織メンバーも関与します。また，イノベーションは人間の情報処理能力の限界，社会の制度，歴史，文化といった要因の影響を受けます。イノベーションは真空の実験装置から生まれるものではありません。社会の仕組み，システム，価値観等との互換性，親和性が必要なのです。

④　不確実性

　イノベーションの実現には常に高い不確実性が伴います。イノベーションは，事前の綿密な計画や周到な準備によって実現できるものではありません。イノベーションは，さまざまな予期せぬ障害や労苦を乗り越え，偶然に導かれながら，紆余曲折を経て前進していくものです。そこには失敗のリスクへの恐れや不安，創造的破壊への抵抗・拒否がつきものです。このような不確実性が伴うため，イノベーションの創出に挑戦しようという人々の動機は失われることになります。人間は新しいものへのリスクや不安が大きい場合，確実で安心できる周知のものに固執するからです。

　そこで，イノベーション創出を駆動する機能として注目されるのが「企業家（アントレプレナー）」と呼ばれる人々あるいは社会的機能になります。企業家は，単に目先の富を追求するのではなく，大きな夢や意志，創造の喜びに導かれ，単純な経済合理性を超えた目的によって行動します。

　しかし，企業家だけでイノベーションを実現することはできません。企業家

の革新的なアイデアがイノベーションに結実するには，経営資源が継続的に供給されねばなりません。革新的な製品やサービスが事業として提供され，社会の中で使用されるためには，工場設備，販売流通網，サービス体制，インフラ整備等を通じ，多様な関連主体の資源が動員される必要があります。ただし，このような活動に日々のオペレーションに必要な資源を費やすことはできません。したがって，不確実性の高いイノベーションを創出するためには，革新的な挑戦に注ぎ込む余剰資源を創造，供給していく新たな仕組みを探索する必要があるのです。

1-2　イノベーションのタイプ

(1)　製品イノベーションと工程イノベーション

　イノベーションには，製品イノベーションと工程イノベーションの2つのタイプがあります。製品イノベーションは，製品自体の技術進歩あるいは製品を構成する要素技術の進歩をもたらすイノベーションです。一方，工程イノベーションは，製品を生産するプロセスにおける技術進歩あるいは工程の基盤となる要素技術の進歩をもたらすイノベーションです。両者は相互に密接に関連しています。

　ジェームズ・アッターバックは2つのイノベーションの関係を図表1のように示しています。産業の発展段階は，多数の製品イノベーションが発生する流動期から始まります。流動期は製品概念が不安定であるため，競合企業間でさまざまな製品デザインと操作上の特徴に関する実験が行われ，多くの製品が提案されて急速な製品イノベーションが進行します。一方，製品概念が固まらないと生産技術は確定できません。したがって，この間の生産技術は熟練の技能に依存した労働集約的なものにとどまります。製造工程への関心はほとんど払われないため，工程イノベーションの発生率は低くなります。

　やがて，提案された多数の製品の中から有力な製品デザインが出現し，産業全体を支配するようになります。これが「ドミナント・デザイン」です。ドミナント・デザインは当該産業におけるその後の技術基盤となり，その出現により製品としての主たる機能，それを支える要素技術，全体としてのデザインが明確になります。

　ドミナント・デザインの出現で製品概念が急速に決定されると，今度は製造

方法に関するイノベーションの発生率が高まります（移行期）。工程イノベーションが中心になると，材料の特化，専用機械の導入，生産プロセスの自動化等の特徴が現れ，大規模で効率的な生産体系が確立し，生産性は飛躍的に上昇します。しかし，技術的な選択の幅がなくなり，製品，工程共にイノベーションが発生し難い状態に入ります（固定期）。ここでは，既に確立された大量生産システムの維持が重要視され，抜本的な変更をもたらす製品，工程両面でのイノベーションは回避されます。品質やコスト面での改善によって生産性は向上しても，イノベーションが発生しない状態は「生産性のジレンマ」と呼ばれます。

図表1　製品イノベーションと工程イノベーション

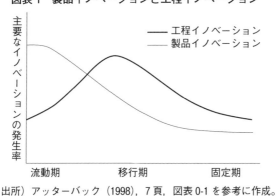

出所）アッターバック（1998），7頁，図表0-1を参考に作成。

(2)　イノベーション・マトリックス

　トニー・ダビラらが提示したイノベーション・マトリックスは，狭義（技術）と広義（ビジネス・モデル）のイノベーションの相互関連の視点から，イノベーションを3つのタイプに分けています（図表2）。インクリメンタル・イノベーションは，既存の技術やビジネス・モデルの小さな改善を行い，目標に至るプロセスの問題を解決するものであり，市場シェアや収益性の低下を防ぐのに有用なため，多くの企業で実践されます。画期的なイノベーションを創出しても，インクリメンタル・イノベーションが不十分であると，容易に模倣され，顧客を奪われる等，企業の安定は保証されません。ただし，多くの企業は既に競争力を失った製品やサービスの防衛にインクリメンタル・イノベーシ

ョンを使い，新たな価値創造の活動に資源が回らない状態になっています。イ
ンクリメンタル・イノベーションの最大の問題は，手軽に取り組めるものの，
わずかな変更にとどまり，創造性を限定してしまうことです。

　セミラディカル・イノベーションは，競争の激しい環境に大きな変化をもた
らします。ただし，この大きな変化は技術かビジネス・モデルのどちらか一方
に限定されます。セミラディカル・イノベーションの成功を主導するのは，技
術かビジネス・モデルのどちらか一方のイノベーションですが，もう一方の変
革もある程度は必要です。このイノベーションでは，技術とビジネス・モデル
の領域に連動性があり，両者は共振する可能性が高くなります。したがって，
技術とビジネス・モデルという異なる側面のバランスをとることが必要です。
この2段階のイノベーションが協調的に作用するには，両領域の担当部署が共
に相手の領域を共有できる地図を持たねばなりません。共通のイノベーション
地図は，イノベーション成功の鍵になる危険やチャンス，強みや弱み等につい
て担当部署間で議論する際の共通の下地なのです。

　ラディカル・イノベーションは，技術とビジネス・モデルの両方に同時かつ
劇的な変化が起こるものです。これは業界の競争環境の根底を変化させ，業界
のルールや常識を書き換えます。ラディカル・イノベーションは将来の見込み
の低い投資になるため，「次の何か新しいもの」が企業の運命を変えてくれる
という非現実的な期待によって過剰投資することは避けねばなりません。

　技術とビジネス・モデルの変革の優先事項の選択，統合により，ポートフォ
リオの中でこれら3つのタイプのイノベーションのバランスをとることが経営
陣には必要なのです。

図表2　イノベーション・マトリックス

技術	新規	セミラディカル	ラディカル
	既存に近い	インクリメンタル	セミラディカル
		既存に近い	新規

ビジネス・モデル

出所）ダビラ・エプスタイン・シェルトン（2007），44頁，図2を参考に作成。

1-3　イノベーションのプロセス

(1)　クラインのイノベーション・モデル

　スティーヴン・クラインはイノベーションのプロセスに関する2つのモデルを提示します（図表3）。リニアモデルは研究から始まり，開発，生産，マーケティングへと1本の線で時間的に順次行われるプロセスです。このモデルは単一な流れであり，顧客ニーズや販売状況等のフィードバックは考慮されていません。

　一方，連鎖モデルは開発プロセスが直線的に進むリニアモデルに比べ，開発プロセスのあらゆる段階で，技術や市場の情報が何度も行き来しながら開発を進める複雑なものです。まず市場の発見から始まり，総括設計，詳細設計及び試験，再設計及び生産，販売及びマーケティングへとつながる流れが通常のイノベーション・プロセスの中核に相当します。それらに加え，F（新製品モデルの重要情報）とfという情報のフィードバック・ループ，研究と発明を結びつけるCというプロセス，研究プロジェクトRと結びつき蓄積された知識の接続を示すKというつながり，生産部門から研究部門への情報の流れを示すI，長期的研究に対する企業からの援助を示すSが描かれています。連鎖モデルの特徴は，第1に多数のフィードバック・ループを持つことで，不確実性の高い環境変化に迅速に対応することが可能になること，第2に研究活動が開発プロセスのすべての段階で関わりを持ち，絶えず知識や情報の交換が行われることです。

(2)　オープン・イノベーション

　ヘンリー・チェスブロウはイノベーションの方法として，クローズド・イノベーションとオープン・イノベーションという2つのタイプを挙げています（図表4）。クローズド・イノベーションは従来型のイノベーション・プロセスであり，研究開発への投資，新技術・アイデアの創出，新製品の販売，売上・利益の増加という一連の活動をすべて自前で行うものです。新しいアイデアは自社内部の研究段階で生まれ，開発段階を経る中で選別され，生き残ったアイデアのみ製品化され，市場に出ていくというプロセスを辿ります。このプロセスでは，外部で生まれたアイデアは活用されません。また，内部で生み出されたアイデアが外部に放出されることもありません。しかし，市場への製品投入

図表3　イノベーションのリニアモデルと連鎖モデル

リニアモデル

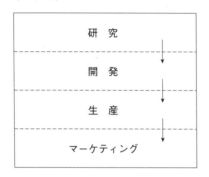

連鎖モデル

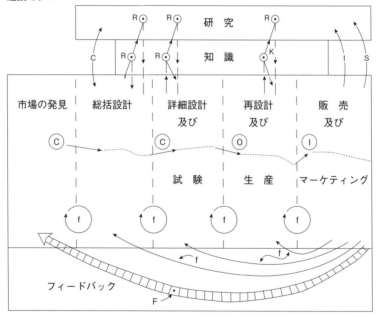

出所）クライン（1992），17頁，図2及び18頁，図3を参考に作成。

のスピード・アップ，製品寿命の短さ，賢明な顧客や供給業者との利益の奪い
合い，海外企業との競争激化等の要因で，クローズド・イノベーションは効果
的なプロセスとはいえなくなっています。

　一方，オープン・イノベーションとは「企業の内部と外部のアイデアを有機
的に結合させ，価値を創造する」ものです。オープン・イノベーションにおい
ても，アイデアは企業内部の研究活動から生まれますが，開発段階へと進んで
いく中で，企業の外部に出ていくこともあります。例えば，研究者が外部の企

図表4　クローズド・イノベーションとオープン・イノベーション

クローズド・イノベーション

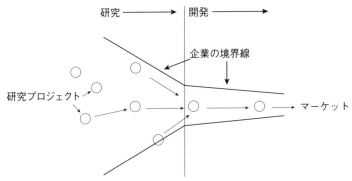

オープン・イノベーション

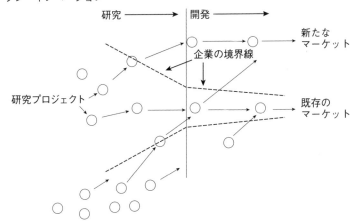

出所）チェスブロウ（2004），6頁，図表序-2及び9頁，図表序-4を参考に作成。

業に引き抜かれたり，外部でベンチャーを起業したり，あるいは外部企業にラ
イセンスを与えたりというケースが考えられます。また，外部で生まれた有用
なアイデアを企業内部で活用するプロセスも存在します。このように内外のア
イデアが自由に飛び交うため，企業の境界は曖昧なものとして点線で描かれて
います。

　従来の日本企業は自前主義の傾向が強く，クローズド・イノベーションが主
体でした。しかし，最近では遅れていたオープン・イノベーションへの取り組
みも見られるようになっています。例えば，富士フイルムは本社内に「Open
Innovation Hub（オープン・イノベーション・ハブ）」を設け，自社が蓄積し
てきたコア技術や基盤技術，現在開発中の新技術，材料，製品等を国内外の企
業，大学，官公庁に提示し，直接手に触れることのできる場を提供しています。
このような「実験場」を設けることで，ビジネスパートナーの持つ課題，技術，
潜在的ニーズと富士フイルムの技術を結びつけ，イノベーションの共創を図っ
ています。

2　イノベーションの諸相

　企業の競争態様に影響を与え，機会と脅威をもたらすさまざまなイノベーシ
ョンの姿を見ていくことにしましょう。

2-1　技術のS字曲線

　リチャード・フォスターは，製品あるいは製法を改良するために投じた費用
及びその努力と，その投資がもたらす成果との関係を技術のS字曲線として表
しています（図表5）。新製品や新製法の開発に資金を投入した当初はなかな
か成果に結びつきませんが，やがて開発を継続し，鍵となる情報が集まると，
制約がなくなり業績の急速な発展が見られるようになります。しかし，やがて
それ以上に資金（努力）をつぎ込んでも技術の進歩は困難となり，S字曲線の
上昇に限界が来ます。技術のS字曲線は，一定の製品開発や改良は重要なもの
の，そのような活動はやがて限界に達することを示唆しています。

　さらに，技術進歩が限界に達すると，その技術に代わる新たなS字曲線が登
場することになります。この新しいS字曲線は，古いS字曲線の基盤となった
知識から生まれるのではなく，全く新しい別の知識を基盤としています。ここ

図表5　技術のS字曲線と不連続性

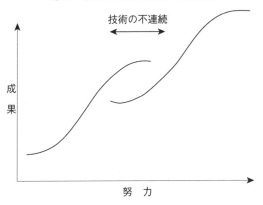

出所）フォスター（1987），96頁，4図を参考に作成。

に技術の不連続な変化が生じるのです。これを理解できないと，企業は技術の変化に適応できなくなります。例えば，真空管から半導体への技術革新にアメリカの真空管メーカーは適応できませんでした。

2-2　破壊的イノベーション

　クレイトン・クリステンセンは，自社の確立した市場で既存の顧客に対しより高機能な製品を提供することを追求するイノベーションを「持続的イノベーション」と位置づけます。持続的イノベーションは，企業が従来から蓄積してきた技術や能力を維持，向上させるようなイノベーションです。既存の技術で競争優位を確立してきた企業は，自社の主要顧客の要望に沿うようなイノベーションを積極的に追求します。しかし，時間の経過とともに顧客の要求水準を超えた領域に至ると，既存技術の改良のペースが顧客の利用能力を超えてしまいます。そうなると，顧客は当該製品に魅力を感じなくなります。

　一方，「破壊的イノベーション」は，持続的イノベーションとは全く異なる価値基準を市場にもたらし，持続的イノベーションの軌跡を破壊するものです（図表6）。破壊的イノベーションは，機能面において急進的ではありませんが，超低価格，使いやすさ，新たな使用方法の提案等の従来とは異なった価値基準に訴えて新たな顧客を獲得します。破壊的イノベーションは，当初，主流の顧客からは評価されませんが，主流から外れた新たな顧客に評価され受け入れら

図表6　持続的イノベーションと破壊的イノベーション

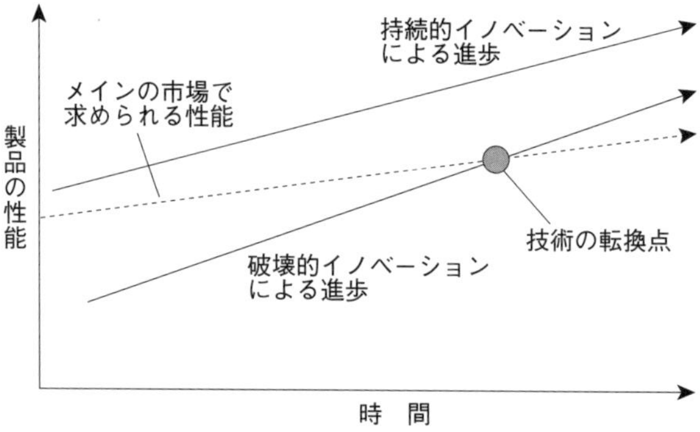

出所）クリステンセン（2001），10頁，図 0.1 を参考に作成。

れます。例として，銀塩カメラに対するデジタルカメラ，メインフレームコンピュータに対するパーソナルコンピュータ等が挙げられます。

　注意すべきは，当初は主流から外れた顧客に受け入れられていた破壊的イノベーションが，その後の技術革新により，機能面でも主流の顧客の要求を充足するレベルに到達する可能性があるということです。これが図表6の技術の転換点です。こうなると，懸命に持続的イノベーションに努力をし続けることで，かえって顧客を失うことになります。これが「イノベーターのジレンマ」という現象です。特に，ある時点での業界のリーダー企業はこの点で注意が必要です。リーダー企業はその時の主流市場での顧客をメインのターゲットとしているため，当該顧客の要望を満たすように注意を払いますが，メインの顧客が関心を寄せないような技術や価値基準には注意を払わないからです。また，新技術は当初，既存技術に比べ機能が劣る傾向にあり，評価が定まっていないため，新技術に投資するよりも既存技術の高度化を優先し，新技術への投資に慎重になるからです。

　イノベーターのジレンマを回避するには，企業内に本体から隔離する形で破壊的イノベーションに対応するための自律的組織を作り，ある程度の自由度を与え，当初の低収益を許容し，専門的に対応させることが必要とされます。

2-3　リバース・イノベーション

　リバース・イノベーションは新興国や後発国で最初に採用されたイノベーションであり，川下（新興国や後発国）から川上（先進国）へ逆流する性質を持っています。従来のイノベーションの捉え方は，先進国で誕生し，先行的に開発，導入された技術を新興国や後発国向けに修正（手直し）して投入するというものです。この方向が逆になるという点がリバース・イノベーションの本質なのです。

　例えば，GE が開発した携帯型超音波診断装置は，中国で中国人のために生まれたイノベーションです。中国の農村地域では電力事情のよくない所も多く存在します。そのような地域では，高度医療に従事する医師も少なく，高額な機械を導入できない中小規模の病院も多くあります。このような現地の状況に適合した携帯型超音波診断装置は，ポケットに入る大きさで超低価格，携帯性，使いやすさに優れています。

　しかし，このような製品特性は，中国の農村地域だけでなく，先進国向けの製品がカバーできない先進国のすきま市場（例えば，大きな病院がない僻地，救急医療の現場，手術室等）にも適合します。さらに，将来，先進国の価値観や生活スタイルが新興国や後発国と似てくるならば，先進国のメイン市場でも需要が高まる可能性があるのです。

　リバース・イノベーションを実現するために，GE では独自の損益責任を持ったローカルな開発チーム（ローカル・グロース・チーム）が自由に活動し，社内のグローバル資源を利用できるようにしました。困難な課題に直面した時に，開発チームが協力を仰いだのはイスラエルの製品開発チームだったのです。

3　イノベーション創造のマネジメント
3-1　組織学習の生起と促進

　イノベーション実現の鍵となるのは，個人が成功体験に囚われず，新たな課題に挑戦していくと同時に，個々人の相互作用により，新たな発想や行動を組織的に生み出していく組織学習が起こることです。組織学習とは，対話やコミュニケーションを通じた個々人の相互作用により，組織の知識や価値体系が変化し，問題解決能力や行動する能力が改善されるプロセスです。個人が学習に

より能力を高め，新たな問題に対処するように，組織も学習によって新たな知識（組織知）を獲得し能力を高め，環境変化に適応します。

　組織学習の基盤は個人学習です。しかし，個人学習が十分に行われても，必ずしも組織的な学習が生起されるわけではありません。個人学習により個人の能力が高まっても，新たな知識・ノウハウが組織内に分散されて統合できない状態では，各部署に知識・ノウハウが囲い込まれてしまい，新たなイノベーションの創造には結びつきません。個人学習は組織学習の前提であり，重要な要素ですが主な関心ではありません。個人学習から組織学習への「橋渡し」が重要なのです。

　個人学習から組織学習への橋渡しは自然発生的には起こりません。個人学習が組織学習に橋渡しされる要件として，コミュニケーション，透明性，統合が挙げられます（Probst and Büchel, 1997）。組織メンバーが互いの現実認識を突き合わせ，組織のとるべき行動に対する合意を得るにはコミュニケーションが不可欠です。ただし，コミュニケーションだけでは不十分です。コミュニケーションのプロセスや結果が，組織メンバーにオープンでなければ，組織全体で知識・ノウハウを共有・創造することはできないからです。さらに，統合が行われないと，個人が学習した結果は，いつまでも個人に帰属し，組織の方向性と合致しない場合，無駄な資源となります。また，個人に帰属するだけで，制度やシステムに落とし込んでいない場合，他の組織メンバーが活用することもできません。

　組織学習はどのような仕掛けがあれば生起するのでしょうか。例えば，ローテーションにより，人材の交流が活発化すると，異質な知識や能力が融合する機会は増加します。特定課題解決のための組織横断的なプロジェクト・チームにより，組織内に遍在する異質な資源の結集を図ることもできます。また，インフォーマルなコミュニケーションの活用，あるいは「活気にあふれ，目標達成度が高い，献身的な人間の集団」である「ホット・グループ」といったインフォーマルな活動が自発的に起こることも重要です。インフォーマルな活動は公式的活動を背後で支え，その円滑な実行を促す役割を果たすからです。両者が補完し合うことで部門の壁を越えた交流，協力が活発化し，創造的な組織学習が実現するのです。

3-2　自己変革を促進する行動環境

　クリストファー・バートレットとスマントラ・ゴシャールは，自己変革を遂げられない組織の行動環境（組織特性）と自己変革を促進する行動環境を対比しています。まず，自己変革を阻害する行動環境として「服従」「コントロール」「契約」「制約」の4つを挙げています。「服従」は企業の多角化に伴う求心力低下を防ぐため，メンバーを共通方針や同じやり方に従わせるものです。「コントロール」は資本計画や業務予算計画のシステムを開発し，トップダウンでの管理を厳格に行うものです。「契約」は企業と従業員との関係が主に金銭を媒介とした契約に基づいているという点が強調される特性です。「制約」は事業部制等の組織における責任範囲を明確に規定する特性です。

　一方，自己変革を促進する行動環境として，「規律」「サポート」「信頼」「ストレッチ」の4つを挙げています（図表7）。「規律」は命令や方針に闇雲に従うのではなく，従業員が見通しやコミットメントに基づいて行動するために，深く身についた規範であり，「服従」の対となります。「サポート」は「コントロール」が支配していた上下の関係だけでなく，同僚同士の横のつながりも重視します。上司と部下の関係は指導，支援を基盤としたものとなります。「信頼」は組織のプロセス（評価や報酬システム等）がオープンな場合に醸成され，公正な経営慣行により強化されます。イノベーションを実現するコラボレーシ

図表7　自己変革を促進する行動環境

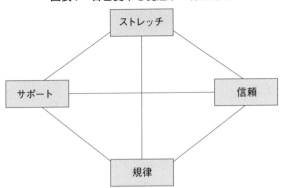

出所）バートレット・ゴシャール（2007），174頁，図5-3を参考に作成。

ョンは，人間相互のつながり，協力関係の中で生み出されます。このような人間相互のつながりや協力関係の基盤となるのが信頼です。信頼関係に基づく良好な人間関係はコミュニケーションを円滑にし，リッチな情報のやり取りを可能にし，コラボレーションの質を向上させて組織学習を生起させる原動力となります。「ストレッチ」は個人の向上心を高め，自分や他人に対する期待値を高めるように奨励する特性です。視野を狭め，活動範囲を制限する「制約」と対照的に，一層野心的な目的に向けて人々が邁進するよう仕向けます。

3-3　経営トップとミドルの役割

(1)　経営トップの企業家的リーダーシップ

　イノベーションを組織的に生み出していく経営トップの役割は，企業家的リーダーシップの発揮にあります。企業家的リーダーシップの第1の要素は，経営トップがビジョナリー・リーダーとして自社の将来ビジョンや戦略的意図をメンバーに明確に提示，共有させ，企業の進むべき将来像を理解させることです。ビジョンが共有されないと，メンバーは将来の方向が理解できず，変革に向けて動き出す気運は高まりません。なお，上から押し付けられたビジョンではメンバーの参加や献身は得られません。メンバーの共感，共鳴を得られるビジョンであることが重要です。

　企業家的リーダーシップの第2の要素は，イノベーションを生み出す土壌（環境）作りです。経営トップは幅広いガイドラインを示し，具体的な細目の実行はメンバーに任せるように行動します。つまり，進むべき方向を示し，その下で知識・ノウハウの組織横断的な活用を促進させ，メンバーの創造性発揮を促すようなリーダーシップ・スタイルです。さらに，多様な技術や視点を持ったメンバーを結集し，問題解決のためのチーム・ワークを醸成し，創造性が組織全体から湧き上がる環境を作ることが重要です。

　企業家的リーダーシップの第3の要素は，メンバーが過去の成功体験に囚われずに発想の転換を行い，変革に向けて行動できるように指導能力を発揮することです。メンバーが惰性で行動せず，自己の意識と行動を変えていくよう促します。メンバーが現状肯定的にならないように常に高い所へ向かって変革できるよう，意図的に「イノベーション・ギャップ」を作り出すことが重要です。現有能力と将来目標との間にあえてギャップを作り，メンバーにこのギャップ

を埋めるように仕向け，創造性を発揮させるのです。

　以上のようなことからわかるように，現代の経営トップはかつての英雄的な企業家とは異なります。かつての英雄的な企業家は，すべてを個人で処理する能力を持ち，強烈な個性とカリスマ性で物事を解決する傾向にあります。これは大規模な組織における経営トップのリーダーシップ・スタイルとしては不適切なのです。

(2) 戦略的ミドル

　伝統的なミドルの役割は，経営トップの提示した計画をメンバーが遺漏なく実行しているかを監視し，彼らの行動を細部にわたって管理，コントロールするものでした。しかし，イノベーションを組織的に生み出していくには，そのような役割だけでは不十分です。経営トップの企業家的リーダーシップの下で，メンバーの創造性発揮を促すミドルの新たな役割が求められるのです。具体的には，部下の創造性を引き出し，短期目標と長期ビジョンとのギャップから生じる緊張感を調整し，部下から得られたアイデアを統合していく役割です。

　スティーヴン・フロイドとビル・ウールドリッジは戦略形成に積極的な役割を果たす「戦略的ミドル」の概念を提示します。戦略形成においてミドルが影響力を行使する方向（上方，下方）と貢献の特性（既存の戦略の支持：統合的，既存の戦略からの逸脱：分散的）という2つの次元から，4つの役割が規定されます（図表8）。

図表8　戦略的ミドルの4つの役割

貢献の特性

	分散的	統合的
上方	チャンピオニング	情報の統合化
下方	適応性の促進	実行

（影響の方向性）

出所）Floyd and Wooldridge（1996），42頁，Figure4.2. を参考に作成。

　「チャンピオニング」は組織内のさまざまなメンバーの創造的アイデアを吸い上げ，経営トップへ戦略的な代替案を提案する役割です。ここには，戦略的な

焦点の移行あるいは拡大につながるものへの投資といった，既存の優先順位を変更するよう経営トップを説得するような行動も含まれます。

「情報の統合化」はミドルが入手したさまざまな情報に戦略的意味付けを行い，その解釈を経営トップに伝達するプロセスです。ミドルは経営トップと現場との間に存在しているため，組織内外から入るさまざまな情報を理解する上での独特な視点を提供できます。そこで獲得された情報を解釈し，経営トップに状況判断の材料として提供し，共有することで，新たなデータを既存の戦略的思考と結びつけて戦略的知識基盤や組織能力の構築をサポートします。「情報の統合化」という役割により，ミドルは経営トップの認知をコントロールしたり，何らかの影響を与えることができるため，経営トップは正しいタイミングで必要なリスクをとることができるのです。

「適応性の促進」は組織の柔軟性を向上させ，組織学習を促し，企業の潜在的な戦略対応力を拡大させる実験的なプログラムと組織的な仕掛けを育成，開発する役割です。この役割には，経営トップの意図から逸脱した自律的マネジメントを早期に育成，支援するという破壊的な側面と，ミドルの関与で醸成された組織の透明性や信頼風土によって，部下に新たな行動の実験を促す創造的な側面が存在します。ミドルがこのような役割を果たすことで，組織には実験室のような状況が作り出されます。そこで個々人の自由な情報共有が促進され，さらに新たなことへの挑戦も起こってきます。

「実行」は経営トップの意図した戦略をメンバーに実行させるものであり，最も共通に認識されたミドルの戦略的役割です。この役割を遂行するには，既存の資源を効率的かつ有効に開発する努力が必要です。

以上のような戦略的ミドルの4つの役割は，相互に関連しながら機能していくことになりますが，イノベーションを組織的に生み出す基盤となる組織学習を促進するには，特に適応性の促進やチャンピオニングが重要になります。

ディスカッションのテーマ

1　「イノベーターのジレンマ」に陥らないために，どのようなことが必要か考えてください。
2　リバース・イノベーションの具体的事例を挙げ，その成功要因について考えてください。

3　オープン・イノベーションの具体的事例を挙げ，その成功要因について考えてください。

4　組織的にイノベーションを生み出した事例を挙げ，その成功要因について考えてください。

【参考文献】

・アッターバック，J. M.『イノベーション・ダイナミクス』（有斐閣 1998）

・クライン，S. J.『イノベーション・スタイル』（アグネ承風社 1992）

・クリステンセン，C. M.『増補改訂版 イノベーションのジレンマ』（翔泳社 2001）

・ゴビンダラジャン，V.・C. トリンプル『リバース・イノベーション』（ダイヤモンド社 2012）

・十川廣國『マネジメント・イノベーション』（中央経済社 2009）

・ダビラ，T.・M. J. エプスタイン・R. シェルトン『イノベーション・マネジメント』（英治出版 2007）

・チェスブロウ，H.『OPEN INNOVATION』（産業能率大学出版部 2004）

・バートレット，C. A.・S. ゴシャール『新装版 個を活かす企業』（ダイヤモンド社 2007）

・一橋大学イノベーション研究センター編『イノベーション・マネジメント入門 第2版』（日本経済新聞出版社 2017）

・フォスター，R.『イノベーション 限界突破の経営戦略』（TBS ブリタニカ 1987）

・Floyd, S. and B. Wooldridge (1996). *The Strategic Middle Manager*, Jossey-Bass

・Probst, G. J. B. and B. S. T. Büchel (1997). *Organizational learning*, Pearson Education

第5章　組織構造

1　組織の基礎概念
1-1　組織とは？

　人間はなぜ組織を作るのでしょうか。組織はどのような役割を果たしているのでしょうか。個人の能力には限界があります。困難な仕事を自分1人の力でするより，複数の人が集まって協力しながら行ったほうがより簡単に，また迅速にやり遂げることができます。組織は，個人の能力の限界を超え，共通の目的を達成するために，複数の人間が協働する場です。より具体的にいえば，経営戦略の実行の場であると同時に経営戦略を形成し，イノベーションを創造する場なのです。

　ただし，複数の人間の協働は自然発生的になされるわけではありません。我々生身の人間は，個々に異なった感情，思想，考え方，世界観等を持っています。したがって，生身の人間が1つの目的に向かって協働するには意識的な調整が必要になります。

1-2　組織の構成要素

　組織は単なる人の集まりではありません。チェスター・バーナードは，組織を構成する3つの要素を提示しています。まず共通目的です。人々の間に共通の目的がない場合，組織とはいえません。これら共通目的は，メンバーにより受容されていること，個人の目的と区別して捉えられること，環境変化に合わせて変化させることが重要です。第2の要素は貢献意欲です。メンバーが共通目的の達成に向け貢献しようという気持ちを持ち，個人の行動の自由を制限して貢献への努力をしているかが問われます。共通目的と貢献意欲をつなぐものが第3の要素であるコミュニケーションです。

　以上3つの構成要素を持つものが公式組織であり，職務，権限，責任の関係が明確に規定されています。一方，非公式組織は仕事上の関係だけでなく，お茶を飲む，一緒に遊ぶ等の人間関係を中心としたものです。非公式組織は意識的な共通目的を持たず，自然発生的で，人間の感情や習慣に反応するという性

質があり，コミュニケーションの円滑化，メンバーの団結性の維持等，公式組織に活力を与えるものと位置づけられます。

1-3　組織の有効性，能率，組織均衡

　3つの構成要素が揃っていたとしても，組織が長期に存続できるわけではありません。組織が存続し続けるために必要な条件として，バーナードは組織の有効性と能率という概念を提示しています。

　組織の有効性とは，外部環境との関連で組織が共通目的を達成する度合いを表します。売上高，利益，成長性や安定性，製品の品質基準，顧客満足度等をいかに上手く達成するか，技術や設備をどのように有効に使うか，組織構造やマネジメント・システムをどのように設計していくか，等は有効性の視点から捉えることができます。

　一方，組織の能率とは，組織メンバーの満足を確保できる度合いを表します。つまり，組織に参加する個人に何らかの誘因を与えることで，彼らから十分な貢献を引き出し，満足を確保して，協働意欲を向上させることができるか，という点がポイントになります。

　組織を長期に維持していくためには，組織の有効性（外部均衡）と能率（内部均衡）の結合が必要です。これが組織均衡という考え方です。組織均衡を実現するのが経営者のリーダーシップなのです。

2　組織デザインの基本
2-1　組織の編成原理：分業と調整

　組織をデザイン（設計）するということは，分業と調整の枠組みを作ることです。分業とは，組織における仕事の分担をいかに行うか，つまり役割をいかに決めるかという問題です。1人ではできない複雑な仕事を行う場合，いくつかの工程に分け，各々が専門的に1つの部分を担当する分業が行われます。分業には，個々の仕事を単純化し，専門化された仕事を担当させることで，専門的な能力を構築できるメリットがあります。

　しかし，分業だけでは不十分です。分業された仕事は，組織目的達成のため調整されることが必要です。分業された仕事が調整されなければ，各人の仕事や行動はバラバラになってしまいます。例えば，分業された仕事において，あ

る人の仕事のペースが速く，別の人の仕事のペースが遅くなるような場合，適切な調整が行われなければ全体の仕事は遅いペースに合わせざるを得なくなり，全体の効率性や生産性は低い水準にとどまってしまいます。

　分業は，水平分業と垂直分業に大別されます。垂直分業は「考える」作業と「実行する」作業とに分割するものです。水平分業は「考える」作業と「実行する」作業との分業は行いません。水平分業は並行分業と機能別分業に分けられます。並行分業には，ある量の仕事を同一あるいは類似の作業を行う複数人で分割するもの（数量の分担），地域別あるいは顧客別に分担を決めるもの，例えば早朝・昼間・夜間の３つの時間帯に分けて仕事量を分配するもの（シフト制）が存在します。一方，機能別分業は全体に対して果たす機能に応じてタスクを分割するものです。例えば，パンの製造工程で「生地をこねる」「成形する」「焼く」という３つの機能に分けて作業を行う形態です。並行分業と異なり，機能別分業では異なった機能の調整が必要になります。

　調整の方法には，お互いの動きをみたり，声を掛け合いながら自分の行動を調節していく相互調整，上司が部下から報告を受けたり，直接部下に仕事の指示を出しながら仕事を進めていく直接監督，仕事の手順やルールをあらかじめ設定しておく標準化があります。標準化には，活動プロセス自体の標準化，活動の成果の標準化，スキルや知識の標準化の３つの形態が存在します。

　分業を極端に進めて仕事を細かく分割しすぎると，調整は困難になります。逆に，分業をあいまいにし仕事の分割を大まかにすると，調整は容易になりますが，今度は分業のメリットが得られ難くなります。つまり，分業と調整はトレード・オフの関係にあるので，両者のバランスを最適にする組織デザインが必要なのです。

2-2　伝統的な組織化の原則

　ジョセフ・マッシーは，組織をデザインする上での伝統的な原則を以下の６つに集約しています。

(1)　命令一元化の原則（unity of command）

　命令一元化の原則とは，１人の従業員は２人以上の（複数の）上司から命令を受けてはならないというものです。命令は常に１人の上司から一義的に行われる必要があります。特定の問題を解決するために，複数の上司から指示を受

けることは混乱を招くことになります。

⑵　例外の原則 (exception command)

　例外の原則とは，例外的に発生する問題は，上のレベルの管理者によって処理され，逆に日常的に繰り返し発生する問題は，下のレベルの管理者によって処理されるべきというものです。例外的に発生する問題は，一般的に重要かつ非定型的な問題です。このような問題の処理は，不確実性が高い中での意思決定にならざるを得ません。一方，日常的に繰り返し発生する問題の処理は，定型的な手続きやマニュアルに落とし込まれ，ルーティンで処理できるものが多くなっています。時間が限られている上のレベルの管理者は，日常的な意思決定から解放され，例外的に起こる不確実性の高い問題への対応に専念してもらうほうが効率的です。

⑶　統制範囲の原則 (span of control)

　統制範囲の原則とは，人間には情報処理能力等の限界があるため，1人の上司が管理できる部下の数には限界があることを示唆するものです。通常，1人の上司が管理できる最適な人数は3～6人とされます。しかし，この範囲は，仕事の内容や特性，管理者が指揮監督に費やすことができる時間，部下の能力や熟練の度合い等の要因によって変わってきます。なお，管理される人数が少ないと組織は階層が高い構造になり，逆に管理される人数が多くなると，フラットな組織構造になります。

⑷　スカラーの原則 (scalar principle)

　スカラーの原則とは，責任と権限がトップの管理者からロワーの管理者に至るまで明確で分断できない線を一貫して流れるべきとするものです。責任と権限の線を分断すると，1つの組織が2つ以上に分裂してしまいます。責任と権限を明確に規定し，命令の連鎖を一貫したラインとして確保することが重要です。

⑸　部門化の原則 (departmentalization)

　組織における諸活動が専門化されたグループ（部門）へと分割され，組織化される方法は部門化の原則に従っています。部門化の目的は，経営活動を専門化し，管理者の仕事を単純化することで統制（コントロール）を容易にすることです。部門化の基準としては，職能，製品や顧客，地域が一般的です。

⑹　分権化の原則（decentralization）

　分権化の原則とは，組織における意思決定や行動を迅速化するため，意思決定権をより下の階層に委譲するプロセスに関わっています。分権化は特に大企業で必要とされますが，程度の問題です。それは，権限委譲された管理者が決定事項を十分処理できるように訓練されていること，意思決定のために必要な情報が直ぐに伝達されること，という2点を考慮して決定されます。

2-3　組織デザインの構成要素

⑴　規　模

　組織の規模はメンバーの数で表されます。組織メンバーの数が増えると分業が進み，それに伴い部門の数も増え，組織構造は複雑になります。階層や部門が多くなると，コミュニケーションの効率は低下します。そこで，上下・左右のコミュニケーション経路を確保するような組織デザインでの工夫が必要になります。

　また，権限関係でも，大規模化することで上位の管理者への権限の集中も避けられない事態となります。権限が上位に集中することで，強力なリーダーシップの発揮が期待される反面，環境変化が激しく，不連続な場合，すべての意思決定を上位だけで行うことはできません。その際には，権限を下位に委譲し，現場に近いレベルで対応できるような部門の再編成も必要です。

　さらに，組織が大規模化するにつれ，標準化により活動をプログラム化する必要も出てきます。大規模な組織では，あらかじめ標準化を図っておかないと，調整に手間取ってしまうからです。

⑵　技　術

　技術は，インプットをアウトプットに変換するプロセスにおいて使われる手段，道具，知識・ノウハウの全体を表しています。ウッドワードの研究では，生産システム（製造技術）が異なると適合する組織構造も異なることが明らかにされました。まず，個別受注生産をとる企業は，現場の熟練の影響力が大きくなります。この場合，部門や階層は少なくなるため，調整の問題も比較的少なく，組織構造の複雑性は低くなります。また，顧客との密接なやりとり等，現場での迅速な対応が重要になるため，公式性の度合いも低くなります。

　一方，大量生産では，現場で多数の非熟練作業者が定常的な業務を行うため，

仕事の標準化が行われます。仕事や手続きが標準化される度合いが高く，公式性は高くなります。また，部門や階層は増大し，構造の複雑性も増加する傾向が強まり，上位の管理者へ権限が集中することになります。

さらに，石油化学プラント等の装置生産では，機械による生産の自動化が進んでいるため，大量の非熟練作業者は必要ではなく，機械の保守，点検，サービスに携わる間接要員のニーズが高まります。労働に対する拘束は緩く，管理や監督の必要は少なくなります。また，組織構造の複雑性もそれほど高くなく，ルールや手続きは精緻化されるものの，その多くが機械や装置の中に取り込まれるので，公式性は低くなります。公式な決定権限よりも，機械や装置を操作する知識・ノウハウが重要なため，意思決定権限は分散し，集権性は低くなります。

(3) 外部環境

ダンカンは，組織を取り巻く環境特性（不確実性）は，環境の複雑性と環境変化の動態性という2軸で把握できると主張します。組織を取り巻く外部環境が多くの構成要素から成り立っている場合，当該企業にとっての環境は複雑なものとなります。一方，環境変化の動態性とは，環境を構成する要素が一定期間安定しているか，その変化が予測可能なものか否か，を示します。

環境の複雑性が高まると，多様な環境への適応を目指し，部門や仕事を増やす必要が出てくるため，組織構造の複雑性は増大します。また，個々の異質な環境への現場での対応が求められるため，集権性は低くなり（分権性），現場レベルへの権限委譲が行われます。一方，環境変化が動態的で不安定な場合，現場での臨機応変な対応が必要なため，事前に決められた精緻なルールや手続きは意味がありません。つまり，公式性の水準は低くなります。また，そのような不安定な環境の下では，現場での変化に迅速かつ正確に対応するため，権限をより下の階層に分散させることも必要になります（分権性）。

2-4 ラインとスタッフ

(1) ライン組織

ライン部門は組織の基幹的な活動を行う部門です。製造業ならば購買，生産，営業等を担当する部門が相当します。ライン組織は組織構造の中で最も単純な基本形態で，権限（命令）の系統が最上位から最下位まで1本の直線で結ばれ

ています。ライン組織では，命令一元化の原則が徹底され，1つの指揮・命令
系統で権限関係が明確に規定されます。これは，決められた手続きの遂行が重
視される軍隊，警察等の組織に適した形態です。また，比較的小規模の企業あ
るいは製品やターゲットとする市場が単一である場合に適合する組織形態でも
あります。

　ライン組織のメリットは，第1に構造が単純で複雑な管理システムを必要と
しないため，指示が通りやすく，仕事の正確かつ迅速な処理ができること。第
2に経営トップに権限が集中するため，戦略的な意思決定を迅速かつ柔軟に行
えること等が挙げられます。逆に，デメリットとしては，第1に権限関係が上
位に集中しているため，経営トップに過大な負担がかかること。第2に統制範
囲の原則から単純に部門化が行われるため，階層が縦に長くなり，結果として
意思疎通が悪化すること。第3に他の部署や部門との連携がとり難くなること。
第4に組織運営が明確なルールに基づくよりも，権限関係が上位にある者の恣
意で行われる傾向が強くなる点。最後に権限委譲がなされないため，管理者と
しての能力開発ができず，後継者の育成が難しいことです。

⑵　ライン・アンド・スタッフ組織

　ライン・アンド・スタッフ組織は，ライン組織とスタッフ部門とを組み合わ
せた組織形態です。スタッフ部門とは，ラインの担当する業務を支援したり，
専門的な立場から助言を行ったりする部門です。スタッフ部門には，ライン部
門に対して専門的サービスを提供し，専門的立場からアドバイスを行うサービ
ス・スタッフ（例えば，人事部，財務部，総務部，広報部，法務部等）と経営
トップの頭脳の一部となって彼らを補佐するゼネラル・スタッフ（例えば，企
画室，社長室，秘書室等）が存在します。

　ライン・アンド・スタッフ組織は，命令一元化の原則を重視するライン組織
と専門能力による複雑性への対応力に優れたスタッフとを同時に配置し，両者
のメリットを最大限に発揮させるものです。ライン・アンド・スタッフ組織は
プロシアの軍隊で成立しました。フランスの軍事的天才であるナポレオンに対
抗するため，プロシア軍の参謀総長であったモルトケは，ライン組織に「幕僚
制」というスタッフ機能を取り込み，作戦立案を行わせてラインの補佐，支援
に当たらせました。

　ライン・アンド・スタッフ組織のメリットは，第1に命令系統を1本化する

ライン組織の長所を維持しながら，専門性も活かすことができること。第2に多様な人材を同時に育成できることです。逆に，デメリットは，第1に現実にはライン部門とスタッフ部門との命令系統の交差や混乱が生じ，責任と権限が不明確になりがちなこと。第2に組織規模の拡大により，スタッフ部門が肥大化し，間接費を増大させることです。

3　基本的な組織構造
3-1　職能別組織

　職能別組織は，組織規模の拡大に伴い，専門的な職能ごとに組織を部門化し，分業が効率よく行えるようにしたものです。ここで「職能」とは，購買，生産，営業等の専門的な機能を指しています。基本的な構造は，社長を階層のトップに生産，営業，研究開発等の専門職能によって部門化された組織となっています（図表1）。職能別組織は，製品や市場が単一で，規模の経済を獲得する必要があり，経営トップが強力なリーダーシップを発揮できる組織において有効に機能します。

図表1　職能別組織

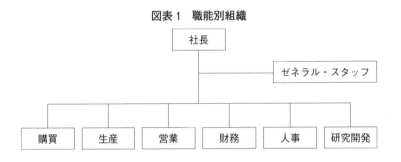

　職能別組織のメリットは，第1に専門的知識の蓄積が可能になることです。職能別組織は専門的な機能ごとに部門化されており，生産は生産機能，営業は営業機能のように専門職能によって活動が分業されます。このため，個々の部門は専門的な知識を蓄積することができます。さらに，その過程で，生産の専門家等，特定の機能に精通した専門家を育成することも可能になります。第2に資源共有による費用節約がなされることです。例えば，生産部門に機能を集中し，機械も1箇所に集約することで，追加的に機械を購入する必要はなくな

ります。また，人事や総務等の間接部門を共有することでコスト削減も可能です。

　一方，職能別組織のデメリットは，第1に環境変化への適応が遅れる危険性です。職能別組織は，部門間の調整が困難な場合，環境変化に迅速に対応できません。職能別組織で専門化した各部署には，それぞれ固有の職能に関する情報が入ってきます。意思決定を下すには，個々の部門が持った情報の統合や共有が必要です。それには部門間の調整が不可欠なのです。しかし，環境変化のスピードが速い場合，部門間の調整に手間取ると経営トップの意思決定は遅れ，迅速な対応ができません。

　第2に経営トップへの過大な負担です。職能別組織において部門間の調整を行うことができるのは，構造上経営トップだけです。部門間の調整が困難になると，経営トップの仕事量は膨大になることが予想されます。経営トップが日常的活動の調整に多くの時間をとられると，戦略策定等に関与する時間が制限されてしまいます。そうなると，経営トップが後継者を育成する時間も限られてしまうのです。

　第3に部門間のコンフリクトが発生する点です。職能部門は各々が独立した専門集団であるため，自らの部門の利害を最優先に考えるようになり，異なった部門間で利害が交錯しやすくなります。部門間の対立は職能間の協力を妨げ，調整を困難にする可能性が高まります。

　第4に部門メンバーの責任感やモチベーションが欠如する可能性があることです。職能別組織は各部門で仕事が完結するわけではありません。各部門の仕事が統合され，組織全体の活動となって初めて仕事が完結します。したがって，全体に対する個別部門の業績や貢献度がわかり難く，メンバーの責任感やモチベーションの欠如を招く可能性があるのです。

3-2　事業部制組織

　技術革新や経済発展に伴い，企業が複数の製品，事業に進出するようになると，技術，販売地域，顧客層等が異なる事業を同時に管理しなければなりません。そこで，多角化した事業を製品，顧客，地域等の部門に分け，それぞれが自主的に日常の管理を行ったほうがより効率的と考えられたのです。このような考え方を背景に登場したのが事業部制組織です。歴史的にはT型フォード1

車種の戦略であったフォード社に対し，大衆車のシボレーから高級車のキャデラックまでのフルライン戦略をとり，主要な車種別に組織化したGMの事業部制組織が有名です。なお，日本で初めて事業部制を採用した企業は松下電器産業（現パナソニック）です。

　事業部制組織は製品，顧客，地域別に事業部として半自立的な組織を作るものです。図表2は簡単な事業部制組織の例です。A，B，Cの3つが事業部であり，その中に生産，営業，研究開発の3部門がそれぞれ含まれています。社長と本社スタッフは事業部レベルを超えた全社的な問題に対処します。各事業部は1つの事業体として，運営における幅広い権限が与えられ，独立採算的に管理責任を負う「プロフィット・センター（利益責任単位）」と位置づけられます。事業部は独立採算であるため，事業部間の取引が認められます。この時に使用される「振替価格」により，市場原理を組織内に導入し，効率性を向上させることができるのです。

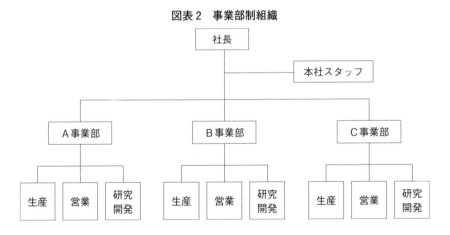

図表2　事業部制組織

　事業部制組織のメリットは，第1に自立性の高さによって変化への迅速な対応が可能なことです。事業部には大幅な権限と責任が付与されるため，迅速かつ機動的な展開が可能です。環境変化が激しい場合，職能別の調整をトップレベルで行わずとも，現場に近いレベルで迅速に判断ができます。また，現場レベルでの対応が多くなるため，経営トップは日常の調整業務から解放され，経営トップにしかできない戦略的決定に専念できるのです。

　第2のメリットは市場原理導入による効率性の達成です。市場での価格を振替価格の基準に使うことで，当該事業部の製品はあたかも市場競争にさらされるのと同じことになります（競争市価主義）。当該事業部の製品コストが市場価格よりも高い場合，コスト削減への圧力が働くことになり，それが一層の効率化への努力を促すことになります。

　第3に事業部を人材育成の場として活用できることです。事業部のトップ（事業部長）は，ある程度の経営が任され，総合的な意思決定を行います。専門職能の視点から意思決定を行う職能別組織の部門長との違いがここにあります。この経験により，将来の経営陣となる後継者を養成することができるのです。

　一方，事業部制組織のデメリットは，第1に重複の非効率性が発生することです。事業部制組織は事業軸の強さに対し職能軸は弱くなります。そこで，共通に利用可能な資源に対して重複投資が行われる可能性が高くなるのです。

　事業部制組織の最大のデメリットは，セクショナリズムの発生による弊害です。事業部制組織では，個々の事業部の独立性が高いため，互いの競争意識が強すぎるとセクショナリズムが発生してしまいます。いわゆる官僚化の弊害です。セクショナリズムに囚われると，まずは自らの事業部の短期的な利益だけをみて，長期的視点から全社的な利益を考えなくなります。さらに，事業部間のコミュニケーションが阻害され，協力や連携をとることができなくなります。

　事業部の自立意識が強過ぎると，自らの独自性を過度に主張するようになります。各々の事業部が独自の能力を身につけると，当該事業部で育ってきた従業員は，それら能力を自らの属する事業部に固有の財産と考えてしまうのです。これでは，自らの事業部の能力を他の事業部と共有したり，相互に補完し合うことはできません。この結果，資源や能力の囲い込みに陥ってしまうのです。そうすると，新製品や新事業の開発は阻害されてしまいます。新製品や新事業の開発には，複数の資源や能力の組み合わせが必要です。ところが，ある事業部が資源や能力を囲い込んでしまうと，別の事業部との間で相乗効果を生むような組み合わせは期待できません。

3-3　プロジェクト組織

　事業部制組織の弊害を克服する試みとして，プロジェクト組織の立ち上げが

あります。プロジェクト組織は，戦略商品の開発，全社的なコスト削減等の特定課題を解決するために期間を区切って編成される組織です。特定の課題について，各専門分野の人材が組織横断的に集められ，チームを組んで解決に当たります。課題が解決されるとチームは解散し，メンバーは元の所属部署に戻っていきます。有名なプロジェクト組織の例として，シャープの「緊急開発プロジェクト（緊プロ）」があります。

　プロジェクト組織のメリットとしては，組織内に散在した経営資源の結集が可能であること，戦略的課題の迅速な解決が可能であること，全社的意識の向上，既存の価値観やしがらみからの介入を遮断できる，といった点が挙げられます。逆に，デメリットとしては，プロジェクト組織のマネジャーに適切な権限が与えられない場合は上手く機能できないこと，プロジェクト組織のマネジャーと既存部門の職能担当マネジャーとのコンフリクトが発生すること等が挙げられます。

3-4　マトリックス組織

　マトリックス組織は，事業部制組織と職能別組織の両方のメリットを取り入れ，全社的な効率と事業の独立性を同時に追求するものです（図表3）。これは期限を区切った臨時編成のプロジェクト組織に，恒常性を持たせたものとい

図表3　マトリックス組織

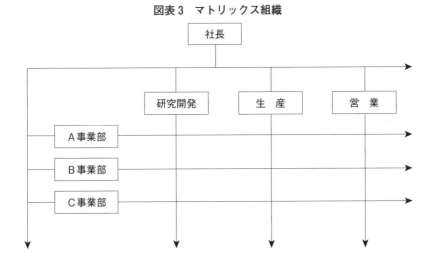

えます。マトリックス組織における従業員は，例えば A 事業部所属であると同時に，営業部門にも所属することになります。

　マトリックス組織のメリットは，組織横断的な活動が促進されることです。事業軸，職能軸どちらにも所属しているということは，必要に応じて各部門間を動きやすいことになります。また，複数の報告関係が公式に存在するため，組織内のオープンなコミュニケーションも促進されやすくなります。一方，マトリックス組織のデメリットは，パワー関係，コミュニケーション・ラインの複雑化を招く恐れがあることです。この組織では，メンバーは特定の事業部門と職能部門の両方に所属するため，2 人の上司から同時に命令を受けることになります。これは命令一元化の原則に反しています。

4　新たな組織形態と展望
4-1　カンパニー制

　カンパニー制（社内分社制）は，組織の大規模化に伴う事業部の細分化，事業部の独立性の高さからくる弊害で，組織内の資源の結集が困難になっていることを契機に導入されました。その特徴は，製品（事業）や顧客等の類似性の観点から，複数の事業部を統合していくつかのカンパニーに編成する点にあります。細分化され過ぎた事業の整理を行うことで，重複の非効率をなくそうとします。また，独立性の高い事業部同士では壁ができる可能性が高くなりますが，1 つのカンパニーの中であれば事業部同士の相互交流，資源融合もなされるとの狙いもあります。カンパニー制では，コーポレート・レベルが全体の戦略を担い，各カンパニーは個別の事業責任を負うという形で戦略と事業活動が分化され，より柔軟で効率的な組織が構築されるのです。

　ただし，各カンパニーには事業部以上に大幅な権限委譲がなされ，独立性の高い運営がなされることになります。そのような中で，コーポレート・レベルに新製品や新事業の開発に関する主導権が集中し過ぎると，各カンパニーはコーポレートが主導した製品を製造，販売するだけで，カンパニー間の交流により個々が保有する技術，知識・ノウハウを組み合わせて新たなものを創造しようという行動をとらなくなります。事業部間の交流が阻害されたように，今度はカンパニー間の交流が妨げられる弊害が出てくるのです。

4-2 持株会社制

「○○ホールディングス」という名称を持つ企業が持株会社です。持株会社制は歴史的経緯もあり，日本では戦後，独占禁止法により禁止されていましたが，国際競争力の強化，特に事業構造転換の迅速化の視点から1997年に解禁されました。これにより，日本企業も欧米企業と同様な戦略面での選択肢を持つことになりました。持株会社には，自らも事業を行いながら子会社の支配を行う事業持株会社と具体的な事業を行わず，子会社の経営支配を目的とする純粋持株会社が存在します。ここで扱うのは純粋持株会社です。

持株会社はいくつかの子会社（事業会社）の株式を所有し，株主総会における議決権行使を通じて子会社の意思決定をコントロールします。持株会社は企業グループ全体の戦略を立て，リスク管理等を担当します。具体的な事業は，独立法人たる事業会社に専念してもらう形になります。

例えば，富士フイルムグループは，富士フイルムホールディングスという持株会社の下に，富士フイルム（株式保有比率：100%），富士フイルムビジネスイノベーション（株式保有比率：100%）という2つの事業会社が置かれる体制をとっています。

持株会社制のメリットは，第1に戦略と事業の分離により，企業グループ全体の経営効率を向上させる点です。第2に企業組織の再構築が迅速に可能になる点です。事業構造を転換するために，合併により統合を行う場合，仕組みや制度の統合，人の融和等の難しい調整を行う必要が出てきます。しかし，持株会社制ならば，調整や統合に費やす時間と労力を回避し，株式の取得・売却により事業構造の転換が容易になり，機動的な新規分野への進出が可能です。第3に子会社である事業会社は独立の法人であるため，経営責任を明確にできる点が挙げられます。

一方，持株会社制のデメリットは，第1にリスク分散の視点だけで，ポートフォリオ・マネジメントが実行されると，各事業会社間の関連性がほとんどない無関連多角化に陥ってしまい，特に製造業の場合，グループ全体としての競争力が低下する点です。第2に経営の求心力低下です。各事業会社は独立した法人であるため，独立性，自立性の意識が強く，事業部制の壁以上の問題が起こる可能性もあります。例えば，電子関連分野等，技術革新の激しい産業にお

ける新製品は，複数技術の融合が必要である場合が多くなりますが，持株会社制では事業担当が個々の独立法人であるため，子会社の事業範囲の変更は行い難く，人材の交流，技術や知識・ノウハウの融合は非常に困難になります。

4-3　構造を超えて

　本章では，さまざまな組織構造を概観しましたが，唯一最善の組織構造は存在しません。どの組織構造を選択するのかは，産業や事業の特性，自社の置かれた状況によって変わります。トム・バーンズとジョージ・ストーカーは，組織構造の最適性は企業を取り巻く環境変化の特質によって決まるという「コンティンジェント（状況依存的)」な見方を提示します。彼らは，英国スコットランドにおけるエレクトロニクスの開発に関心を持つ企業15社とその他5社に関する事例研究を行いました。その結果，技術革新の速さの影響から「機械的組織」と「有機的組織」という2つの典型的な組織構造が出現することを発見しました（図表4)。機械的組織は，物事が一定の規則やルールによって機械的に処理される組織です。一方，有機的組織は，物事の解決方法等を探索しながら柔軟に対応する組織です。

　機械的組織と有機的組織のどちらがより好ましいのかは一義的には決まりま

図表4　機械的組織と有機的組織

機械的組織	特性の内容	有機的組織
高い。職務の明確な分化	専門化のレベル	低い。職務の境界は不明確
手段の技術的な改善	職務の性質	全体の目的達成
上司による調整	調整の方法	相互作用による調整
正確に規定	責任の考え方	組織内に分散
機能的地位の中	責任の所在	問題にコミットメントするところ
ピラミッド型	コントロール，権限，コミュニケーションの構造	ネットワーク型
組織のトップ	支配的な権限の所在	知識と能力のあるところ
垂直的相互作用	相互作用の傾向	水平的相互作用
指示・命令	コミュニケーションの内容	助言・アドバイス・情報提供
上司への忠誠・服従	コミットメントの対象	仕事や技術的精神
内部の知識・経験・能力	評価される内容	外部の知識・経験・能力

出所）Burns and Stalker（1961)，pp.119-122 を基に作成。

せん。有効な組織構造は，あくまでも外部環境の特性で変わります。外部環境が比較的安定している状況では，機械的組織が有効であり，逆に外部環境が不安定で不確実性が高い場合は，有機的組織が有効になるでしょう。問題は，環境が安定した状態から不確実性の高い状況に変化した場合，機械的組織から有機的組織への変革が速やかに行われるか否か，という点にあります。

　組織構造は分業と調整の枠組みであり，あくまで「器」です。組織の業績を決定づけるのは，中にいる個人のやる気や挑戦意欲，それに基づく創造性の発揮です。構造だけでなく組織内の個人への視点にも目を向ける必要があります。さらに，組織構造というハードだけでなく，組織文化等の目に見えないソフトな要素も重要になります。

ディスカッションのテーマ

1　事業部制の弊害が発生した事例を探し，なぜ弊害が発生したのか，それを打破するためにどのような改革が行われたのかを考えてください。
2　具体的な企業の事例から，カンパニー制を導入するきっかけについて考えてください。
3　シャープの「緊急開発プロジェクト」について調べ，このような「強み」を持っていたシャープがなぜその後苦境に陥ってしまったのかを考えてください。
4　持株会社制を廃止した企業の事例から，廃止した理由を考えてください。

【参考文献】
・ウッドワード，J.『新しい企業組織』（日本能率協会 1970）
・十川廣國『経営学イノベーション 1 経営学入門〔第 2 版〕』（中央経済社 2013）
・沼上　幹『組織デザイン』（日本経済新聞社 2004）
・バーナード，C.I.『新訳 経営者の役割』（ダイヤモンド社 1956）
・マッシー，J.L.『エッセンス経営学』（学習研究社 1983）
・Burns, T. and G. M. Stalker (1961). *The Management of Innovation*, Oxford University Press, 1961
・Duncan, R. B. (1972) "Characteristics of Organizational Environments and Perceived Environmental Uncertainty," *Administrative Science Quarterly*, 17(3), pp. 313-327.

第6章　モチベーション

1　モチベーションの基礎概念
1-1　モチベーションとは？

　勉強や仕事を行う上で，やる気がない人間とやる気に満ちあふれた人間では，どちらがより高い業績を上げることができるでしょうか。もちろん後者がより望ましいと考えられます。本章で扱うモチベーションは「動機づけ」と訳されますが，個人のやる気を喚起し，挑戦意欲を持って仕事をしてもらうためにはどうしたら良いのか，を考える学問領域です。読者の皆さんも勉強や仕事の場面で，やる気になったり，逆にやる気がなくなったりといった経験をしたことがあると思います。そうした自身の経験を思い出しながら，やる気を喚起するにはどうしたら良いかを考えてください。

　モチベーションには様々な定義が存在します。ここでは，ごく簡単に「個人をやる気にさせること」と定義しておきます。モチベーションとは，ある課題に対して行動を起こそうという気持ちを高めることなのです。また，モチベーションを考えていく上で，従業員の役割の変化もおさえておく必要があります。かつてのように，環境が安定している状況では，従業員には決められたことや上司から言われたことを，遺漏なくきちんと忠実に遂行することが求められました。しかし，現在のような不連続な環境変化の下では，自律的な問題発見・解決の姿勢が求められています。モチベーションのあり方や質，施策も時代と共に変わってくるのです。

1-2　モチベーションの基本的なプロセスと構成要素

　モチベーションの理論的背景は心理学です。心理学の枠組みに基づいて，モチベーションの構成要素を示したものが図表1です。人間は欲求が満たされないとある種の緊張状態に置かれます。この緊張状態を何とかして脱したい，改善したいという意欲が起こり（心の内部の駆動力：動因），この動因を満たすための行動（誘因の探索と獲得）を起こすことにつながります。最終的に欲求が満たされると（欲求充足），満足が得られるのです。

　例えば，「お腹が空いた」という欲求があると，心理的な緊張が生じ，お腹が空いた状態を改善したいという意欲（動因）が起こります。動因を満たすために，何らかの行動に出ます。誘因の探索と獲得が行われるのです。具体的には，お腹が空いた状態を改善するため，食堂に行く，あるいは弁当を買う等の行動を取ることになります。そして，お腹が空いた状態が改善されると欲求が充足され，満足を得ることができるのです。

図表1　基本的なモチベーションのプロセスと構成要素

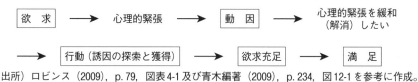

出所）ロビンス（2009），p. 79，図表4-1及び青木編著（2009），p. 234，図12-1を参考に作成。

1-3　モチベーション理論の変遷

　モチベーションの理論は，内容（コンテント）理論，過程（プロセス）理論，内発的モチベーション理論の3つに大別されます。内容理論は，従業員が求めているものを与えることで動機づけが行われるという前提の下で，従業員が求めている欲求の内容（What）に焦点を当てます。しかし，内容理論では，目標達成のために彼がなぜ特定の行動をとるのか，という点を説明することはできません。

　そこで注目されたのが，個人が動機づけられる過程（プロセス）です。過程理論は，個人の特定行動がなぜ起こり，それがどの方向に進み，どう持続され，やがて終わりを迎えるのか，を説明しようとします。個人が求めている内容だけでなく，様々な状況要因を加味することで，特定行動がいかに起こるのか（How）という過程の説明に焦点を当てます。

　最近，実務的にも高い関心が向けられているのが内発的モチベーション理論です。「内発的」とは，誰か他の人から与えられる（外発的）ものではなく，自分の内部・内面から湧き上がってくるという感覚を意味します。内発的モチベーション理論は，個人自らが興味を持って取り組む状況を説明しようとするものです。なぜ，内発的モチベーションが企業にとって重要になってきたのでしょうか。企業経営における内発的モチベーションにはどのような意義がある

のでしょうか。

2　モチベーションの内容理論
2-1　マズローの欲求階層説

　アブラハム・マズローは，人間には5つの基本的な欲求（生理的欲求，安全欲求，社会的欲求，自尊欲求，自己実現欲求）があると主張しました（図表2）。生理的欲求は人間が生きていくために必要な最低限の欲求であり，食べ物，水，空気，睡眠等を欲する肉体的な欲求が含まれます。安全欲求は安定して生活することを求める欲求，外敵から身を守る欲求であり，住居の獲得，保険への加入等が含まれます。これは物理的及び精神的な障害からの保護と安全を求める欲求です。社会的欲求は社会や組織への所属を求める欲求であり，集団への帰属，愛情，友情等が含まれます。自尊欲求は単に社会や組織に所属するだけでなく，社会や組織での地位や名誉を求めるものです。この欲求は，社会や組織の他者から尊敬されたいと思う気持ちによって高まります。マズローが主張する人間にとっての最上位の欲求が自己実現欲求です。自己実現欲求は自分の理想の実現を望む欲求であり，自己の持つ潜在的可能性（潜在能力）を最大限に実現したい，それによって自分らしく生きたいという欲求です。

図表2　マズローの欲求階層説

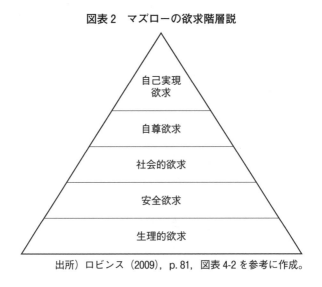

出所）ロビンス（2009），p. 81，図表4-2を参考に作成。

　マズローの欲求階層説の理論的な特徴として，第1に欲求が階層構造となっていること，第2に欲求の性質に違いがあるという点が挙げられます。マズローは，人間の欲求が階層構造になっていると主張します。これは欲求が喚起される順番があるということです。人を動機づけるためには，現在満たされている欲求の1つ上の欲求を充足させることが必要です。ある段階の欲求を満たすと，次の段階の欲求が優勢になるのです。逆に，ある欲求が満たされると，たとえ完全でなくとも，満足された欲求はもはや動機づけのための要因とはなりません。例えば，食べ物や衣服，住居確保，地域・コミュニティへの参加まで満たされている人は社会的欲求まで満たされているので，この人を動機づけるには地域の名士に認定したり，地域活動への貢献に対する表彰を行う等，自尊欲求を満たすことが必要です。

　第2の理論的な特徴は，生理的欲求から自尊欲求までの4つの欲求と自己実現欲求の性質が異なることです。生理的欲求から自尊欲求までの欲求は，欠乏欲求と位置づけられます。欠乏欲求はその時点で欠けているものを満たすことによって動機づけを行います。一方，自己実現欲求は成長欲求と位置づけられます。自己実現欲求は欠乏欲求のように，足りないものを埋め合わせるという発想では充足できない最上位の欲求です。自己実現欲求は，たとえある時点で満たされても動機づけの要因としての重要性は失われません。なぜならば，現在到達した時点よりも，さらにその上を目指そうという気持ちが喚起されるからです。逆に，欲求が充足されても重要性は増加すると言っても良いでしょう。成長欲求は，その意味でまさに人間の長期の発達に関わっているのです。

2-2　アルダーファのERG理論

　クレイトン・アルダーファの欲求理論（ERG理論）は，マズローの欲求階層説を一部修正したものです。アルダーファは欲求を生存（Existence），関係（Relationship），成長（Growth）の3つに集約しました（E-R-G）。図表3のように，マズローの生理的欲求と安全欲求を合わせて生存欲求，社会的欲求と自尊欲求の一部を合わせて関係欲求，自尊欲求の一部と自己実現欲求を合わせて成長欲求としました。5つより3つに集約した方が，現実の事象をより良く説明できると考えたからです。

図表3　マズローの欲求階層説とアルダーファの
ERG理論の関係

マズローの欲求階層説	ERG理論
自己実現欲求	成長欲求
自尊欲求	関係欲求
社会的欲求	関係欲求
安全欲求	生存欲求
生理的欲求	生存欲求

出所）青木編著（2009），p. 238，図12-3を参考に作成。

　ERG理論において，マズローの欲求階層説の仮定を受け継いだものは，第1にある欲求が満たされると，動機づけの要因としてのその欲求の重要度は低下し，それより上位の欲求の重要度が増加するという点，第2に最高次の欲求（成長欲求）だけは満足が得られても，その重要度は減少せず，逆に増加するという点です。

　一方，マズローの欲求階層説の仮定を修正したのは，第1に欲求は下がる場合もあるという点です。マズローは人間の欲求は，下から上へと上昇していくという一方通行の関係を仮定していました。しかし，現実には会社で自己実現欲求が満たされない人が，職場の良好な人間関係に喜びを感じたり（社会的欲求），地域の名士としての活動に勤しんだり（自尊欲求），外での食べ歩きを重視する（生理的欲求）等の行動に出ることがあります。第2に多くの欲求を同時に持つという点です。マズローはある時点での人間の欲求は1つと考えましたが，人間は現実には複数の欲求を同時に持つ可能性があります。例えば，会社で働く場合，より多くの生活費を稼ぎたい（生理的欲求），仲間や上司から評価されたい（自尊欲求），自分の潜在能力を最大限伸ばして人間的に成長したい（自己実現欲求）といった複数の欲求を同時に持つことが現実に起こりえます。

2-3　マクレガーのX理論，Y理論

　ダグラス・マクレガーの主要な業績は『企業の人間的側面』（1960年）です。マクレガーは，この中で2つの人間観を提示し（X理論とY理論），人間観の変化によって動機づけのあり方，方法も変わるべきことを主張しました。マズ

ローの理論を基に，より経営者へのメッセージを意識して提示された理論と言えます。

　X理論は，人間は元来仕事が嫌いであり，できることなら仕事等はせずに遊んでいたい存在と捉える人間観です（仕事に対する否定的な考え）。X理論が想定するように嫌々仕事をする人間にきちんと働いてもらうには，命令と統制，強制による管理が必要です。これはマズローにおける低次の欲求を満たす発想と類似します。しかし，生活水準や教育水準が上がってくる中で，これまでのように低次の欲求を満たすような発想でのX理論的な人間観に基づく経営管理のままで良いのでしょうか。

　Y理論は，人間は適切に動機づけされれば，基本的には自発的に仕事をする存在として捉える人間観です（仕事に対する時として肯定的な考え）。Y理論では人間の主体性や自発性が認められます。その上で，自己管理や自己統制に基づく経営管理の必要性が主張されています。マクレガーはX理論からY理論へ人間観の変更を提言し，それに合わせて経営管理や動機づけのあり方も，従来の命令と統制，強制によるものから，人間の仕事に対する主体性や自発性を認めた自己管理，自己統制に基づくものへの変更を提言しました。

　つまり，人間は元々仕事をするのが嫌なのではなく，本来は進んで仕事をし，仕事によって人間としての成長を望んでいるにもかかわらず，従来の古い人間観に基づく経営管理が行われているためにやる気を失っているのではないか，それを新しい人間観と経営管理に転換していこうという主張なのです。

　マクレガーの理論は机上の空論ではなく，Y理論から導かれる施策として，以下のような取り組みが，現在の企業経営の中でも実践されています。第1に従業員の重要な意思決定への参加・参画です。自分たちが関与しないところで決定した事項に忠実に従うだけでは，やる気は高まりません。重要な意思決定に従業員も参加・参画してもらうことで，彼らの主体性の尊重につながり，これが当事者意識や挑戦意欲を喚起するのです。第2に目標管理です。目標管理は従業員が自ら高い目標を立てて，革新的な活動に挑戦することを促します（後に詳細に説明します）。第3に職務拡大（job enlargement）です。同じ動作の単純作業を延々とやり続けることは，人間にとって苦痛です。職務拡大は仕事の種類を広げるものです。個々の作業がたとえ単調であっても，作業数が多くなれば同じ動作の繰り返しが減少して仕事に飽きなくなるという発想です

（例：多能工）。第4に職務充実（job enrichment）です。職務拡大とは異なる概念なので注意してください。職務充実は仕事の範囲を広げるものです（まとまりのある意味のある仕事を与える）。元々，単純作業のみの仕事に対し，事前の計画や作業後の検査等のより高度な仕事も任せることで，従業員に一層大きな責任と自主性を与えます。

2-4　ハーズバーグの2要因理論（動機づけ―衛生理論）

　フレデリック・ハーズバーグは，『仕事と人間性』（1966年）の中で，仕事の満足感が仕事の生産性につながるとすると，何が仕事への満足感を呼び起こすのか，その要因を探究しました。ハーズバーグの研究における問題意識は簡潔かつ明瞭であり，導かれた結論や得られた知見は非常に面白く，示唆に富んでおり，まさに"良い研究"のお手本です。

　ハーズバーグは203名の中間管理職（技師及び会計士）を対象に，14個の質問に答えてもらう聞き取り調査を実施しました。この時採用したのが，「臨界事象法」という調査手法です。臨界事象法では，満足あるいは不満足といった両極端な項目を立てて，何らかの具体的な経験について，詳しく話を聞きながら，その話の内容を分析します。これにより，満足に関する要因と不満足に関する要因を解明できると考えたのです。

　聞き取り調査における質問は，仕事に関して良かったと感じた経験，これ以上嫌なことはなかったという経験の両方について，それが起こったのはいつか，良かった（悪かった）と感じた感情はどれくらい持続したのか，そのような感情を持つに至った理由，その出来事は自分にとってどのような意味を持っていたか，自分の仕事やキャリアにどう影響を及ぼしたか等々でした。

　この調査の結果，非常に興味深い発見事項が提示されました（図表4）。図表4には，聞き取り調査の中で仕事の満足を招いた要因（右側）と仕事の不満足を招いた要因（左側）で，それぞれどのような項目が多く出現したか，その割合が示されています。これをみると，不満足を招いた要因としては，会社の政策と経営，監督，監督者との関係，作業条件，給与等が挙げられています。一方，仕事の満足を招いた要因としては，達成感，職務遂行の承認，仕事そのもの，責任，昇進や成長等が挙げられています。

　これらの結果から，仕事に対する不満足を解消する要因（衛生要因）と仕事

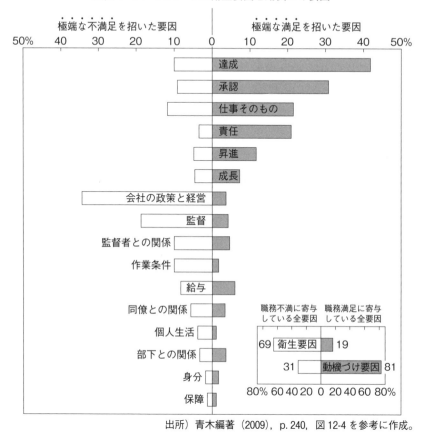

図表4　ハーズバーグの衛生要因と動機づけ要因

出所）青木編著（2009），p. 240，図 12-4 を参考に作成。

の満足を高める要因（動機づけ要因）とは異なっていることが判明しました。
「満足」の反対は「不満足」ではなく，「満足」の反対は「満足ではない」，「不
満足」の反対は「不満足ではない」ということであり，「満足」と「不満足」
は連続的な指標でないということです。会社の政策と経営，監督，監督者との
関係，作業条件，給与等は「衛生要因」として，仕事に対する不満足の解消に
は寄与しますが，積極的に仕事の満足を増進させる要因にはなりません。仕事
に対する満足を高めるには，あらためて達成感，職務遂行の承認，仕事そのも
の，責任，昇進や成長等，自分に直接関係のあるものや仕事の内容に関連する

「動機づけ要因」を与えることが必要です。企業としては，まず「衛生要因」を整備して仕事に対する不満足を取り除くと共に，それとは別に「動機づけ要因」に配慮することで個人のやる気を高めていくことが必要です。

3　モチベーションの過程理論
3-1　アダムスの公平理論

　ステーシー・アダムスは，人間が不公平を感じる時，その不公平な状態を脱しようと動機づけられ，何らかの行動を起こすと考えました。他者との比較の視点は，モチベーションを考えていく際に重要な位置を占めます。例えば，32歳で手取り29万円の給料を得て仕事を頑張っているAさんが，同じ大学を同じような成績で卒業し，同じような仕事を別の会社で行っている友人のBさんが手取り35万円の給料をもらっていることを知った時，どのような気持ちになるでしょうか。29万円という絶対的な給料の金額は平均的な数値であり，不当なものではありません。ただ，問題はそのような絶対的な給料の金額の大きさよりも，相対的なものに移行し，何をもって公平と見なすかということが中心になります。自らの仕事のインプット（努力，経験，学歴，能力等）とアウトプット（給与水準，賃上げ，表彰等）の比率と他者のこれらの比率との比較が，仕事への努力に影響を及ぼすのです。

　公平理論は他者との相対的な比較を行うことで，個人が動機づけられるプロセスを説明します。個人は仕事に投入するインプットとそこから得られるアウトプットの比率を計算し，それを他者の比率と比べます。図表5の真ん中の状況は自己の比率と他者の比率が等しい公平な状態です。この時，自分の置かれた環境は公平で，公正さが浸透していると感じるのです。図表5の左右は自己

図表5　公平理論のモデル

過大評価　　　公平状態　　　過小評価

$$\frac{O_p}{I_p} > \frac{O_a}{I_a} \qquad \frac{O_p}{I_p} = \frac{O_a}{I_a} \qquad \frac{O_p}{I_p} < \frac{O_a}{I_a}$$

I_p, O_p：個人が知覚した自己のインプットとアウトカム
I_a, O_a：個人が知覚した比較対象のインプットとアウトカム

出所）竹内・福原編著（2019），p. 67，図表4-5を参考に作成。

の比率と他者の比率が不公平な状態です。個人は過大評価や過小評価として不公平が存在する場合に，ある種の緊張感を抱き，この緊張感が基盤となり，その不公平な状態を是正しようと動機づけられることになります。

　公平理論によると，不公平と従業員が見なす場合，次の5つの選択肢から1つ以上の行動を選択することになります（ロビンス，2009）。

1. 自身あるいは他者のインプットまたはアウトプットを歪める。
2. 他者にインプットまたはアウトプットを変えさせるように行動する。
3. 自身のインプットまたはアウトプットを修正するように行動する。
4. 別の比較対象を選ぶ。
5. 離職する。

3-2　目標管理制度

　目標がなかったら，我々は生活の中で無駄に時間を過ごし，メリハリのない生活を送ってしまうのではないでしょうか。我々は1日の生活の中で何時に起き，何時までに何をして，というように目標を立てて行動しています。目標は人々に理想と現実のギャップを際立たせ，それを埋めるように働きかける手段にもなります。

　目標管理制度（MBO: Management By Objectives）は，心理学の領域で提示された目標設定理論を基盤に，ピーター・ドラッカーにより実務的に整備されたモチベーションの仕組みです。目標管理制度は部下をコントロールするためではなく，モチベーションの手段として目標を使います。

　目標管理制度の理論的基盤となった目標設定理論によると，目標を設定する際の注意事項として以下の3点が指摘されます。第1に目標は具体的に特定され，明確であることです。「ベストを尽くせ！」だけでは，ベストの内容が具体的に示されないため，ベストを尽くすことができない「do your best のパラドックス」に陥ります。第2に目標達成の難易度が高いことです。現状で簡単に達成可能な目標では，理想と現実の間にギャップが生まれないため，ギャップを埋めようという気持ちが起こりません。現状から少し高めの目標ならば，現状とのギャップをどう埋めれば良いか頭を使って考えようとします。これが創造性の発揮です。第3にフィードバックの重要性です。上司が目標の到達度合や進捗状況を本人に定期的にフィードバックすることで，不足しているもの

が何かが従業員に伝わります。どの程度目標に近づいているのか，を知らない
まま頑張り続けることはできません。

　目標管理制度は企業だけでなく教育機関，医療機関，官公庁，非営利団体等
の多くの組織で導入されています。組織全体の目標は，事業部門，部や課，個
人の目標に置き換えられます。組織全体の目標を事業部門の目標に落とし込み，
それをさらに部や課の目標に落とし込み，最後に個人の目標と連動させます。

　目標管理制度のポイントは，目標設定への従業員の参加です。上からの押し
付けではなく，部下が上司と話し合いながら目標を設定します。自分で参加し
て設定した目標ならば，その内容を十分に理解し，達成にも深く関与すること
が可能です（目標の理解と受容）。それによって，個人がより高く，難しい目
標を設定することが期待されています。これが創造性の発揮につながる可能性
があるからです。

　目標設定に従業員が参加することの意味は2つあります。第1に目標設定に
従業員が関わることで，目標に対する十分な理解，目標へのコミットメントを
高め，その結果，責任感や当事者意識の向上につながるということです。第2
に上司と部下との双方向のコミュニケーションによる目標修正の柔軟性が確保
されるということです。従業員が目標設定へ参加することで，上司との間の双
方向のコミュニケーションによって目標が設定されます。そのやり取りの中で
目標の達成度も定期的に測定することになります。従って，設定した目標が易
しすぎる，あるいは逆に難しすぎるというように，何か不都合があればその都
度，相互のコミュニケーションによって修正することが容易になります。これ
は，不連続な環境変化の中での目標設定の難しさを軽減することにもつながり
ます。

　目標管理制度は多くの組織で導入されていますが，必ずしも有効に機能して
いないケースもあります。目標管理制度が有効に機能しない組織の特徴として，
減点主義の浸透を挙げることができます。このような組織では，失敗やミスに
対して厳しいペナルティが与えられ，マイナスの評価が下されます。もし皆さ
んが，そのような環境に置かれたら，どのような行動をとるでしょうか。失敗
やミスをしないように，目標設定で上司と話し合う際，なるべく低い目標を立
てるのではないでしょうか。低い目標ならば，達成するのは簡単で失敗するリ
スクは低くなるからです。つまり，厳しい減点主義が浸透している組織では，

目標管理の際に失敗を恐れ，低い目標を設定する傾向にあります。これではイノベーション創造に向けて，高い目標を設定して新しいことに積極果敢に挑戦してもらいたい企業の期待とは全く異なるものになってしまいます。

このような問題は，厳しい成果主義が求められる組織でも起こります。かつて，富士通は米国型の厳しい成果主義を導入しましたが，目標管理制度で低い目標ばかりが設定されたと言います。グーグルでは，目標管理制度と成果主義をうまく適合させるため，目標設定や評価をあえて緩める「怖がられない成果主義」を実践しています（日本経済新聞 2020 年 7 月 7 日）。同社では，従業員が上司との間で四半期ごとに目標設定や修正を行います（通常は半年や 1 年）。目標に対する到達度の評価は緩めで，60 ～ 70％を達成できれば一定の評価を与えるため，従業員は意欲的な目標を立てやすくなっています。また，評価に応じて賃金やポストの上昇はありますが，時期をずらし，最大の目的は評価ではなく従業員の長期的な成長にあることを強調します。これらをうまく運営するには，上司と従業員の緊密なコミュニケーションが重要になるため，上司が抱える部下の数は平均 6 人に抑えています。

3-3　期待理論

リマイン・ポーターとエドワード・ローラーⅢ世による期待理論のモデルは，モチベーションの過程理論の到達点と言われます（図表 6）。期待理論が想定している人間像は，自己の期待利益の最大化を目的とし，計算的で合理的に行動する人間です。個人の究極的動機は快楽の最大化であり，苦痛の最小化となります。

個人がどれだけ努力するかは，「報酬の価値」（報酬が本人に与える魅力度：賃金，友情，昇進，他者からの承認，自己実現等）と「（努力→報酬）の知覚された確率」（努力をすれば報酬が得らえる期待が高いか否か）の掛け算によって決まります。たとえ，努力をすれば何らかの報酬が得られるという期待値が高くても，得られた報酬が自分にとって少なすぎれば（価値が低いければ），次の努力へはつながりません。

「努力」の大きさに応じて「業績（達成成果）」が決まります。しかし，同じ努力の量が同じ業績に結びつく訳ではありません。努力の量と達成された業績の間に「ズレ」が生じる可能性があります。この「ズレ」を起こす要因として，

図表6　ポーター＆ローラーによる期待理論のモデル

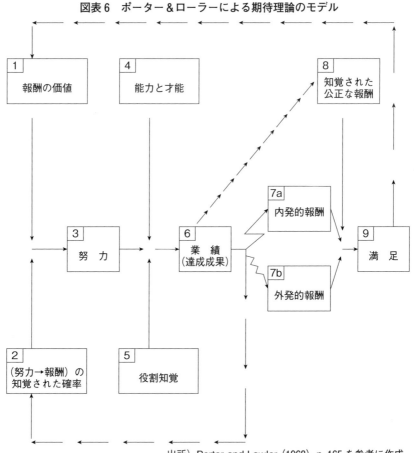

出所）Porter and Lawler（1968），p. 165 を参考に作成。

「能力と才能」及び「役割知覚」が挙げられます。同じだけ努力しても，その仕事を遂行する能力や才能に恵まれていないと，あるいは日頃から能力や才能を磨いておかないと業績は達成できません。「役割知覚」は努力を傾ける方向が，課題や役割に合っているかということです。努力を傾ける方向が適切でないと，成果に結びつきにくいのです。

　「業績」が上がればそれに応じて報酬が得られます。これを示したものが「業績」から「内発的報酬」，「外発的報酬」に至るプロセスです。「外発的報酬」は賃金やボーナス，他の仲間や上司からの承認や賞賛等です。これらは会

社や自分以外の他者が介在して得られる報酬です。「外発的報酬」は業績とス
トレートに結びつきません。会社や上司，同僚を介して得られるため，業績と
直接結びつきにくいのです。自分ではかなりの業績を上げたつもりでも，会社
の賃金やボーナスの仕組みによってはうまく連動しないケースも出てきます。
業績とストレートに結びつかないため，図表6では「業績」から「外発的報
酬」への矢印の蛇腹は複雑な形となっています。一方，「内発的報酬」は達成
感，成長感，有能感，自己実現等，自分がうまく業績を上げたことそれ自体か
らもたらされるものであり，会社の管理システムや他者を通じて得られるもの
ではありません。従って，図表6では「業績」から「内発的報酬」への矢印の
蛇腹は単純な形になっています。

　報酬が得られると，「満足」の水準が決まります。しかし，得られた報酬の
大きさが，そのまま満足の大きさになる訳ではありません。両者の関係は「知
覚された公正な報酬」の影響を受けます。「知覚された公正な報酬」とは，例
えば，ある証券会社の営業マンが優秀な成績をおさめ，50万のボーナスとい
う形で報酬を得たとしても，外資系の証券会社で働く友達が100万円の報酬を
得ていたとしたら，自分の報酬に満足できないというような状況を表します。
実際に得られた自分の報酬が，自分が公正と認知する報酬と同等か上回る場合
に，個人は満足を得るのです。

　期待理論のモデルは1回満足に到達すると，そこで終了するものではありま
せん。期待理論は，「業績」と「報酬」のつながり具合が「（努力→報酬）の知
覚された確率」に影響を与える経路と実際に得た「満足」が「報酬の価値」に
影響を与える経路という2つのフィードバックを持つサイクル・モデルなので
す。

　期待理論を使うと，現実の様々な問題への示唆を得ることができます。例え
ば，頑張ったのに業績が上がらないとしたら，課題を遂行する上で能力や才能
がないのかもしれず，それならば能力や才能を磨くことを考えねばなりません。
あるいは，能力や才能はあっても努力の方向性が間違っていたのかもしれませ
ん。その時には，上司と話し合い，どこが上手くいかなかったのかを教えても
らうことが必要です。また，業績を上げたのに，報酬が得られないとします。
もし内発的報酬が欠けているならば，仕事が虚しいものか，あるいは簡単すぎ
るのかをチェックする必要があります。外発的報酬が不足しているならば，上

司や人事部に訴えることが必要かもしれません。最終的には，成果主義の報酬
体系を持つ外資系企業等への移籍を考えることが必要かもしれません。

　期待理論の問題点は，第1に計算高い人間モデルが実務家の実感と合わない
ことです。多くの実務家が，「毎日の職場で期待理論の想定のような計算の上
で行動している訳ではない」という感想を持っています。第2に外発的報酬が
過度に重視されている点です。当初のモデルに内発的報酬は想定されていませ
んでした。第3にモデルが想定する時間幅が短すぎることです。期待理論では，
1か月の営業強化月間にどれだけ頑張ったかを示すことはできても，人間の長
期の成長に関わる行動を説明することは難しいでしょう。第4に同一化メカニ
ズムを説明できないことです。実務家にとって，あの先輩や上司のような立派
な人になりたいという気持ち，実はこれが仕事を頑張る源泉だと言われます。
このような場合，人は必ずしも報酬への期待を計算して仕事に励むという訳で
はありません。ロマンや憧れ，あの人のようになりたいという気持ちから動機
づけられるのです。期待理論はこのような高いものを志す無垢な気持ちを説明
できません。

4　内発的モチベーション理論
4-1　内発的モチベーションとは？

　最近の企業経営では，「内発的モチベーション」の重要性が指摘されます。
「内発的」という言葉は，外から与えられるものではなく，内側から生じる，
内から湧き出る，という状態を意味しています。内発的モチベーションとは，
仕事の中で得られた達成感，成長感，有能感，自己効力感，仕事それ自体の楽
しみ等によって人が内面から突き動かされ，動機づけられる状態です。

　会社や他の人を介して「外から与えられる」報酬ではなく，仕事をうまくや
ったこと，自分で決めたことに対して勤しむこと自体が「内側から生じる」報
酬となり，仕事自体が楽しいと感じるのです。例えば，皆さんも趣味やスポー
ツ等，自分の好きなことを楽しんでいる時，時間を忘れるほど没頭することが
あると思います。そういう状態になると，活動を行うこと自体が楽しいと感じ，
それをさらに上達させたいと，より一層努力することになります。こういう状
態が内発的に動機づけられた状態です。

　仕事を行う際にも，このような気持ちになってもらうことが重要です。仕事

を遂行する中で生まれる，自分らしく活動できることへの納得感，自己の潜在能力を生かすことへの喜び，自分の能力を伸ばし人間的に成長しているという感覚，懸命に努力を続けることで一皮むけたという実感等は，金銭的報酬からは得られません。これらの感覚は自己の内面から生じる「ご褒美」として機能するのです。

4-2 デシの実験と内発的モチベーションの意義

　内発的モチベーションの主要な研究者であるエドワード・デシは，金銭的なインセンティブである外発的報酬が，内発的モチベーションに与える影響について有名な実験を行っています。実験室に2人の大学生（AとB）を入れてパズル（Soma という立体的なパズル）を解いてもらいます。その際，Aには解いたパズルに応じた報酬を支払いますが，Bは無報酬です。実験の休憩時間に2人の行動を観察すると，Bに比べAは休憩時間にパズルを解く時間が減少しました。報酬をもらうと，休憩時間はパズルをしないできちんと休むようになったのです。一方，無報酬のBは休憩せずにパズルを解き続けました。この結果は何を意味しているのでしょうか。

　内発的に動機づけられている状態では，職務遂行と職務満足が一体不可分です。しかし，この間に金銭的報酬が入ると，職務遂行の結果の善し悪しに応じて金銭的報酬が与えられることになり，その報酬の多寡によって職務満足が得られるという構図に転換してしまいます。金銭的報酬が得られない場合，職務満足も得られなくなるため，職務遂行を止めてしまうのです。金銭的報酬に代表される外発的報酬は，そのインパクトの強さから，細心の注意を払って活用しないと，内発的モチベーションに基づく行動を抑制し，仕事自体の面白さを失わせる可能性があります。このようなデシの指摘は，現代の成果主義を検討する上でも有効です。成果主義によるモチベーションの低下は，金銭的報酬が人のやる気を奪うことが原因とも考えられるからです。

　なぜ今，企業は内発的モチベーションを重視するのでしょうか。仕事において内発的に動機づけられている人は，仕事そのもの（あるいは，そのプロセス）を楽しんでいます。そのため，言われたこと以上の仕事をしようとしたり，自ら進んで新しい仕事や困難を伴う仕事に取り組もうとします。この姿勢が，創造性の発揮につながると考えられているのです。

4-3　内発的モチベーション実現のための条件

　内発的モチベーションは自然発生的には起こりません。また，マインドコントロール（洗脳）のような形で個人を心理的に操るものでもありません。マネジメントの視点では，職場の中で，内発的モチベーションが生まれるような環境（土壌）作りをどのように行っていくかが重要です。

　内発的モチベーションを実現に導く第1の施策は，ビジョンの提示と共有を通じた企業内の活動への理解です。まずは，企業にとって望ましい活動とは何かを，従業員に理解してもらうことが重要です。どのような方向で内発的モチベーションを生み出し，発揮してもらうのか，その方向性を示し，ビジョンを共有させるのです。個人が好き勝手に何をしても良いということにはならないことは強調されるべきです。

　第2の施策はある程度の自由度の付与です。従業員にある程度の予算決定権，自分で仕事のやり方を決めることができる権限を与える等，ある程度の自由度を与えることが重要です。権限委譲によって，自ら取り組んでいるという意識，当事者意識も醸成され，高い責任感を持って活動に取り組むようになることが期待されます。それが自分の頭で考え自発的に行動することを促すのです。例えば，3Mの「15％ルール」は勤務時間の15％を自由な研究に使うことを認める不文律です。

　第3の施策は極端な成果主義の回避です。金銭的報酬は働くことの本当の面白さを削ぎ，長期的にその意欲を低下させてしまう危険性があります。特に，金銭的報酬と成果が連動している場合，仕事は金銭的報酬を得るための手段と化してしまう傾向にあります。報酬を得るために働くことは本末転倒です。また，行き過ぎた成果主義は仕事自体の面白さや楽しさを奪ってしまうことにもなるので注意が必要です。さらに，「お金のために働く」ことが，ある一定の基準をクリアすれば良いという感覚を強め，必ずしもベストを尽くすようにならない可能性もあります。金銭的報酬はもちろん重要ですが，金銭的報酬と内発的モチベーションの関係，両者のバランスにも配慮が必要です。

ディスカッションのテーマ

1　モチベーションの内容理論の中で特に印象に残ったものを挙げ，その理論

の概要と問題点について考えて下さい。

2 モチベーションの期待理論の意義と問題点について，自己の経験に照らして，考えて下さい。

3 内発的モチベーションの向上をどのような時に経験しましたか，また，それはどのようなことが影響していたと考えますか。

4 日本企業の競争力の再構築に向け，個人のやる気や挑戦意欲を喚起していくために，どのようなモチベーションの施策が必要なのか，考えて下さい。

【参考文献】

・青木幹喜編著『人と組織を活かす経営管理論』（八千代出版 2009）
・十川廣國編著『経営学イノベーション3　経営組織論［第2版］』（中央経済社 2013）
・髙橋正康監修，竹内倫和・福原康司編著『ミクロ組織論』（学文社 2019）
・デシ，E. L.『内発的動機づけ』（誠信書房 1980）
・ハーズバーグ，F.『仕事と人間性』（東洋経済新報社 1968）
・マクレガー，D.『新版 企業の人間的側面』（産業能率短期大学出版部 1960）
・マズロー，A. H.『人間性の心理学』（産業能率短期大学出版部 1987）
・ロビンス，S. P.『新版 組織行動のマネジメント』（ダイヤモンド社 2009）
・Porter, L. W. and E. E. Lawler（1968）*Managerial Attitudes and Performance*, Dorsey-Irwin

第7章　リーダーシップ

1　リーダーシップの基礎概念
1-1　リーダーシップとは？

　アルバイト先，職場，所属するスポーツ・チーム等で，リーダーと言われる人が交代することで，やる気がアップしたり，逆にやる気がなくなったり，職場やチーム内の雰囲気が変わって活性化したり，逆に沈滞したり，といった経験をしたことがあるのではないでしょうか。集団やチームの業績を考えた時，リーダーの役割は非常に重要です。多くの方が「リーダーシップ」という言葉を耳にしたことがあると思います。では，リーダーシップとはどのようなものなのでしょうか。

　リーダーシップには様々な定義が存在します。手元にある主なテキストから抜粋してみると，「一定の目標達成に向けて集団に影響を与える能力」「ある目的に向かって他人の行動を喚起する影響力」「何かをしようとする組織や集団をリードしながら，構成員の動機づけを行ってその行動を引き出す行為」「集団や組織において，目標達成に向けて，ある人が他の人に意図的な影響を行使するプロセス」「この人のためだったら，少々大変なことでも何とかしてあげようと思う人が多数いる人がリーダーシップがある人」とまさに十人十色です。ここでは，リーダーシップを「共通の目的達成に向けて，フォロワーに何らかの影響を及ぼすリーダーの行動」と定義しておきます。

　先に示した多様な定義には，それぞれ違いはあるものの，共通点を抽出することは可能です。第1の共通点は，集団としての目的達成に影響を与えることです。第2に機能として把握できる点です。リーダーシップはフォロワーに何らかの影響を与え，個々のメンバーを全体としてまとめ上げ，集団の目的達成に向かわせる働きをするある種の機能として捉えられます。第3にリーダーシップは社会的・組織的な地位，権限，権力と同一ではないということです。リーダーシップは社会的身分や組織上の地位に固定されません。若いプロジェクト・リーダーが，集団の中で年上の取締役よりも有効なリーダーシップを示すことはありえます。リーダーシップは経営トップや経営幹部等の上層部だけ

でなく，組織のあらゆるレベルで観察されるのです。

1-2　リーダーシップの機能

　リーダーシップは，リーダーとフォロワーの関係の中で機能します。リーダー個人の特性等に限定されるものではありません。優れたリーダーシップが発揮されることで，集団の中に，高い信頼関係，優れたコミュニケーション，個人の高いやる気や帰属意識が生まれ（媒介変数），これら組織内部の相互作用（組織プロセス）を通じて，高い生産性，低い欠勤率・離職率，創造性向上といった集団の成果が実現されるのです（図表1）。

図表1　リーダーシップの機能

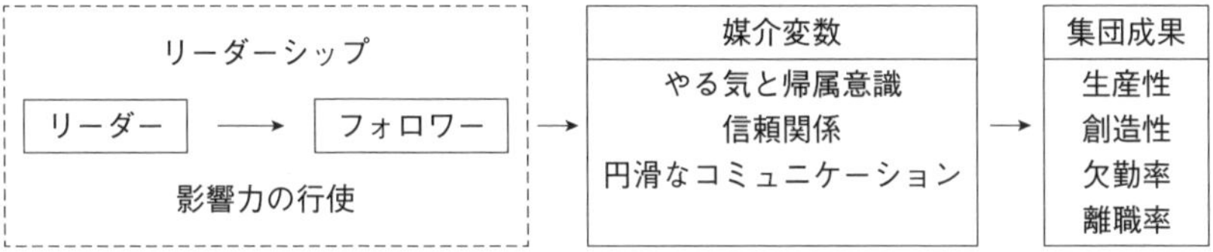

1-3　リーダーシップ理論の変遷

　リーダーシップ研究は，経営学の領域の中で最も多くなされてきたと言っても良いでしょう。多くの研究蓄積が存在しますが，有効なリーダーシップの確定的な答えが得られている訳ではありません。リーダーシップ研究の嚆矢は資質理論です。これはリーダー本人が生まれながらに持っている資質に注目する研究です。次に，注目されたのがリーダーの行動です（行動理論）。有効なリーダーはどのような行動をするのか，これを観察することで，リーダーシップの学習が可能と考えた点がポイントです。しかし，いかなる状況の下でも有効なリーダーシップは存在するのでしょうか。状況の特性や変化によって，有効なリーダーシップのあり方は変わってくるのではないでしょうか。この点を考慮したのが，リーダーシップのコンティンジェンシー理論です。

2　リーダーシップの資質理論

　資質理論は有効なリーダーシップの源泉を，リーダー個人が生まれつき持った先天性の特性や性質である資質によって説明します。例えば，ナポレオン，

リンカーン，徳川家康等の歴史的偉人や英雄の性格，態度，知性，肉体的特徴等を研究することで，偉大なリーダーたらしめた成功要因が発見できると考えたのです。このような研究の特徴から，資質理論は「偉人説アプローチ」とも言われます。

　資質として注目された項目には，以下のようなものがありました。肉体的な特徴として年齢，容貌，身長，体重等，パーソナリティ（性格）として攻撃性，外向性，支配性，高潔等，社会的背景として教育，地位，職業体験等，社会的資質として魅力，人気，外交性等が挙げられました。そして複数の研究結果から，有効なリーダーの資質として勇気，決断力，支配欲，誠実さ，自信，知性，社交性，自己統制力等が抽出されました。確かに，これらの特性はいずれも優秀なリーダーの資質として重要です。しかし，結局，優秀かつ偉大なリーダーに一貫した共通の資質を導き出すことはできませんでした。

　資質理論の問題点として，第1に成功要因の特定が困難という点が挙げられます。共通に導かれた複数の資質の中で，資質同士がどのような関係にあるのか，どの資質がどの程度重要なのか，どの資質が最大の成功要因なのか，を特定することは困難です。第2にフォロワーの心理や欲求が欠落している点です。リーダーシップはリーダー個人だけの問題ではなく，リーダーとフォロワーの関係性の中で議論される問題です。リーダーの資質から受ける影響によって，フォロワーの心理や欲求がどのように変化するか，といった視点が欠落しています。第3にリーダーシップの学習が困難という点です。個人の資質の本質的な部分は，我々の遺伝子の中に情報として組み込まれているのではないかと推察されます。そうなると，有効なリーダーシップを発揮したリーダーと同じようなリーダーシップを発揮しようとするならば，究極的にはそのリーダーの遺伝子をコピーしなければならず，現実には不可能です。個人の資質は生まれつき備わったものであるため，個人から切り離すことはできません。会社がリーダーを必要な場合，有効なリーダーシップを発揮できる資質を持った人間を探し，採用するしか手立てがありません。何らかの教育・訓練を施すことでリーダーになれる訳ではないからです。

3　リーダーシップの行動理論

　第二次大戦の頃より，リーダー個人の資質に注目する視点から，どのような

「リーダーの行動」（リーダーシップ・スタイル）が有効なのか，という視点への移行がみられるようになりました。行動理論はリーダーの行動を実際に観察する中から，有効なリーダーとそうでないリーダーとを区別する行動を発見することで，どのような行動が有効なリーダーを作り上げるのかを特定しようとしました。行動理論の意義は，リーダーの行動が先天的な資質と違い後天的に獲得可能（学習可能）であるため，リーダーの育成が可能という点にあります。このような点から，行動理論では非常に多くの研究が行われました。

3-1　アイオワ研究

　アイオワ研究は，クルト・レヴィンが自身の研究を精緻化したアイオワ州立大学での実験です（1938 年）。レヴィンは米国に渡ったユダヤ人で，ナチスによる迫害を経験したことから，「民主的リーダーシップ」の優位性を見出す研究を，生涯をかけて行いました。実験は 3 つの小集団に 1 人ずつリーダーを配置し，それぞれ別々のリーダーシップ・スタイル（専制型，民主型，放任型）をとってもらい，集団の行動や成果の変化を観察するものでした。実験の結果，リーダーシップ・スタイルと集団への影響について，以下のような知見が得られました。

　専制型のリーダーシップ・スタイルは，リーダーが全ての方針を決定し，仕事のやり方まで命令します。専制型のリーダーの集団では，メンバーの間に敵意と攻撃性が高くなり，仲間を犠牲にすることが多く観察されました。また，部下の不満も多く，問題が起こっても自分たちで解決しようとせず，リーダーに頼りがちという傾向も認められました。民主型のリーダーシップ・スタイルは，方針を集団討議で決定し，リーダーはメンバーに対して激励と援助を与えます。民主型のリーダーの集団では，メンバーの仕事意欲や創造性が高く，集団の中に団結や友好的な雰囲気が醸成されました。放任型のリーダーシップ・スタイルでは，リーダーは方針から具体的な仕事のやり方まで全てメンバーに任せてしまいます（丸投げ）。放任型のリーダーの集団では仕事の質も量も最低でした。

　これらの結果から，いかなる場合も民主型が最も有効と考えて良いのでしょうか。逆に，放任型はいかなる場合も最低なのでしょうか。例えば，起業してまもない時期や，不祥事や業績不振等で緊急に組織変革や戦略転換を行わねば

ならないような場合には，民主型のリーダーの下，全員でじっくり討議するよ
り，むしろ専制型のリーダーがトップダウンで進める方がより有効とは考えら
れないでしょうか。また，能力の高い者，目的意識の高い者，専門的職務に従
事する者が多い集団では，放任型のリーダーシップ・スタイルがより有効とは
考えられないでしょうか。常に民主型のリーダーシップ・スタイルが有効とい
うことではなく，集団が置かれた状況によって，有効なリーダーシップ・スタ
イルも変わるのではないでしょうか。

3-2　ミシガン研究

　ミシガン研究は，1940 年代後半，ミシガン大学の社会調査研究所において，
レンシス・リッカートらによって行われた研究です。研究対象はプルデンシャ
ル生命の監督者で，高業績部門と低業績部門とでリーダーのとる行動はどのよ
うに違うのか，を明らかにすることが研究目的でした。

　研究の結果，「従業員志向型」と「生産志向型」という 2 つのリーダーシッ
プ・スタイルが抽出され，集団の業績との関係が明らかになりました。従業員
志向型のリーダーシップ・スタイルは，人間関係を重視し，部下の抱える問題
を理解し，部下のニーズに個人的関心を寄せるものです。従業員志向型のリー
ダーの下で，集団の生産性は向上し，メンバーの満足度も上昇しました。一方，
生産志向型のリーダーシップ・スタイルは，集団の目標達成を実現するため，
仕事の技術的側面，タスク遂行に向けた側面を重視します。生産志向型のリー
ダーの下で，集団の生産性やメンバーの満足度は共に低い水準となりました。

　ミシガン研究の問題点は，従業員志向型と生産志向型という 2 つのリーダー
シップ・スタイルを 1 軸上の両極として位置づけ，生産志向型の傾向が強い
リーダーは従業員志向型の傾向は弱く，逆に従業員志向型の傾向が強いリー
ダーは生産志向型の傾向が弱くなるという捉え方をしている点です。

3-3　オハイオ研究

　オハイオ研究は，1940 年代後半，オハイオ州立大学においてキャロル・シ
ャートルらによって行われた研究で，ミシガン研究とほぼ同じ時期に行われて
います。研究目的はリーダーの行動を記述・測定する方法（指標）の開発です。
研究の結果，現実のリーダーの行動の大部分を，実質的に説明する 2 つのカテ

ゴリーが抽出されました。1つは「構造作り」，もう1つは「配慮」と命名されました。

　構造作りは，リーダーが目標達成に向けて効率的に職務を遂行するのに必要な構造（枠組み）を部下に示す行動です（業績志向型）。具体的には，部下の役割，なすべき課題の明確化，仕事の割り当て，仕事遂行の手順やスケジュールの設定等が含まれます。つまり，計画を立て，仕事を遂行する方法を設定し，情報を伝達し，メンバーに仕事を割り当て，期限を強調し，指示を与えることです。配慮は集団内での相互信頼，部下のアイデアや考え方の尊重，部下の気持ちや感情への気配り等によって，良好な人間関係を生み出すリーダーの行動です。これは部下のニーズ，居心地の良さ，健康，地位，満足等に関心を示す人間関係志向の行動と言えます。

　オハイオ研究では，構造作りと配慮は独立の次元と捉えられています（図表2）。従って，ミシガン研究と異なり，4つのリーダーシップ・スタイルが考察可能です。多くの調査から，構造作りと配慮が共に高い水準にある「Hi-Hi 型」のリーダーシップ・スタイルは，部下の業績と満足度が他の型に比べ，高まることが判明しました。しかし，Hi-Hi 型が常に良い結果に結びつくとは限りませんでした。例えば，ある調査では構造作りの程度が高いリーダー行動はルーティンの仕事を行う労働者たちの間で不平や常習的欠勤，離職率の上昇，仕事への満足度低下と結びつくことが分かりました。また，別の調査では配慮の高さが上司によるリーダーの業績評価と反比例することが判明しました。つまり，

図表2　オハイオ研究におけるリーダーシップ・スタイル

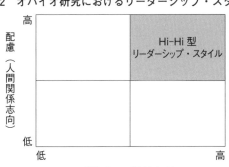

構造作り（業績志向）

出所）青木編著（2009），p. 57，図4-2を参考に作成。

Hi-Hi 型のリーダーシップ・スタイルは，一般的には好ましい結果を生むことが多いと言えますが，例外も多く，状況要因を組み込む必要性が判明したのです。

3-4　マネジリアル・グリッド

　マネジリアル・グリッドは，リーダーシップ・スタイルと成果との関係を研究したロバート・ブレイクとジェーン・ムートンによって提唱されました。彼らはリーダーシップ・スタイルの分類を行い，5つのリーダーシップ・スタイルを抽出しました（図表3）。

　「1.1 型」は「無関心型」で最小限の努力のみを行います。「1.9 型」は「カントリー・クラブ型」で組織の中の人間関係がうまくいくように注意を行き届かせます。組織の雰囲気は居心地良く，仕事のペースはほどほどです。「9.1 型」は「権威・服従型」で人間的要素への配慮は最小限となり，能率の追求が最優先されます。「5.5 型」は「常識人型」で人間への関心と業績への関心のバランスをとるスタイルです。最も有効なリーダーシップである「9.9 型」は「チーム・マネジメント型」で組織目的の達成への意欲の上に各人の自主性が守られ，

図表3　マネジリアル・グリッド

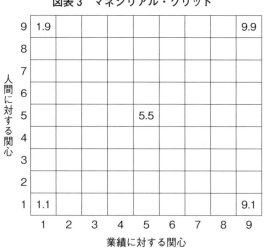

出所）ハーシー・ブランチャード・ジョンソン（2006），
p. 114，図 4-10 を参考に作成。

信頼感と尊敬による人間関係が構築されます。ブレイクとムートンは他の型は9.9型に変わるべきであると唱えました。しかし，9.9型がどのような状況下でも，最も有効であることを証明するだけの実質的な証拠はほとんど存在しないという点に注意が必要です。

4　リーダーシップのコンティンジェンシー理論

　リーダーシップの行動理論の問題点は，唯一最善の行動スタイルへの疑問です。常にどのような場合にも有効なリーダーシップ・スタイルがあるのではなく，状況の違いによって，有効となるリーダーシップ・スタイルは変わってくるのではないでしょうか。このような問題意識から生まれたのが，リーダーシップのコンティンジェンシー理論です。

4-1　フィードラー理論

(1)　リーダーシップ・スタイルの抽出：LPC指標

　リーダーシップのコンティンジェンシー理論を初めて提唱したのがフレッド・フィードラーです。フィードラー理論でも，想定されたリーダーシップ・スタイルは，行動理論から導かれた仕事中心（タスク志向型）と人間関係中心（人間関係志向型）でした。フィードラーはLPC（Least Preferred Coworker：最も好ましくない仕事仲間）指標というユニークな方法で，リーダーシップ・スタイルの抽出を行いました。LPC指標は16組の対照的な形容詞（感じが良い⇔感じが悪い，能率的⇔非能率的，開放的⇔防御的，援助的⇔敵対的等）が記載された質問票によって，ある人のリーダーシップ・スタイルの特性を測定します。

　まず，回答者に今まで一緒に仕事をしたことがある人物の中で，二度と一緒に働きたくないと思う人物1人を挙げてもらいます。そして，その人物とはどのような人間なのか，16組の対照的形容詞によって評価してもらいます。

　なぜLPC指標によって，リーダーの基本的なリーダーシップ・スタイルが判断できるのでしょうか。これは，ある人が他人について述べることは，対象となる人物よりも（他人を評価している）その人自身について，より多くを語るという前提があるからです。二度と一緒に仕事をしたくないほど嫌な同僚であっても，好意的に評価する人間は，仕事仲間と良い人間関係を持つことに関

心を持っている，つまり人間関係の維持に重点を置くリーダーシップ・スタイルをとる傾向にあると考えます（高 LPC）。逆に，最も嫌な同僚を避けようとする人間は，タスク遂行に重点を置くリーダーシップ・スタイルをとる傾向にあると考えます（低 LPC）。

(2)　状況要因の設定

　フィードラー理論での状況要因は，リーダーとメンバーとの関係，タスクの構造，地位勢力という3つの要素から構成されます。リーダーとメンバーとの関係は部下がリーダーに対し抱く信用，信頼，尊敬の度合いであり，メンバーによるリーダーの受容・支持を示します。タスクの構造は部下の職務範囲が明確に決められ，タスクの目標・手順・成果が明確で構造化されている度合いです。地位勢力はリーダーに権限が与えられる程度です。これは雇用，解雇，懲戒，昇進，昇級等に対して，リーダーが持つ影響力の度合いです。これら3つの要素から「状況好意性」という変数が作られます。これら3要素の水準が高いほど，リーダーが有効なリーダーシップを発揮しやすくなると考えます。フィードラー理論では，リーダーシップ・スタイルと状況好意性のマッチングによって，集団の業績を高めるリーダーシップの有効性が決まります。

(3)　フィードラー理論のまとめ

　フィードラーは以上のような枠組みを用いて 1,200 以上の集団において調査を行い，リーダーシップ・スタイル，状況好意性，集団の業績，3者の関係性を抽出しました（図表4）。

　状況好意性は8つのカテゴリーに分類されます。左側の3つのカテゴリー（Ⅰ，Ⅱ，Ⅲ）は状況好意性が「高い」場合，真ん中の2つのカテゴリー（Ⅳ，Ⅴ）は状況好意性が「普通」の場合，右側の3つのカテゴリー（Ⅵ，Ⅶ，Ⅷ）は状況好意性が「低い」場合です。状況好意性が高い場合，集団の業績が高いのはタスク志向型のリーダーシップ・スタイルです（低 LPC）。一方，状況好意性が普通の場合，集団の業績が高いのは人間関係志向型のリーダーシップ・スタイルです（高 LPC）。状況好意性が低い場合，集団の業績が高いのはタスク志向型のリーダーシップ・スタイルです（低 LPC）。つまり，集団の業績の水準は，リーダーがある状況下で与えられる影響力の大きさ（状況好意性の水準）と，リーダーが部下と接する際の行動スタイルとの適合により決まることが示されたのです。

図表 4　フィードラーによる発見

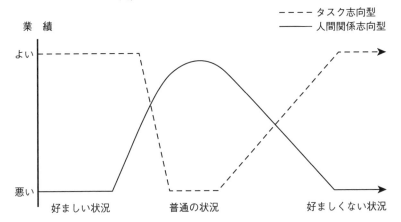

カテゴリー	Ⅰ	Ⅱ	Ⅲ	Ⅳ	Ⅴ	Ⅵ	Ⅶ	Ⅷ
リーダーとメンバーとの関係	よい	よい	よい	よい	悪い	悪い	悪い	悪い
タスクの構造	高い	高い	低い	低い	高い	高い	低い	低い
地位勢力	強い	弱い	強い	弱い	強い	弱い	強い	弱い

出所）ロビンス（2009），p. 266，図表 10-2 を参考に作成。

　フィードラーの仮定によると，リーダーシップ・スタイルは人間関係志向型かタスク志向型のいずれかに固定され，個人に固有のものであって変えることはできないとされます。この仮定の下で，状況好意性が低く，タスク志向型のリーダーを必要とするところ，実際のリーダーが人間関係志向型であった場合，当該集団が最大の業績を上げるにはどうすれば良いでしょうか。1つは状況を変化させることです。例えば，リーダーとうまくいくような部下を選抜し配置する，目標を明確にしてガイドラインを付与する，リーダーの権限を強化する（昇進・賞罰権限の付与，リーダーの意思決定の全面的支持，リーダーへの情報の集中等）といった施策によって，状況好意性を「普通レベル」まで上げます。もう1つは，リーダーを代えることです。人間関係志向型のリーダーをタスク志向型のリーダーに交代させて対処します。

4-2　状況理論

　状況理論（Situational Leadership Theory）は，ポール・ハーシィとケネス・ブランチャードが1977年に提唱しました。状況理論でも，リーダーシッ

プ・スタイルは行動理論で導かれた仕事中心的行動と人間関係中心的行動が援用されます。状況理論における状況要因は「部下の成熟度」です。これは部下が自分の仕事に責任を果たす能力及び意志と定義されます。状況理論の問題意識は，リーダーシップ・スタイルの有効性を考える際には，リーダーの行動の影響を受ける部下の特徴を考慮する必要があるのではないか，というものです。

　部下の成熟度の水準は 4 つに分けられます（図表 5）。M1 段階は成熟度が最も低く，部下の仕事をする意志も能力も最低です。成熟度が普通の段階は 2 つに分かれます。M2 段階の部下は仕事を遂行する意志はあるが，能力が低い状況です。M3 段階の部下は仕事を遂行する能力はあるが，意志が不足しています。M4 段階は成熟度が最も高く，部下が仕事をする意志も能力も最高水準です。

　部下の成熟度によって，有効なリーダーシップ・スタイルは変わります。部下の成熟度が最低の M1 段階では指示型のリーダーシップが有効です。リーダーは部下の役割を明確にし，いつ，どこで，どのような仕事をするのか細か

図表 5　状況対応リーダーシップ・モデル

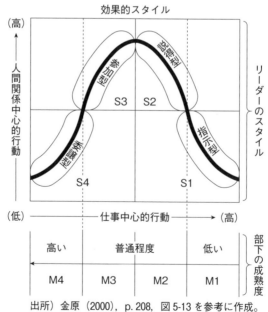

出所）金原（2000），p. 208，図 5-13 を参考に作成。

く指示を与えます。M2 段階では説得型のリーダーシップが有効です。仕事中心的行動を若干抑え，人間関係を重視し，指示から説得へ移行します。具体的には，リーダーの意図を部下が心理的に受け入れられるように，一方的に指示するだけでなく，対話や質問の機会を与えます。M3 段階では参加型のリーダーシップが有効です。これは仕事中心的行動をさらに弱め，人間関係中心的行動を強めて部下の自主性を高めるものです。部下を意思決定に参画させ，主体性を強めるリーダーシップ・スタイルです。M4 段階では委譲型のリーダーシップが有効です。意志も能力も高い部下に対しては，仕事中心的行動，人間関係中心的行動共に弱め，多くを任せることになります。

4-3　パス・ゴール理論

　1971 年にロバート・ハウスが提唱したパス・ゴール理論は，オハイオ研究において抽出された構造作りと配慮及びモチベーションの期待理論を理論的な背景とします。パス・ゴール理論の本質は，有能なリーダーは道筋（パス）を明確に示して，フォロワーの業務目標（ゴール）達成を助け，障害物や落とし穴を少なくすることで，フォロワーがその道筋を歩きやすいようにするものです（従業員の目標達成の支援がリーダーの仕事）。目標—経路を明確にするのがリーダーの構造作りであり，業績志向的なリーダーの行動です。そして，目標—経路の道筋をスムーズにするのが配慮であり，人間関係志向的なリーダーの行動です。

　具体的には，以下の 4 つの有効なリーダーシップ・スタイルを提示します。第 1 が指示型リーダーシップです。指示型リーダーシップは部下に期待されていることを知らせ，手続きに従うことを求め，仕事のスケジュールを立て調整することで，タスク達成方法を具体的に指導します。支援型リーダーシップは部下の欲求に配慮し，部下の幸福に関心を持ち，友好的な雰囲気を作ります。参加型リーダーシップは決定を下す前に部下に相談し，彼らの意見や提案を考慮します。達成志向型リーダーシップは挑戦的な目標を設定し，業績改善を探求します。優れた業績を強調し，高い業績標準を達成できるよう，部下に全力を尽くすよう求めます。

　パス・ゴール理論では，リーダーシップ・スタイルと結果（業績や満足度）とを結びつける 2 つの状況変数が組み込まれます（図表 6）。1 つは「環境的条

件即応要因」でタスク構造，公式の権限体系，ワーク・グループが含まれます。もう1つは「部下の条件即応要因」でローカス・オブ・コントロール（locus of control：行動決定源の所在意識），経験，認知された能力が含まれます。

図表6　パス・ゴール理論

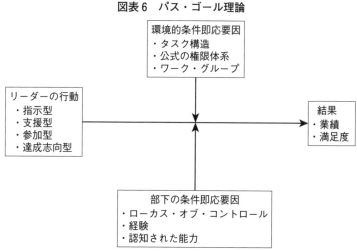

出所）ロビンス（2009），p. 269，図表 10-3 を参考に作成。

　これら状況変数と4つのリーダーシップ・スタイルとのマッチングから，いくつかの仮説が導かれます。指示型リーダーシップは，タスクがあいまいでストレスの大きい時により大きな満足につながること。ワーク・グループ内に相当なコンフリクトが存在する場合に従業員に高い満足をもたらすこと。ローカス・オブ・コントロールが自己の外部にある部下（自分の運命は自分でコントロールすることはできず，環境によって決まると考える人々）は，指示型リーダーシップ・スタイルに最も満足すること。逆に，高い能力や豊富な経験を持つ部下には指示型リーダーシップは適合しない可能性が高いとされます。支援型リーダーシップは，部下が明確なタスクを遂行している時に高業績と高い満足度をもたらすこと。公式の権限関係が明確かつ官僚的であるほど，リーダーは支援的行動を示し，指示的行動を控える必要があるとされます。参加型リーダーシップは，ローカス・オブ・コントロールが自己の内部にある部下（自分の運命は自分がコントロールすると信じている人々）が最も満足するスタイルとされます。達成型リーダーシップは，タスク構造があいまいな時に，努力す

れば高業績につながるという部下の期待を増すと考えられます。

5　現代のリーダーシップ理論
5-1　変革型リーダーシップ

　近年注目される変革型リーダーシップ研究は，環境変化に適応できるように，リーダーが目的や課題を変化させた上で，フォロワーの意識を新たな目的や課題へ移行させる方法を考えます。集団や組織の職務のあり方や方向性自体に疑問を投げかけ，現体制を変えていこうとするリーダーの行動が研究対象です。研究の焦点は組織変革を推進するリーダーの役割です。例えば，蕎麦屋の店主が，既存の蕎麦屋は構造不況と捉え，新しいメニューや商品を考えさせたり，新しいタイプの店舗，斬新なサービスの開発に取り組んだり，蕎麦屋以外の業態への進出を従業員に促すようなリーダーシップのあり方です。

　変革型リーダーシップの特徴は，第1に組織を取り巻く環境の変化を探索し，変化の本質を見極めることです。顧客の好みの変化，新たな競合の出現，法律改正により新事業が可能になるか，技術変化の影響等への注力が重要です。環境変化の方向性を見誤らないためには，変化の本質を把握し，変化の理由や意味付けを行うことが必要です。環境を探るためには，洞察力に裏付けられた深い思考が前提となります。

　第2に明確なビジョンの提示です。将来こうなりたいという明確なビジョンを持ち，それを組織に共有させます。行き先を示して人々の不安をなくすことが主眼です。将来に関する夢のある大きな絵を描くことが変革のシナリオになり，変革をけん引するのです。

　第3に実験的試みの促進・奨励です。人々が変革に向けた活動に挑戦するのを促し，奨励します。実験的試みがなされないと，ビジョンは絵に描いた餅で終わってしまいます。変革を実現するには，現在のやり方をいきなり大きく変えるのではなく，まずは実験行い，それを踏まえて本格的な改革へ進むことが重要です。

　第4に厳しい実行を求めることです。変革を実行する際に，甘えを許さない姿勢です。メンバーの実行状況を絶えずチェックし，確実に実行できるよう支援することが重要です。ここには必ずやり遂げるという強い意志が求められます。単なる圧力を超えた，極限追求のような緊張感を醸成することが成功の決

め手です。

　第5にメンバーの育成です。従来のやり方を変えるには，メンバーの能力向上や新たな能力の開発が必要です。メンバーの能力の変化が集団や組織の変革の前提です。また，変革は厳しい作業になりますが，それに耐える精神力の涵養も重要です。

　第6に信頼できる人的ネットワークの構築です。変革の実現には，変革に必要な資源や情報を提供してくれる信頼できる人々のネットワークが重要です。信頼できる人的つながりから得られた情報こそ貴重な資源です。信頼できない人間に大切な情報は渡さないからです。以上のように，変革型リーダーの行動は，行動理論が提示してきた仕事の遂行か人間関係に配慮するか，という単純なものではありません。変革型リーダーシップは複数の要因から構成される非常に複雑な現象なのです。

5-2　エンパワーリング・リーダーシップ

　エンパワーリング・リーダーシップは，1980年代後半からスタートし，現在も精力的に続けられる研究テーマです。エンパワーリング・リーダーシップは，リーダーが及ぼす影響力よりも，フォロワーがリーダーから受ける影響力の特性を強調します。特に，フォロワーの創造性や能力発揮が，集団の有効性にとって決定的に重要であることを主張します。

　「エンパワーメント（empowerment）」という言葉や概念は元々，福祉，医療，看護等の分野で使われていました。体の不自由な方や難病を抱えた患者等の社会的弱者が，自分で世界を切り開ける，パワーを持って現状を打破できるという強い気持ちを持つことで，他の人の力を借りたり，誰かに頼りきりになるのではなく，自分の力でより良く生きていける，といった意味で用いられていたのです。

　では，なぜエンパワーメントが経営に適用されるようになったのでしょうか。この背景には，組織の大規模化の問題があります。組織の規模が大きくなると，仕事が増え，従業員の数も増大し，それに伴い組織内に様々な活動が生まれます。活動が複雑になると，仕事の手順や手続きのマニュアル化が進展し，数多くの調整メカニズムが設けられ，いわゆる機械的組織や官僚制組織が構築されます。その結果，多くの活動が仕事の標準化やマニュアル化により，自動的に

遂行されるようになります。そうなると，個人の行う仕事は全体の仕事のごく一部となり，機械のように粛々と活動が行われる中で，個人は自らのパワーの欠如を実感し，無力感を抱くようになっていきます。つまり，大規模組織の中で個人が自らパワーを持って自発的に取り組むことができず，自らの能力を最大限に発揮できない状態が生まれたのです。

　自分には能力があり，世界を自分で切り拓くことができ，自分のやってることには意味があり，それを使って現状を打破できるという気持ちを持ってもらうことで，挑戦意欲が高まり，創造性を発揮できるのです。企業がエンパワーメントを導入する意義がここにあります。

　心理的にエンパワーされた状態とは，自己効力感，自己決定感，有意味感，到達感という4つの感覚を持つことです。自己効力感はやればできるという一種の自信です。自己決定感は自分のことは自分で決めることができるという感覚です。有意味感は自分のやっていることは意味があるという感覚です。到達感はここまで達成できたという感覚です。リーダーがエンパワーリング・リーダーシップを行使することで，フォロワーが心理的にエンパワーされた状態になると，失敗を恐れず，困難や障害にめげず，高い目標を掲げて革新的活動を自発的に起こし，創造性を発揮するようになります。それにより，新しいアイデアの提案が活発になされ，他の人との相互作用を通じた組織学習が生起されると，多様なアイデアや知識が融合し，新たなイノベーションが組織的に創造されるのです（図表7）。

図表7　エンパワーリング・リーダーシップの体系

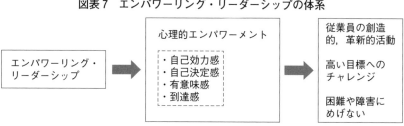

　エンパワーリング・リーダーシップは，以下のような行動として表れます。自己効力感を高めるには，成功体験の支援や手本の提示が必要です。自己決定感を高めるには，権限委譲，情報・知識・スキルの提供，支援環境の提供，能

力開発等が必要です。有意味感を高める行動として，フォロワーのキャリア・アンカー（キャリア選択の際の最も大切な価値観や欲求）の確認，批判的でない組織文化の構築，理念・ビジョン・経営方針等の伝達が挙げられます。到達感を高めるには，結果の測定とフィードバック，そして称賛が必要です。

5-3　両利きのリーダーシップ

　企業が長期に維持発展していくためには，既存の強みや中核技術を磨き，既存事業をより高度化する（深化：exploitation）と同時に，新しいアイデアや技術を発見・開発し，新たな事業を生み出す（探索：exploration）「両利きの経営」（ambidexterity）が必要です。企業が両利きの経営を実践していく基盤となるのが，個人レベルの両利きの行動です。個人レベルの両利きの行動は，ある一定期間の中で，本質的に異なる性質を持つ個人の探索的行動と深化的行動を結合することで実現されます。

　個人の探索的行動は新製品・新事業開発のための新たなアイデアや知識を探り，新しい仕事のやり方や優位性のある解決方法を発見し，実験や試行錯誤を基盤とする創造的学習を推進するものです。一方，個人の深化的行動は既存のアイデアや知識を活用し，ルーティンに落とし込まれた活動をより効率的に遂行し，仕事の生産性を向上させる適応的学習を推進するものです。ただし，1人の人間が1時点で探索的行動と深化的行動を同時に行うことはできません。従って，個人の両利きの行動の課題は，状況に応じて探索的行動と深化的行動をスムーズに「切り替える」ことになります。

　個人の両利きの行動を実現に導くのが，「両利きのリーダーシップ（ambidextrous leadership）」です。両利きのリーダーシップは「フォロワーの行動における多様性の増加あるいは削減，また，それら2つの行動の間での柔軟な切り替えによって，彼らの探索的行動と深化的行動を促進する能力」です（Rosing, Frese, and Bausch, 2011）。両利きのリーダーシップは，個人の探索的行動を促進する「開放的行動（opening leader behavior）」，個人の深化的行動を促進する「収束的行動（closing leader behavior）」，状況に合わせて開放的行動と収束的行動を切り替えるための「一時的な柔軟性（temporal flexibilities）」の3つの要素から構成されます（図表8）。

図表8　両利きのリーダーシップの構成要素とプロセス

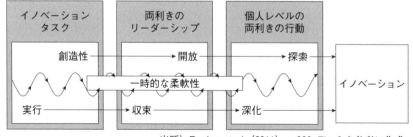

出所）Rosing et al.（2011），p. 966, Fig. 3 を参考に作成。

　リーダーの開放的行動は多様性の増加を志向し，仕事の達成についての異なったやり方の許容，異なったアイデアによる実験の奨励，リスクテイキングへの動機づけ，独立した思考と行動の可能性を与える，独特なアイデアの余地を与える，失敗を許容し，失敗からの学習を奨励する等が含まれます。一方，リーダーの収束的行動は多様性の削減を志向し，目標達成のモニタリングとコントロール，ルーティンの確立，調整的行動，ルール順守の徹底，仕事の達成水準の均一化に注意を払う，制裁を加える，計画への忠実性を求める等が含まれます。

　イノベーション創造プロセスの中で個人の探索的行動と深化的行動，どちらの行動が必要になるかは複雑に変化します。従って，リーダーは開放的行動と収束的行動のどちらか一方だけをとれば良いことにはなりません。開放的行動と収束的行動がいつ，どのような状況で求められるのかを事前に予測することは困難です。従って，両利きのリーダーシップの本質は，イノベーション創造プロセスで必要とされる要件に合わせ，リーダーが開放的行動と収束的行動を切り替える一時的な柔軟性にあるのです。

ディスカッションのテーマ

1　これまでの生活の中で，有効なリーダーシップが発揮された例を挙げ，その時にリーダーがどのような行動をとったか，考えて下さい。

2　リーダーシップの行動理論の中で特に印象に残ったものを挙げ，その理論の概要と問題点について，考えて下さい。

3　リーダーシップのコンティンジェンシー理論の中で特に印象に残ったもの

を挙げ，その理論の概要と問題点について，考えて下さい。
4　日本企業の競争力の再構築に向け，日本企業におけるリーダーシップのど
　　こが問題なのかを挙げると共に，どのようなリーダーシップのあり方が必
　　要なのか，考えて下さい。

【参考文献】
・青木幹喜編著『人と組織を活かす経営管理論』（八千代出版 2009）
・金井壽宏『経営組織』（日本経済新聞社 2006）
・金原達夫『やさしい経営学』（文眞堂 2000）
・慶應戦略経営研究グループ『「組織力」の経営』（中央経済社 2001）
・十川廣國編著『経営学イノベーション3　経営組織論［第2版］』（中央経済社 2013）
・ハーシィ，P.・K.H.ブランチャード・D.E.ジョンソン『入門から応用へ 行動科学の展開』（生産性出版 2006）
・ロビンス，S.P.『新版 組織行動のマネジメント』（ダイヤモンド社 2009）
・Rosing, K., M. Frese, and A. Bausch（2011）"Explaining The Heterogeneity of The Leadership-Innovation Relationship: Ambidextrous Leadership," *The Leadership Quarterly*, 22, pp. 956-974.

第8章　集団の中の個人

　私たちは家族，クラス，アルバイト先の組織，企業組織などの一員としてさまざまな集団に所属しながら生きています。同時に複数の集団に所属し，それぞれの集団において異なる役割を果たしています。アルバイト先にいるときと大学にいるときでは，全く違うふるまいを示す人もいるでしょう。人は集団の中にいると，周囲にいる人たちからさまざまな影響を受けて，1人でいるときとは違ったふるまいをします。それは自分の考え方や行動が，その時に自分が所属意識をもっている集団に強く影響されているからです。このように集団は個人に対し大きな影響力をもちます。逆に，個人のふるまいが集団全体に大きな影響を与えることもあります。例えば，優れたリーダーの登場によって，その集団を成功に導く場合や，独裁的なリーダーにより集団が衰退していく場合です。本章では個人と集団をめぐるさまざまな現象や問題について解説します。

1　集団内の影響過程
1-1　集団の一員になること

　みなさんのほとんどは最近まで高校生だったと思います。そのときに自分の通っている学校のことをつい「うちの学校」といっていませんでしたか。「何がおかしいの？」そう思う人もいるかもしれません。ここで考えてほしいことは，どうして「うち」という言葉を使ってしまうのかということです。これは自分の所属する学校という集団を自分の属性の一部である，すなわち自己の一部と意識しているためです。この意識のことを社会心理学では社会的アイデンティティといいます。集団への所属意識や信頼が高まるほど，社会的アイデンティティは強くなります。みなさんが，まだ大学に入学したばかりだと，通い始めた大学のことを「うちの大学」という呼び方をしないかもしれません。この場合は，自分が大学に所属はしているのですが，自分の中ではまだ「この大学の学生であること」が自己の一部となっていないと解釈することができます。やりたいことをみつけ，活き活きと大学生活を送れるようになれば，そのうち「うちの大学」とふつうに呼ぶようになるでしょう。「うち」とは何気ない言葉ですが，その人が自分と集団の関係をどのようにとらえているのかを端的に表

す言葉といえます。

　では，人々はどのような集団に所属したいと考えているのでしょうか？一般に，憧れの人や目標となる人がいる集団，集団の目標や活動自体が魅力的な集団，所属することで自分の価値が高まる集団などが所属したいと思える集団といわれています。すなわち，自分が「その集団の一員である」と考えたときに，自分自身を高く評価してもらえるような集団が，入りたい集団になります。このように，所属する集団の社会的アイデンティティは，自己の一部であるので，入りたい集団は，自分を高めるような動機と深く関係します。

　自分を高めるという動機は，さらに自分の所属する集団は他の集団よりも望ましい集団であると認識することにもなり，またそうあってほしいと期待することにもつながります。このことが結果的に自分たちの集団は他の集団よりも望ましい集団であり，自分たちの集団を構成するメンバーも他の集団のメンバーよりも優れているという内集団ひいき（逆をいえば，外集団への差別）をもたらします。人は自分がその集団に所属したという意識を強くもったときから，知らず知らずのうちに「自分たち」と「（自分たち以外の）あの人たち」を区別し，また自分たちを高く評価するようなバイアス（歪み）が生じるようになっていると考えられています。

　では，次に所属する集団が個人の考え方，態度，行動にどのような影響を与えているのか考えてみましょう。人はみな感じ方や考え方がそれぞれ違います。しかし，同じ集団の人は似たような考え方をしたり，趣味が似ていたりすることに気が付いているでしょうか。例えば，同じグループでメンバーのファッションが似ていたり，就職したいと希望する職種・業界が似ていたりすることです。実は，集団にはメンバーとして期待される標準的な考え方や，行動様式，望ましい価値観などを示すルールがあります。これは集団における一定の考え方や，行動などの規準・判断の枠組みのことで集団規範といいます。学校であれば校則はもちろん，校風などもこれに当たります。例えば，お嬢様・お坊ちゃま学校（良家の子女・子息が通う品のある学校）では，学生はそれなりの似た服装で大学に通い，自由な校風といわれる大学ではジャージで通う学生もいれば流行の服で通う学生もいます。法律のように守らなければいけないものではありませんが，その集団に入るとほとんどの人がそのルールに従うことが当たり前になってしまうものなのです。また，多くの人にとっては，このルール

は従っていればまちがいがない，あるいは安心と感じる，ある意味自分たちの常識のようなものになります。例えば，みなさんが先輩後輩という上下関係がしっかりしているクラブに所属し，先輩のために後輩が買い出しにいくことが当然であると考え，不満もなくいつも買い出しに行っているとすれば，その考え方がこの集団規範に相当します。

1-2　ついついみんなに合わせてしまう

　集団内で話し合いをしているときに，自分の考えや意見が他のメンバーたちと違っている場合，みなさんはどうしますか？　ついつい他のメンバーに合わせてしまうことはありませんか？　どうしてもゆずれないことでなければ，自分の考えは示さずに，他のメンバーと同じ意見にしたり，同じ行動をとったりすることが多いのではないでしょうか。例えば，数人の友達と一緒にランチをすることになりました。自分はそれほど空腹ではないのでファストフードで軽く食べるくらいでよいと思っていたとします。しかし友達みんながファミリーレストランに行ってしっかりと食べたいといった場合，自分の意見を主張せずに，みんなの意見に従って仕方なくファミリーレストランに行ったというような経験があるのではないでしょうか。このように個人の行動や信念が集団の基準（集団規範）に一致した方向へ変化することを同調行動といいます。

　同調行動に関する有名なアッシュ（Asch, S. E.）の研究を紹介しましょう。アッシュは，8人一組の集団をつくり，明らかに正解がわかる簡単な課題を用いて同調行動に関する実験を行いました。課題の1つを図表1に示します。実験は集団で参加するメンバー全員に対し図表1左図のa，b，cの3本の線分（比較刺激）の中から，右図で示された線分（標準刺激）と同じ長さのものを選ばせるというものでした。実は，この実験の本当の実験参加者は1名のみで，残りの7名は実験協力者（サクラ）でした。この実験の目的は実験協力者の7名全員が同一の誤答を示した場合に，1名の実験参加者はどのような回答（反応）をするのか，すなわち実験参加者は同調行動をするのかどうかを調べるというものでした。この実験は同じ集団で何十試行も行われました。その結果，実験参加者が他のメンバーの回答に合わせて誤答をしてしまう割合は全体の3分の1にものぼり，また実験参加者の約4分の3が少なくとも1回は誤答をするという同調行動を示すことが明らかにされました。

図表1　アッシュの実験で使用された実験刺激

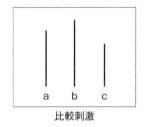

比較刺激　　　　　　　　　　　　　標準刺激

　では，人はなぜこのように同調行動するのでしょうか。ドイッチュ（Deutsch, M.）とジェラード（Gerard, H. B.）は，同調行動をもたらす集団の構成メンバーからの影響は規範的影響と情報的影響の2つに区別できると考えました。規範的影響とは，メンバーからの期待に沿いたい，メンバーから受け入れられたい，拒絶されたくないという動機に基づき，その集団で期待される価値基準に沿った行動をとることです。先ほどのファミリーレストランの事例で考えると，みんながファミリーレストランに行こうとしているときに，わざわざ「私はたいしてお腹がすいてないからファストフードに行きたい」というと角が立つし，空気の読めない人だと思われてしまうので，何もいわずにみんなに合わせるというのが規範的影響の一例になります。一方，情報的影響とは，自分では正解がわからない場合や妥当な考えが浮かばない場合に，客観的にみてできるだけ正しい判断を下したいという動機に基づき，集団内の他のメンバーの意見や判断を参考にし，メンバーから受ける影響のことです。例えば，授業で先生から選択肢の問題が出されて，正解だと思う選択肢について挙手をしなければならない場合，正解がわからず挙手できないときに，多くの人が手を上げている選択肢が正解だろうと考え，一緒に手をあげたことはありませんか。多くの人が支持することが必ず正解であるとは限りませんが，多くの人が正解だと考えていることは，正解である可能性が高いと考えてマネをする。このような同調行動が情報的影響による一例になります。この2つの影響は，状況によって前者が優勢に働いたり，後者が優勢に働いたりします。

　みんなと同じ行動をとるのは安心ですが，ときにはどうしても従えない，このままみんなと同じことをしていると集団が大変なことになると予想される，そのように思えることがあります。そのときはどのような策があるでしょうか。

自分がその集団から抜けることが一番簡単な方法です。しかし，自国が戦争を始める場合などのように，そうはいかない場合もあります。このようなときにみんなの同調行動を崩すこと（例えば，戦争をやめさせること）は難しいのですが，全く無理なわけではありません。自分以外で少しでも集団の行動に疑問を持っている人，このままではいけないのではないかと思っている人を探し出し，そして，その人にみんなと違う意見は自分だけではないこと，集団全員の意見が同じわけではない（全員一致ではない）ことを浸透させていくことが重要になります。少しのほころびが大きな穴になるように地道に違う意見をもつ仲間を増やしていくことが同調行動を崩す策となるのです。

1-3　1人でもみんなの考えを変えることができる

　集団の中で，少数の人たちや一個人が意見を通すことはなかなか難しいことです。しかし，そのようなことが全くできないわけではなく，1人でもみんな（多数派）の考えを変えることができます。ガリレオの地動説などのように，科学の進歩や大きな変化が起こるときには，少数の人が今までの常識を覆す，新たな考えを提示してきた例がいくつもみられます。集団内が，判断・意見の異なる少数派と多数派に分かれた場合，少数派のメンバーが多数派のメンバーに影響を与えることを少数派の影響（マイノリティインフルエンス）といいます。では，少数派はどのようにすれば多数派に影響を与えることができるのでしょうか。モスコビッチ（Moscovici, S.）の成果を紹介しましょう。まず，多数派のメンバー個々人にそれまでの判断と少数派による新たな判断の間で葛藤（このままでいいのだろうかと考えさせる）を生じさせて，新たな意見・判断に向かわせることが必要になります。すなわち多数派を不安定な状態にさせるということです。次に，確固たる信念を持った少数派が一貫した意見を主張していくことにより，少数派の確信・信念を多数派のメンバーに読み取らせて賛同させていく，すなわち少数派の意見を多数派のメンバーの間に浸透させて，多数派の意見を変えていくというのがモスコビッチの考えです。このとき少数派が一貫してぶれない姿勢をもつことがとても重要です。

1-4　命令されると人は残酷になる

　上司や先生，先輩など集団の中で力を持っている，いわゆる「権威」にはな

かなかさからえないものです。人は一旦，上下関係の構造をもつ集団内に入ってしまうと，上からの命令に従い，自分に与えられた役割を果たさなければならないと考える傾向があります。例えば，集団内でのいじめを考えてみましょう。メンバーのリーダー格が「あいつ（対象者）は気に入らないから罰を与える」と決めると，リーダーに指示をだされた他のメンバーらは，対象者に暴行したり，全員で対象者を無視したりしていじめが行われます。集団の各メンバーは対象者をそこまで嫌っていない場合でも，リーダーから指示されると服従し，いじめに加わってしまいます。これはメンバーの意思が弱いからなのでしょうか。このような服従の心理を調べたミルグラム（Milgram, S.）の実験を紹介しましょう。実験者であるミルグラムは，見ず知らずの2人を一組として，教師役，生徒役を決めました。実は，この実験では教師役は本当の実験参加者でしたが，生徒役は実験協力者（サクラ）で，あらかじめ実験者が指示した通りに演じていました。教師役が生徒役に問題をだし，生徒役が答えを間違えた場合，教師役が生徒役に電気ショック，すなわち罰を与えます。電気ショックは15ボルトから450ボルトまでの15段階に分けられていました。たとえ教師役の実験参加者が実験途中で電気ショックを与えることを拒否しても，4回の拒否までは実験者が「続けてください」と続行するように命令しました。拒否を5回した場合に実験を終了としました。実験結果は実験参加者40名中26名（65％）が命令に従い450ボルトまで電圧を上げました。この事実は精神科医，大学生，一般人らの予想をはるかに上回るものでした。この実験により，多くの人が，命令が常軌を逸したものであっても，権威の力を大きく捉えると，「自分は命令に従っているだけである」と考え実行（服従）してしまうことが明らかになりました。すなわち個人の性格にかかわらず，権威のある人から命令される状況におかれると，人は残酷なことも意外と容易に行ってしまうことを示唆しています。

1-5　自分のことばかり考えて行動していいのだろうか？

人は日々，自分だけが得をすることを追求して生活しているでしょうか。すなわち行動するときは常に利己的にふるまっているでしょうか。この問いについて「その通り」と答える人は少ないでしょう。「そんなことをしたら世の中が成り立たない！」と怒る人もいるかもしれません。しかし，具体的な事例を

みてみると意外と利己的にふるまっていることに気が付くかもしれません。例えば，電車に乗るために駅まで自転車で行った場合，「駅から少し離れた有料駐輪場にとめる」という（社会的に）協力的な行動と，「駅前に違法駐輪する」という非協力的な行動の2つの選択肢があるときに，あなたはどちらを選びますか？自転車が撤去されるリスクを考えなければ，駅前に駐輪するほうが駅まで近いので楽で，しかもお金もかからないので得です。しかし，みんながそのような行動をとると駅前は自転車であふれかえり，歩行者の邪魔になり，歩くことさえも困難な状態となり，結果的に誰もが不利益をこうむるという状態が生まれます。このように，個人にとっては最適な選択が，全体としての最適な選択にならない状況を社会的ジレンマといいます。ドウズ（Dawes, R. M.）は，以下のような社会的ジレンマが生じる3つの規定条件を示しています。それは，まず①一人ひとりの人間にとって協力か非協力かのどちらも選択できる状況にある，②その状況で協力を選択するより，非協力を選択するほうが一人ひとりにとっては望ましい結果が得られる，③全員が，個人にとっては有利である非協力を選択した場合の結果は，全員が協力を選択した結果よりも悪いものとなる，というものです。資源の問題や環境問題（ごみのポイ捨てなども含む）など社会的ジレンマを含んだ問題は数多く存在し，各自（各国）が自分なりの言い分があるために，その解決は難しいとされています。解決策の1つとして，協力する価値を高めること，一人ひとりが全体の利益を優先する心を持つことが重要であると考えられます。ただし，このような心のもちようだけでは，自分だけ損をする人もでてきて長続きしない可能性もあります。そのため，社会的ジレンマの解決のために人々を協力行動にかりたてるために重要なことは，自分が協力をのぞむことだけでなく，他のみんなも協力をのぞんでいるだろうと信じられることだといえます。つまり他者も協力を望んでいるだろうという「信頼」が重要になってくると山岸らは述べています。

1-6　仲間でも出来の悪い奴はいらない

　いじめのような，集団にとっての出来の悪いメンバー，あるいは集団からはみ出てしまった逸脱者に対して，集団の他のメンバーが否定的な態度をとったり，あるいは無視したり，のけ者扱いをする現象は今にはじまったことではありません。集団にとって望ましくないメンバーを排除しようとする現象をマル

ケス（Marques, J. M.）らは黒い羊効果と命名し概念化しました。マルケスら
によると黒い羊効果とは，自分たちの集団のメンバー（例えば，学校において
同じクラスのメンバー）に対する好意と非好意（嫌い）の判断の差が，自分た
ちと似た他の集団のメンバー（例えば，隣のクラスのメンバー）に対する好意
と非好意の差よりも極端に大きくなるということです。すなわち自分の集団の
望ましい人に対してはとても好意的な評価をしているのに，自分の集団の望ま
しくない人に対しては，他の集団の望ましくない人よりも非好意的（否定的）
評価をするということです。仲間だから出来の悪いメンバーはより許せなくな
るという現象です。1-1で述べたように，自分たちの集団についてはより好意
的に評価する「内集団ひいき」を行うことが知られているのに，なぜ自分たち
の集団の出来の悪いメンバーには，より否定的な厳しい評価をするのでしょう
か。ここには社会的アイデンティティの維持，特に自己高揚動機が深くかかわ
っています。自分たちの集団の望ましくない人（先に述べた出来の悪いメン
バー，逸脱者，劣等生など）は，自分たちの集団をおとしめ（評価を下げ），
ひいては自分の価値も下げるかもしれない脅威と捉えられます。そのため他の
集団の望ましくない人よりもより厳しく，より低く評価されることになるので
す。自分たちの集団をおとしめるという観点からいえば，例えば，大会で優勝
を目指すことを目標としたサッカーチームで，よくミスをする仲間をより低く
評価し，「うちのチームの恥」などと考え忌み嫌うことは黒い羊効果の一例と
なります。

　ここまで読んでみると気が付いた人がいると思いますが，黒い羊効果はいじ
め問題を考える際にとても参考になります。なぜなら，いじめは仲間グループ
など集団内で行われることが多いことが原因の1つと考えられるからです。

1-7　いじめについて考える

　いじめについての研究は学級集団を対象としたものが多く，いじめを受ける
被害者といじめを行う加害者，その両者の対立した関係，葛藤ととらえて議論
されてきました。しかし最近では，いじめを対人間の問題として捉えるのでは
なく，社会関係性，あるいは集団行動の過程として扱うようになっています。
わが国では，正高（1998）がいじめという社会的不正行為は，それに協力する
メンバー（同調者）の割合が，ある一定のレベルを超えると傍観していた周囲

のメンバーも同調しはじめ，結果的に全員がいじめをする傾向があることを報告しています。

　いじめを集団内の関係でみる場合，実は加害者でも被害者でもない第三者，すなわち傍観者の存在が重要であるとの指摘もあります。ジニ（Gini, G.）らにより，いじめ場面を想定した質問紙を用いて，いじめの目撃と介入に関する実験的研究が行われています。実験参加者は，いじめが行われているときの質問紙に記された第三者の反応を読み，いじめを第三者として観察している場面を想定します。第三者の反応として，加害者を支持する態度，被害者に好感をもっている態度，被害者を非難する態度などの条件を設定しました。実験の結果は，実験参加者は自分以外の第三者の態度をみて，いじめに加わるかどうか判断することがわかりました。すなわち，第三者が加害者に介入すれば，いじめに加わり，逆に被害者に介入するといじめの原因は加害者にあるとみなすことが明らかになりました。このことは，いじめにおける傍観者は，いじめ自体（いじめの加害者や被害者の様子）をみるよりも，自分以外の傍観者をみながら介入するかどうかの態度を決めていることを示しています。

2　集団の中での課題遂行

　いつものジョギングコースを走っているとき，同じくらいのペースで走る人がいると，いつも自分一人で走っているよりも速く走れたという経験はありませんか。知り合いでもライバルでもないにもかかわらず，他者がいると少し頑張る原動力となり，速くなる。このように他者の存在が，自分のパフォーマンスを上げることがあります。逆に，一人なら集中して勉強できるのに，図書館で自分の座席のそばに人がいるとあまり勉強に身がはいらない，すなわちパフォーマンスが下がってしまうこともあります。ここでは他者が，自分のパフォーマンスに影響を与えることについて説明します。

2-1　他者の存在でパフォーマンスは変わる

　私たちは競い合ったり，助け合ったりするわけでなくても，ただ誰かが近くにいるというだけで他者から影響を受けます。例えば，塾や図書館の自習室で勉強をするときは，自分の部屋で勉強をするときよりもはかどったりすることがあるのではないでしょうか。このように他者が単に存在するだけで，課題の

出来がよくなったり，効率が向上することを社会的促進といいます。しかし他者の存在が常にプラスになるとは限りません。試験中にたまたま試験監督が自分のそばに立っていると，緊張してふだんだったら解ける問題が解けなかったりすることがあります。このように他者の存在が課題の遂行を悪化させることを社会的抑制といいます。ザイアンス（Zajonc, R. B.）は他者の存在によるプラスとマイナスの影響を「他者の存在により行為者の意識が高まり，その時点で身についている反応が出やすくなる」と説明しています。行為者にとってやさしくて充分に学習された課題であれば，他者が存在することでより早く正答し，不得意な課題であれば間違ったり，いつも以上に時間がかかったりします。このことは他者の存在が前者では促進する方向に働き，後者では抑制する方向に働くからなのです。

2-2　みんなでやるとついつい手を抜いてしまう

あなたは多くの人たちと一緒に作業をするとき，例えば小学生のとき，児童全員で校庭のゴミ拾いをするときなどに，友達とおしゃべりをしたり，先生の目をぬすんでさぼった経験はありませんか。集団の中で作業をするときの個人の仕事量が，個人1人だけで作業をするときの仕事量に比べて低くなるという現象が知られています。この現象は社会的手抜きと呼ばれています。これは，集団での作業では個人の仕事量が不明確になるために動機づけが低下することや，集団で作業をするときにメンバー間のタイミングが合わないことなどで生じると考えられています。ラタネ（Latane, B.）らは，グループの人数を変化させ，大声を出させたり，拍手をさせ1人当たりの音量の大きさを測定するという実験をしました。結果は図表2に示すように，一緒に同じ行動をする人数が多くなるほど，1人当たりの出す音量が減少することが明らかになりました。

みなさんも集団で作業をするとき，全力をだしきれないことや，ついつい手を抜いてしまうことはありませんか？　メンバーの社会的手抜きは集団にとって大きな負担になっていきます。みなさんが集団のリーダーでなくても，メンバーの1人としてどのようにしたら社会的手抜きが生じないようになるのか，日ごろからこのようなことを考えながら行動することにより集団のパフォーマンスは大きく変わっていきます。

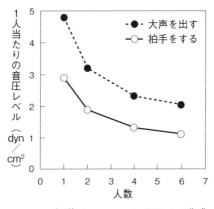

図表2　ラタネらの実験における社会的手抜き

出所）Latane et al., 1979 より作成

ディスカッションのテーマ

1 自分は，現在いくつの集団に所属していて，どの集団が自分にとって重要だと考えているでしょうか。所属している集団を具体的に書き出し，重要な順に番号を付けてみましょう。そして，重要だと考える集団は，どうしてそう思えるのか考えてみましょう。

2 いじめには，第三者すなわち傍観者の存在が深く関係しているという考え方について，自分の経験をふまえてどう考えますか。また，いじめを減少させるための方法を自分なりに考えてください。

3 複数人で作業をすると，しばしば社会的手抜きが生じ，リーダーらの頭を悩ませることになります。どのようにしたら，社会的手抜きが生じにくくなるでしょうか。その方法や方策について具体的に考えてみましょう。

【参考文献】
・碓井真史監修『史上最強図解よくわかる人間関係の心理学』（ナツメ社 2011）
・本間道子『セレクション社会心理学 26 集団行動の心理学』（サイエンス社 2011）

第9章　国際経営

1　国際経営とは

　私たちは毎日の生活の中で多くの外国製品を使用しています。外国製品と気付かずに使っていることもあります。外国とのつながりは仕事でもあります。海外との遠隔テレビ会議，在外子会社への転勤，海外出張など，国籍や母国語の違う同僚と一緒に働く機会も増えました。こういう時代に国境を越えた企業の経営を考えることから，いろいろなことが見えてくるでしょう。経営の現場と国際経営の現場に境界線があるわけではなく，国際経営はさまざまな分野と密接に関連しています。異文化マネジメント，経営戦略，マーケティング，組織，人的資源管理，生産管理など幅広い分野にまたがります。以下では，企業はなぜ海外へ進出するのかということ，異文化が企業経営にどのような影響をおよぼすかを考えてみましょう。

1-1　企業の海外進出の動機

　企業が外国の市場で自社製品を販売する方法はいくつかありますが，輸出，現地企業への技術供与，そして海外生産が代表的な方法です。それぞれメリットとデメリットがありますので，どの方法を選択するかは，投資額の大きさ，生産工程の管理，品質管理，販売チャネルの確保，宣伝広告活動など，多面的に比較検討しながら決めることになります。

　では次に，なぜ企業がそもそも海外に進出するかについて考えてみます。一般的には企業を創業し，自国で新製品の開発を行います。そして自国で，製造し，販売します。その際，コストを抑えるために，より安価な原材料を外国から輸入する，あるいはより安価に労働力が入手できる場合，海外に生産を移転することもあるでしょう。1990年代に円高が進んだ際には，生産コストの削減や日本への逆輸入を目的として，国内生産を代替するために海外での生産が行われました。

　国内販売が好調であれば，自社製品に対する自信も生まれ，ある程度の所得水準のある海外市場での競争に打って出ることを検討するかもしれません。あ

るいは国内の競合他社が外国市場に参入した場合，国内に留まっては将来的にはグローバルな競争力を付けることはできないと判断し，海外販売を開始することもあります。最初は製品輸出からスタートし，一定の需要が確保できれば現地での生産も検討するようになるでしょう。この場合，生産国のみならず，近隣の第三国への輸出も視野に入れるかもしれません。こうして外国市場での販売により，利益を得ることができるようになります。海外進出の動機として，ここでは，安価な原材料や労働力の調達，競合他社への追随，製品の販路の拡大という3つがあることがわかりました。

　しかし，近年，変化が生じています。上述の場合は，まず自国でヒット商品を生み出したメーカー，競争力をつけた企業が海外進出するということです。それに対して第一の変化は，そもそも新製品がこれまでのように自国だけでは生まれにくくなっているということです。外国で生まれた新しい技術を利用することが必要かもしれませんし，外国の消費者を知ることが新製品開発のヒントになるかもしれません。つまり自国のみにとどまっていては新製品の開発はできず，海外に進出することで新しい情報や技術，消費者のニーズ，新製品開発の方向性などを探るケースです。第二の変化は，今や有形の製品だけではなく，無形のサービスも海外市場に供給する時代です。これまでスーパーなどの小売業にとって，国内で築いたメーカーとの取引関係や流通網などは物理的に海外に輸出することは困難でした。一般にサービス業は消費の現場で，消費者と向き合ってサービスを提供しますから，海外展開は難しかった分野ですが，近年では現地企業の買収や提携などによりサービス分野での海外展開も積極的に行われています。第三に，IT分野に典型的に見られるように，まず国内で基盤を固め，そして海外ではなく，世界同時に新製品や新サービスの販売を開始する企業が現れています。そもそもIT分野などでは提供するサービスが世界規模のインフラを必要とします。このように，技術の進歩などによる環境の変化により，海外進出の動機も変化しています。

1-2　異文化の影響

　国際経営に固有の領域として，異文化マネジメントがあります。国籍，母国語，価値観，生活習慣などが異なる社員からなる職場の管理を，異文化マネジメントと呼びます。80年代までは，異なる文化的背景や価値観を持つ人々は

理解し合うことが難しく，仕事の効率も低下してしまう。そこで２つの文化の架け橋となる人材が必要と考えられていました。子供のころの海外経験や留学，海外での勤務経験のある人材が両者の間に入り，２つの文化の違いを説明し，相互理解を促します。

　しかしその後は，人の多様性には国籍や文化だけではなく，実はさまざまな違いがあることが注目されるようになりました。異文化の経験の有無にかかわらず，もっと広い意味での多様な人材が集まって共同で仕事をします。そうした中で少数派の意見，異質な意見に耳を傾けることによって，よりよい解決法に到達する可能性があることがわかってきました。文化の違いもこうした多様性の一部と考えられます。少数の意見を尊重し，自由闊達な議論を奨励するという組織文化こそが，異文化間の理解を促進することにつながるという考え方です。異文化間の架け橋的存在にのみ頼る方法から，組織内の異質性の尊重へと異文化マネジメントも進化してきました。さらに，長期間同じメンバーで仕事をしていると，最初は異質であった集団やチームも同質化してくるといわれており，定期的に異質性を補充することの必要性も指摘されています。

　次に，私たちの働き方について考えてみましょう。日本企業は４月に高校や大学の新卒者を一括採用します。それは企業の中で採用後に必要な能力を育成していくことを前提としたものです。そのため，社員は就職してから２〜３年おきに職場を変えて，その企業で必要なさまざまな能力を身につけながら，適職を探し，昇進していくというジョブローテーションという制度を採用しています。企業内での異動です。戦後そうした仕組みができあがり，年功序列，終身雇用が日本企業の人事制度の特徴といわれるようになりました。このような仕組みの中では，就社といわれるように，社員の能力やスキルもその企業の中で最大限いかすことができるため，あまり他の企業への転職は歓迎されません。そのため，外部の労働市場は発達しませんでした。

　アメリカやヨーロッパの企業はそれに比べると，企業の中で人材を育てるというよりは，必要なスキルを持った人材を外部から採用しようとします。外部で培った能力や実績を評価しますから，独立の職業訓練施設，MBAなどの経営専門大学院，企業でのインターンシップといった実践的な能力を養う制度が日本以上に発達しています。企業の中では特定分野のスペシャリストとして仕事をしますから，企業内で職能横断的に異動することはまれで，むしろ企業間

で転職を繰り返すことで，昇進を果たしていくため，外部労働市場が発達しています。

　こうした異なるキャリア形成の在り方と雇用慣行が交差する現場が，国際経営の現場と考えられます。日本企業の海外子会社は，日本と同じ年功序列型の雇用慣行を維持することは難しいでしょう。企業が海外に多くの子会社を持つようになると，互いに異なる雇用慣行が影響しあって進化していきます。日本企業も伝統的な年功序列・終身雇用の利点を尊重しつつも，社員の能力をこれまで以上に活かす組織づくりを目指しています。国際企業の経営は日本企業の経営に大きな影響を及ぼすのです。

2　欧米日企業の国際化パターンの比較

　ここでは，主に70年代までのヨーロッパ企業，アメリカ企業，日本企業の国際化パターンを比較します。次の第3節では80年代に出現した，これら3つのパターンの融合ともいうべき新しい国際企業の在り方を見ていきます。ヨーロッパ，アメリカ，日本という70年代までのいわゆる先進諸国の企業の国際化パターンには，それぞれの地理的特徴や歴史的条件などが大きく影響を及ぼしています。バートレット＆ゴシャール（1989）はおよそ10年間にわたり，数百人のマネジャーを対象に行なったインタビュー調査の結果にもとづき，ヨーロッパ企業をマルチナショナル，アメリカ企業をインターナショナル，日本企業をグローバルと呼び，その特徴を以下のように説明しました。

2-1　ヨーロッパ企業の国際化パターン

　3カ国・地域の中で，ヨーロッパ企業が最も早く輸出や海外拠点の設立といった国際事業を開始しました。いち早く産業革命を成し遂げたこと，植民地を有していたこと，国によっては国土が狭く隣国と国境を接していたことなどの理由から，早くから外国で事業を展開しました。その頃は交通や通信が未発達なこともありましたが，二度の世界大戦等もあり，本社と在外子会社の間で円滑なコミュニケーションをとることはできない時期がありました。本社から直接日々のオペレーションについて指示を出すことはできませんので，結果として現地の経営は現地に任せる，現地で決定するという自律性の高い在外子会社へと発展していきました。

　本社の経営者は子会社が全体の利害に反する行動をとらないようコントロールするための手段として，信頼できる部下，例えば家族や親族などを現地子会社のトップに任命しました。このように，在外子会社の管理・統制は人間関係を主体としたものでしたので，マザードーター企業とも呼ばれます。各子会社に技術や生産能力など主要な経営資源を配分し，在外子会社がそれぞれの現地の消費者のニーズに応える新製品を開発し，ビジネスを伸ばすことができるような組織が形成されていきました。このように現地の環境に合わせて本社のやり方を変えたり，製品を現地消費者のニーズに合わせて改良したりすることを，現地適応といいます。親会社及び在外子会社を含めて，現地適応能力に優れた独立した事業体の集合がヨーロッパの国際企業の原型といわれています。バートレット＆ゴシャールはこれを権力分散型連合体と評価し，マルチナショナル企業と呼びました。

　本章における図表1から図表4は，中央に本社，周囲に六カ国の在外子会社が示されています。本社，子会社とも色の濃さが経営資源と意思決定権限の大きさを表しています。濃淡には濃い，中間的濃さ，白と3種類あり，濃い方が大きいということです。本社及び在外子会社は，指揮命令の強制力，統括力，交換される情報量などの総合的な関係の強さを表す線で結ばれています。この線は2種類あり，実線は強い関係，点線は弱い関係を示しています。ヨーロッパ企業の場合は，図表1に見るように本社には多くの経営資源が蓄積されておらず，白で示されています。特に本社がオランダやスイスといった小国にある

図表1　マルチナショナル企業

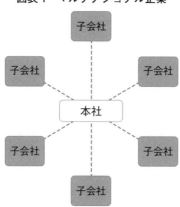

多国籍企業では，活動の多くを国外で行っている場合もあります。逆に，在外子会社はそれぞれ独自の新製品開発を行うだけの経営資源を保有しており，濃い色で示されています。本社と子会社の関係は財務的関係など限定的なものであり，点線で示されています。

2-2　アメリカ企業の国際化パターン

　アメリカ合衆国は1776年の独立宣言以来，国内経済が急速に成長しました。19世紀後半からの技術進歩により企業の生産性は飛躍的に増大し，企業規模も拡大しました。20世紀に入ると，専門的な経営の知識とスキルをもったマネジャーが登場し，テイラーの科学的管理法，フォードの大量生産方式など，新たな経営手法も確立されました。また，GMやデュポンなどは事業の多角化に伴い，事業部制組織を構築していきました。

　アメリカ企業は巨大な国内市場を抱えていたため，第二次世界大戦までは国内販売を伸ばすことで，企業の規模を拡大することができました。アメリカ企業が本格的に外国市場への参入を開始したのは戦後です。多角化が進み，海外進出も地理的な広がりを見せるようになると，世界規模の製品事業部制あるいは世界規模の地域事業部制へと組織を拡大して対応しました。海外の拠点をアジアや欧州といったくくりで地域別に統制するか，あるいは製品カテゴリー別に統制するかは，業界の特性や企業の個別事情などにより決まります。

　第二次世界大戦終結後は，所得水準，技術力ともに高かったアメリカで，多くのイノベーションが生まれました。アメリカ企業はアメリカ国内に設置した中央研究所で新製品を開発し，国内販売の成功を踏まえて，海外市場へ参入していきました。このように所得水準の高い国で需要が生まれ，所得水準の低い国へと移っていく状況を需要の下方シフトといいます。

　アメリカ企業がどのように在外子会社をコントロールしたかを見てみましょう。すでに国内で資金力，競争力のある製品群，先端的な経営管理手法などを手にしたアメリカ企業は，子会社でも同様の経営手法などを実践するために，ミニチュア・レプリカと呼ばれる本社を模した組織を海外でも設立しました。本社と在外子会社の間にレポートラインと呼ばれる指揮命令系統を定め，規則的かつ効率的な情報伝達経路を構築しました。在外子会社のトップにはヨーロッパ企業のように同族を任命するのではなく，アメリカ国内で養成した経営の

専門家を任命しました。こうした専門経営者はアメリカの洗練された経営手法を熟知しており，本社と同様の組織構造を縮小コピーした子会社において，効率的に仕事を進めることのできる人材として選任されました。

　本社は子会社に対して，経営上の方針や目標を明確に示した上で，必要に応じて現地のニーズに合わせたマイナーな製品改良を行うことについての権限を与えました。海外拠点はマイナーな現地適応を行う一方で，本格的な改良が必要な場合にはアメリカの本社に要望するなどして対応しました。

　戦後のアメリカの巨大な多国籍企業では，あくまでも本社が中心であり，最も多くの経営資源と意思決定権限が集中していましたので，図表2では本社は濃い色で示されています。在外子会社は本社で策定した全社戦略に従いますが，資金力のあったアメリカ企業は海外拠点に対してもある程度の経営資源を移転し，一定の現地適応の裁量を与えました。図表2では子会社は中間的な濃さで示されています。本社と子会社を結ぶ線は，規則的かつ効率的な情報経路で結ばれていますが，絶対的な命令系統ではないため，点線で描かれています。バートレット＆ゴシャールは，図表2のようなアメリカ企業を本社を中心とした調整型連合体と捉え，インターナショナル企業と呼びました。

図表2　インターナショナル企業

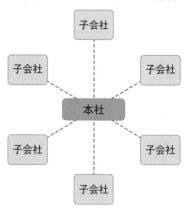

2-3　日本企業の国際化パターン

　最後に，最も遅れて本格的な国際化に乗り出した日本企業について見ていき

ましょう。本社の経営者は戦後しばらくは，技術の獲得，製品の品質向上，コスト削減を目指しました。コストを削減するためには，一定の生産量を確保することが必要です。国内の工場で集中的に生産することによって効率性を追求，コスト削減を実現し，同時に国内の厳しい管理のもと一定の品質を担保することに成功しました。当初は初期投資の少ない方法として，日本国内で生産した製品の海外市場への輸出という方法を選択しました。

　戦後しばらくは，欧米市場において大規模な投資を行い工場を立ち上げる資金力を日本企業は持っていませんでしたので，販売拠点としての子会社を設立しました。バートレット＆ゴシャールは，この時期の日本企業の本社は海外子会をグローバル市場への配送パイプラインと見なしていたと述べています。しかしながらこの時期，日本企業の在欧米子会社は，既存の先進的な多国籍企業が満たしていない市場のニーズをキャッチし，そのことが後に日本企業の競争力の源泉ともなる，きめ細かな隙間ニーズに対応する製品差別化能力の基礎となったという評価もあります。

　欧米諸国への投資に対して，戦後の東南アジア諸国へ直接投資は様相が異なります。労働集約的な産業では，コスト削減のために生産工程を賃金の安い東南アジア諸国へ移転し，そこから第三国へ輸出することもありました。自動車産業などでは，日本から部品を輸出し，現地工場では最終組立のみを行うノックダウン方式という方法を採用しました。

　日本企業の国際化パターンの特徴は，中央集権化が進んでいることです。情報や技術等の経営資源，意思決定権限は日本の本社に集中していました。在外子会社の役割は本社の経営方針や全社戦略，本社からの指示を着実に実行することでした。本社では，子会社のオペレーションを厳しく管理し，指示，技術，部品等，多くが本社から子会社への一方通行の流れにあったため，ワンウェイ・モデルと称されました。バートレット＆ゴシャールはこうした権限と経営資源が本社に集中する中央集権の日本企業を，グローバル企業と呼びました。

　図表3を見ると，本社への資源や権限の集中度が高く，本社は最も濃い色で示されています。在外子会社は基本的に本社の指示を実行する役割に徹するため，そのために必要とされる以上の経営資源の蓄積はありませんでした。まさしく，現地市場への製品の配送パイプラインであり，在外子会社は白で示されています。本社と子会社を結ぶ関係は，本社からの強い指示，監視等があるた

め，実線で示されています。

図表3　グローバル企業

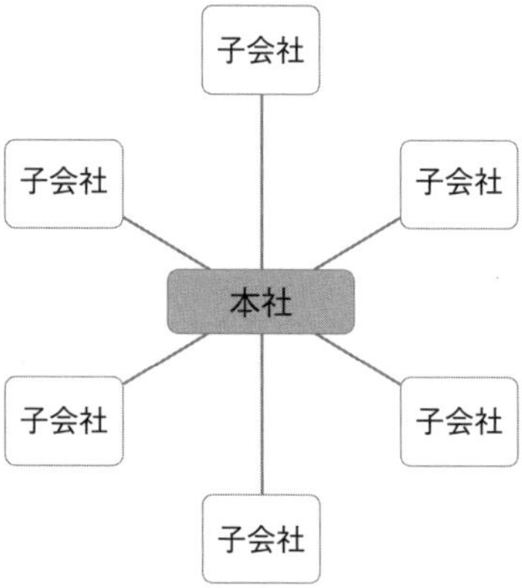

2-4　業界と国際化パターンの適合性

　国際化のパターンというのは，どのように作られていくのでしょうか。1つの考え方はこれまで見てきたように，それぞれの国の文化や地理的条件などの影響を受けながら形成されるため，国ごとに異なる特徴が生まれるというものです。物理的に近くにある企業が実践してうまく行っている方法は，他の企業も模倣しようとするかもしれませんし，日本市場が提供するビジネス環境上の制約は，どの企業にとっても同じであり，それに適した方法を模索すると似たような形に収斂するかもしれません。こうした考え方は，制度の補完性と呼ばれます。一国においてさまざまな制度や慣行等は相互に補完し合いながら進化していきますので，結果として，国によっては共通点を持つようになります。もう1つの考え方は，業界によって競争の内容が異なるため，企業に求められる能力が異なるということです。そのため，業界ごとに似たような経営様式や戦略，国際化のパターンを採用するということも考えられます。

　バートレット＆ゴシャールの研究の成果の1つは，70年代までのヨーロッパ，アメリカ，日本の企業の詳細な調査から，国際化のパターンと特定の業界の要件が適合した企業が成功したことを発見したことです。図表4を見てください。日用雑貨業界，通信機器業界，家電製品業界の3つの業界で，それぞれ求めら

れる企業能力が異なります。それらの能力を獲得し，発揮することができた企業が，成功企業として○で示されています。必ずしもすべてのアメリカ企業がインターナショナル企業，すべてのヨーロッパ企業がマルチナショナル企業ではありませんでしたが，多くは国際化のパターンと国籍が合致しています。そして，各業界で求められる能力を発揮することができる国際化パターンをとった企業が成功しました。

図表4　業界・日米欧企業の適合と成功企業（70年代まで）

	欧州企業	アメリカ企業	日本企業
日用雑貨 ＝現地適応	ユニリーバ	P&G	花王
通信機器 ＝イノベーション能力	エリクソン	ITT	NEC
家電製品 ＝効率性	フィリップス	GE	松下

マルチナショナル □　　インターナショナル ▨　　グローバル ▩　　成功企業

3　新たな国際企業モデルの提示

　バートレット＆ゴシャールはヨーロッパ，アメリカ，日本の企業の国際化パターンを明らかにした上で，80年代以降は環境変化に対応する中で，欧米日の多国籍企業は同じような組織に収斂していくと予測しました。それをトランスナショナル企業と呼びました。トランスナショナル企業は，マルチナショナル企業の強みであった現地適応能力，インターナショナル企業の優位性であるイノベーション能力，グローバル企業のもつ効率性という，それまで同時達成は困難といわれていた3つの戦略課題を同時に達成する可能性の高い企業として提唱されました。

　トランスナショナル企業の特徴を表すキーワードは，経営資源の分散，事業の専門化，相互依存関係の3つです。本社も在外子会社も同等に扱う経営資源のグローバルな分散は，世界のさまざまな場所で生起しうるイノベーション，外国の市場ニーズへの現地適応，要素価格の国家間格差の利用，政治や為替変動へのリスクヘッジなどを可能にします。第二の事業の専門化とは在外子会社

の役割を細分化・専門化すること，そして幅広い権限を与え効率性を高めることを意味します。いわゆる分業の効果を狙います。第三の相互依存関係とは，世界中に分散する専門化した拠点を統合するネットワークの構築を指します。図表5は，本社，子会社を含むすべての拠点が濃い色で示され，それぞれの拠点は強い相互依存関係にあるため，実線で結ばれています。バートレット＆ゴシャールは，このようなトランスナショナル企業は前述の3つの戦略課題を同時に達成することができると主張しました。

　しかしながら，現実的には必ずしも多くの多国籍企業がトランスナショナル企業に収斂したわけではなく，それぞれの企業の伝統やDNAは引き継がれており，モデル通りに実現できた企業は少ないといわれています。

図表5　トランスナショナル企業

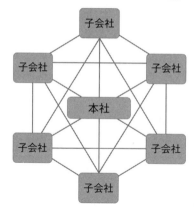

ディスカッションのテーマ

1　海外市場への参入方法について，輸出，相手国の企業への技術供与，海外生産の3つの方法のメリットとデメリットを話し合ってみましょう。例えば，初期投資，技術の流出のリスク，品質管理といったことをキーワードとして，考えてみてください。

2　70年代，アメリカ企業は日本に子会社を設立しました。洗練された経営手法を持ち込んだはずでしたが，多くの課題に直面しました。どのような課題があったと考えられますか。消費者ニーズ，労働観，集団主義と個人主

　　義などを，ディスカッションのキーワードとしても，いいかもしれません。

3　みなさんはこれまでに何人かのチームで共同作業をしたことがあると思います。自分と違う意見をもつメンバーと，どのようにコミュニケーションをとりましたか。最終的には目的に向かって，よりよい解決に到達したと思いますか。よりよいあるいはよくない結果，いずれであったとしても，それはなぜだったと思いますか。是非，それぞれの体験を共有してみてください。

【参考文献】

・江夏健一＝太田正孝＝藤井健編『シリーズ国際ビジネス＜１＞国際ビジネス入門』（中央経済社 2008）

・江夏健一＝桑名義晴編著『三訂版 理論とケースで学ぶ国際ビジネス』（同文舘出版 2012）

・吉原英樹＝白木三秀＝新宅純二郎＝浅川和宏編『ケースに学ぶ国際経営』（有斐閣 2013）

・C. A. Bartlett.; S. Ghoshal（1989）. Managing Across Borders: The Transnational Solution, *Harvard Business School Press*, Boston, MA.（吉原英樹監訳『地球市場時代の企業戦略—トランスナショナル・マネジメントの構築』（日本経済新聞社 1990））

第10章　会計学入門

1　会計とは何か
1-1　会計の定義

　会計とは,「マネジメントに会計情報を利用しようとする者が, 会計情報に基づいて適正な意思決定を行うために, 経営情報を認識・測定・伝達する作業過程のことである」と定義づけできます。

　また, 会計は, その対象によって, マクロ会計とミクロ会計に分類することができます。マクロ会計とは, 一国全体の経済を対象とした会計であり社会会計とも称されます。そして, ミクロ会計は, 営利会計と非営利会計とに分類されますが, 営利会計の対象範囲の中心は株式会社会計です。

1-2　制度会計

　会計とは, 会計情報を利用する者が正しい経営判断と意思決定を行えるようにするために経済情報を認識・測定・伝達する作業過程のことあり, それを保証するために複式簿記が存在し, 複式簿記を用いて取引を継続的に記録しその集計に基づいて利益計算が行われます。

　また, 日本の会計制度は, 一般に公正妥当と認められる「公正なる会計慣行」を規範とし, 公正なる会計慣行は「企業会計原則」を中心としています。そして, 日本の会計制度は, 公正なる会計慣行が金融商品取引法, 会社法, 税法と結びつくことのより構成されています。そのため, 制度会計は, 図表1に示すように, 会社法会計, 金融商品取引法会計, 税務会計に分類されます。まず, 会社法会計では, 株主保護や債権者保護を目的として配当可能利益の算定方法を規定し, 次いで, 金融商品法取引会計では, 投資家保護を目的として投資家が求める経営成績や財政状態の開示を規定し, そして, 税務会計では, 課税の公平性を目的として法人税法に基づく課税所得の算定方法を規定しています。

図表1　日本の会計制度

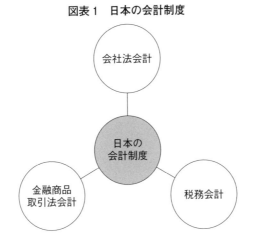

	会社法会計	金融商品取引法会計	税務会計
目的	株主保護や債権者保護	投資家保護	課税の公平性
規定	配当可能利益の算定方法	経営成績や財政状態の開示	法人税法の算定

1-3　財務会計と管理会計

　会計は，会計の目的に応じて，図表2に示すように，「財務会計」と「管理会計」に分類されます。まず，財務会計（Financial accounting）とは，企業の外部利害関係者（ステークホルダー）に対して，経営成績と財政状態を開示することを目的とした外部報告会計であり企業の外部利害関係者に対して会計情報を提供します。次いで，管理会計（Management accounting）とは，企業の内部利害関係者（経営者）に対して，マネジメントを支援することを目的とした内部報告会計であり予算報告書や原価計算書を作成します。

2　会計公準

　会計公準は，会計における理論の構築と実務の実践の前提要件であり，(i)企業実体の公準，(ii)継続企業の公準，(iii)貨幣的評価の公準により構成されます。
　まず，企業実体の公準とは，資本概念の成立を促すことを目的として企業会

図表2　財務会計と管理会計

	財務会計	管理会計
対象	企業の外部利害関係者（ステークホルダー）	企業の内部利害関係者（経営者等）
目的	経営成績と財政状態の開示	予算報告書や原価計算書の作成

計と家計を分離させ会計単位として企業実体を認識するという考え方です。次いで，継続企業の公準とは，会計期間を人為的に分離して，通常1年間を一会計期間として期間損益計算を行い，企業の外部利害関係者に対して経営成績と財政状態を明示するという考え方です（中世で用いられていた全体損益計算では，一航海あるいは一商隊の交易が終了するたびに損益計算が行われていました）。そして，貨幣的評価の公準とは，企業の経営成績と財政状態を記録・測定・伝達するための尺度として貨幣を用いるという考え方であり，現在のような貨幣経済社会においては当然の要請といえます。

3　企業会計原則の一般原則

日本の企業会計は，企業の外部利害関係者に対する報告義務から財務諸表を作成しますが，財務諸表の作成に際して基本原則として採用されているのが，一般原則，損益計算書原則，貸借対照表原則で構成されている企業会計原則です。このうち，一般原則は，企業会計全般にかかわる基本的な規則あるいは損益計算書と貸借対照表に共通する原則であり，7つの一般原則から成り立っています。

3-1　真実性の原則

一般原則は，「企業会計は，企業の財政状態及び経営成績に関して，真実な報告を提供するものでなければならない。」と規定しています。この真実性の原則は，企業会計原則の頂点に達する中心的な存在です。

　今日の財務諸表において求められているのは，ドイツ商法の貸借対照表が求めるような絶対的な真実ではなく相対的な真実であり，そのため，財務諸表の作成においては公正で適正であることが問われることになります。つまり，この原則にいう真実性とは，相対的な真実性を意味するため公正性や適正性が問われることになります。

3-2　正規の簿記の原則

　一般原則は，「企業会計は，すべての取引につき，正規の簿記の原則に従って，正確な会計帳簿を作成しなければならない。」と規定しています。そして，正規の簿記の原則には，この要請に応えるため，網羅性（会計帳簿に記録すべき事実は，すべて正しく記録されている），検証性（会計帳簿に記録すべき事実は，客観的に証明できる証拠資料を具えていなければならない），秩序性（会計帳簿に記録すべき事実は，一定の法則に従って体系的に組織化されたものでなければならない）の3要件を備えていることが求められます。

3-3　資本と利益の区分の原則

　一般原則は，「資本取引と損益取引とを明瞭に区別し，特に資本剰余金と利益剰余金とを混同してはならない。」と規定しています。
　また，企業会計原則［注2］は，「資本剰余金は，資本取引から生じた剰余金であり，利益剰余金は，損益取引から生じた剰余金，すなわち利益の留保額であるから，両者が混同されると，企業の財政状態及び経営成績が適正に示されないことになる。」と規定します。つまり，企業経営において，資本剰余金と利益剰余金を明確にすることは，企業利益を正確に把握することになり，利害関係者に対して正しい会計情報を提供することになります。

3-4　明瞭性の原則

　一般原則は，「企業会計は，財務諸表によって，利害関係者に対し必要な会計事実を明瞭に表示し，企業の状況に関する判断を誤らせないようにしなければならない。」と規定しています。つまり，明瞭性の原則は，適正表示の原則あるいは公開性の原則ともいわれており，外部利害関係者が適切な投資判断をするためには，会計情報の適正開示と明瞭表示が求められるのです。

3-5　継続性の原則

　一般原則は,「企業会計は, その処理の原則及び手続を毎期継続して適用し, みだりにこれを変更してはならない。」と規定しています。

　つまり, 継続性の原則は, 企業が一度採用した会計処理の原則及び手続きは, 可能なかぎり毎期継続的に適用することを要請しています。なぜならば, この原則は, 利益操作により企業の正確な利益の表示が妨げられることを防ぎ, 利害関係者が正しい経営分析を下すことを目的としているからです。

3-6　保守主義の原則

　一般原則は,「企業の財政に不利な影響を及ぼす可能性がある場合には, これに備えて適当に健全な会計処理をしなければならない。」と規定しています。つまり, 保守主義の原則は, 安全性の原則あるいは慎重性の原則ともいわれており, 不確実な要因に支配されている経済社会において将来的に発生することが予測できる不足な事態に備えて, 最も健全な会計処理の方法の選択計上が要請されているのです。

3-7　単一性の原則

　一般原則は,「株主総会提出のため, 信用目的のため, 租税目的のため等, 種々の目的のために異なる形式の財務諸表を作成する必要がある場合, それらの内容は, 信頼しうる会計記録に基づいて作成されたものであって, 政策の考慮のために事実の真実な表示をゆがめてはならない。」と規定しています。つまり, 単一性の原則は, 会社法による株主総会提出用の財務諸表（計算書類）と税務署提出のための法人税法による財務諸表（確定申告書）とが異なった形式になることを認めていますが, その形式が相違していても会計記録や報告内容は同一のものでなければならず歪曲してはならないのです。

3-8　重要性の原則

　重要性の原則は, 一般原則に準ずる原則であり, 金額および項目の重要性に応じて会計処理や会計報告を行うべきであるという原則です。例えば, 重要性に富んだ科目における会計処理や会計表示と重要性が乏しい科目における会計

処理や会計表示では要請される方法が異なることになり，前者に対して明確な表示が求められるのに対して，後者に対しては簡便な方法を採用することが認められています。

4　動態論・静態論

　シュマーレンバッハは，動態論（動的貸借対照表論）という会計思考を主張しています。すなわち，動態論は，会計の目的を損益計算書に求め利益計算を重視しています。つまり，動態論では，貸借対照表を損益計算書の補助手段として捉え，収入・支出計算と収益・費用計算における期間的な食い違いである未解消項目を収容するための存在として捉えます。そのため，貸借対照表は，損益計算書の副産物や連結帯とも称されます。つまり，動態論における貸借対照表は，期間損益計算における未解決項目を収容し期間損益計算と期間損益計算とを繋ぐ連結機能を有する存在です。一方，静態論（静的貸借対照表論）は，債権者保護という観念から会計の目的を財産計算に求め状態表示を重視する会計思考です。

5　国際会計基準とコンバージェンス

　国際会計基準審議会（International Accounting Standards Board: IASB）が設定する国際財務報告基準（International Financial Reporting Standards: IFRS）は国際会計基準と称されています。

　国際会計基準は，2015 年から欧州連合（EU）域内に本籍を置く上場企業に対して強制適用されましたが，現在は欧州連合（EU）の会計基準設定主体というだけではなく世界的な会計基準としての役割も担っており，米国基準や日本基準等との会計基準の国際的収斂化・共通化（コンバージェンス）の作業も進められています。例えば，2007 年，日本の企業会計基準委員会と IASB との間で合意がなされ，2008 年までに日本基準と国際会計基準との主要な差異が取り除かれることになり，コンバージェンスが進展しました。そして，一定の要件を充たしている日本の上場企業に対して 2010 年 3 月に終了する事業年度において国際会計基準にしたがって連結財務諸表を作成することが求められたのです。

6　損益計算書の構造
6-1　損益計算書の役割

　損益計算書は，一会計期間の経営成績を明らかにするため，一会計期間に属するすべての収益とこれに対応するすべての費用とを記載した書類です。

6-2　損益計算書の作成方法
6-2-1　区分・対応表示の原則

　区分・対応表示の原則とは，一会計期間に認識・測定された収益及び費用をその発生源泉に基づいて損益計算書に区分表示し計算することを要請する原則であり，損益計算書には，図表3に示すように，営業損益計算，経常損益計算及び純損益計算が設けられています。

図表3　損益計算書の区分

損益計算書

売上高	×××	営業損益計算
売上原価	△ ×××	
売上総利益（又は売上総損失）	×××	
販売費および一般管理費	△ ×××	
営業利益（又は営業損失）	×××	
営業外収益	×××	経常損益計算
営業外費用	△ ×××	
経常利益（又は経常損失）	×××	
特別利益	×××	純損益計算
特別損失	△ ×××	
税引前当期純利益（又は当期純損失）	×××	
法人税，住民税及び事業税	△ ×××	
法人税等調整額	± ×××	
当期純利益（又は当期純損失）	×××	

6-2-2　総額主義の原則

　総額主義の原則とは，収益と費用を総額で表示することを要請する原則のこ

とであり，収益項目と費用項目を相殺してその純額だけを示す純額主義の原則とは異なります。例えば，総額主義では，売上高や売上原価と売上総利益を表示し，そして，受取金額や支払金額と差額金額を表示し，有価証券の売却益や売却損と差額金額を表示します。

7　貸借対照表の構造
7-1　貸借対照表の役割

　貸借対照表は，企業の財政状態を明らかにするため，貸借対照表日（決算日）におけるすべての資産，負債及び純資産を記載し，株主，債権者その他の利害関係者にこれを正しく表示した計算書です。

7-2　貸借対照表の作成方法
7-2-1　区分・対応表示の原則

　区分・対応表示の原則とは，図表４に示すように，貸借対照表を資産の部，負債の部及び純資産の部に区分し，そして財務の流動性を基準にして資産の部を流動資産，固定資産及び繰延資産に区分し，負債を流動負債と固定負債に区分します。

7-2-2　総額主義の原則

　総額主義の原則とは，資本の調達源泉と運用形態を明確にすることを目的として，資産と負債及び純資産を総額で表示することを要請する原則のことであり，資産項目，負債項目及び純資産項目を相殺してその純額だけを示す純額主義の原則とは異なります。

8　株主資本等変動計算書

　株主資本等変動計算書は，図表５に示すように，株主資本の変動状況を説明できます。そして，株主資本等変動計算書には，株主資本以外の純資産項目である評価・換算差額等や新株予約権の変動についても記載できます。

9　連結財務諸表

　連結決算制度では，支配従属関係にある２つ以上の企業からなる集団（企業

図表4　貸借対照表の区分

貸借対照表

（資産の部）		（負債の部）	
流動資産	×××	流動負債	×××
固定資産	×××	固定負債	×××
有形固定資産	×××	負債合計	×××
無形固定資産	×××	（純資産の部）	
投資その他の資産	×××	株主資本	×××
繰延資産	×××	資本金	×××
		資本剰余金	×××
		資本準備金	×××
		その他資本剰余金	×××
		利益剰余金	×××
		利益準備金	×××
		その他利益剰余金	×××
		任意積立金	×××
		繰越利益剰余金	×××
		自己株式	△×××
		評価・換算差額等	×××
		新株予約権	×××
		純資産合計	×××
資産合計	×××	負債・純資産合計	×××

集団）を単一の組織体とみなして，親会社が当該企業集団の損益計算書（経営成績），貸借対照表（財政状態），キャッシュ・フロー計算書（キャッシュ・フローの状況）を総合的に会計報告することを目的に連結財務諸表が作成されます。例えば，図表6に示すように，イオンとイオンモールが連結関係（イオンは，イオンモールの筆頭株主である）です。

　また，連結決算制度では，たとえ法律的に独立した人格であっても，複数の企業が親子関係を有する場合には，経済的には同一の組織体であるとみなされます。つまり，連結財務諸表の作成の考え方には，「親会社説」と「経済的単一体説」の2つがあります。

　まず，親会社説に拠れば，連結財務諸表は親会社の株主のために存在するものであると捉え，親会社の財務諸表の延長上に連結財務諸表が存在すると考え

図表5　株主資本等変動計算書の雛形

	株主資本										評価・換算差額等			新株予約権	純資産合計
	資本金	資本剰余金			利益剰余金				自己株式	株主資本合計	その他有価証券評価差額金	繰延ヘッジ損益	評価・換算差額等合計		
		資本準備金	その他資本剰余金	資本剰余金合計	利益準備金	その他利益剰余金		利益剰余金合計							
						××積立金	繰越利益剰余金								
前期末残高	×××	×××	×××	×××	×××	×××	×××		△×××	×××	×××	×××	×××	×××	×××
当期変動額															
新株の発行	×××	×××		×××						×××					×××
剰余金の配当					×××		△×××	△×××		△×××					△×××
当期純利益							×××	×××		×××					×××
自己株式の処分									×××	×××					×××」
その他															
株主資本以外の項目の当期変動額(純額)											×××	×××	×××	×××	×××
当期変動額合計	×××	×××	—	×××	×××	—	×××	×××	×××	×××	×××	×××	×××	×××	×××
当期末残高	×××	×××	×××	×××	×××	×××	×××	×××	△×××	×××	×××	×××	×××	×××	×××

〔補足資料〕簿記一巡の手続き

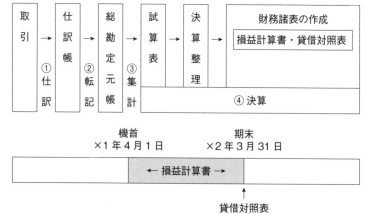

（出所）髙沢修一『会計学総論』（森山書店 2003）41 頁参照。

ます。そのため，連結財務諸表では，親会社の株主持分のみを表示するため，非支配株主持分は純資産の部の株主資本以外の項目として認識されます。

　一方，経済的単一体説に拠れば，連結財務諸表は企業集団の株主のために存在するものであると捉え，連結財務諸表を企業集団全体の財務諸表であると考えます。連結財務諸表では，すべての連結会社の株主持分を表示するため，非支配株主持分は純資産の部の株主資本の項目であると認識されます。

　また，連結財務諸表上，持分法という手続きにより持分法の適用対象となる関連会社のことを持分法適用会社といいます。つまり，持分法適用会社とは，議決権所有比率が 20％以上 50％以下の非連結子会社・関連会社のことです。そして，連結関係にある親会社と子会社は，財務諸表を合算させますが，持分法適用会社は親会社との財務諸表の合算を行わず，「一行連結」を行います。一行連結では，持株比率相当分に応じて，損益計算書に持株比率相当額を計上します。

ディスカッションのテーマ

1　会計における企業会計原則の重要性についてディスカッションしてみて下さい。

2　国際会計基準が企業経営に与える影響についてディスカッションしてみて

図表6　イオンとイオンモールの連結関係

会社四季報

イオン

【株式】	
時価総額	24,771 億円

【財務】	百万円
総資産	12,341,523
自己資本	992,075
自己資本比率	8.0%
資本金	220,007
利益剰余金	411,758
有利子負債	3,106,568

【指標等】	
ROE	2.2%
ROA	0.2%
設備投資	3,835 億
減価償却	3,210 億
研究開発	‥‥‥ 億

【キャッシュフロー】	億円
営業 CF	4,337(2,044)
投資 CF	▲3,351(▲3,438)
財務 CF	18(▲22)
現金同等物	12,144(10,909)

【株主】
日本マスター信託口(13.3)
日本カスト銀信託口(4.2)
みずほ銀行　　　(3.8)
公益財団法人イオン環
境財団　　　　　(2.5)
公益財団法人岡田文化
財団　　　　　　(2.4)
以下，省略。

【取締】
(取) 岡田元也
以下，省略。

【執行】
(代執) 岡田元也
以下，省略。

【連結】
イオンリテール
イオンモール
イオンフィナンシャル
サービス
以下，省略。

【最高益】
柱のリテール
5 店程度 (前
期 3)。人流増
加で衣料・化
粧品販売増え，
GMS やドラッ
グ伸長。コロ
ナ特需減退し
た食品スー
パーも販売，
PB 強化で上
向く。

【東京】
今夏，自動集
荷等で効率化
したネット
スーパーを都
内中心で稼働。
段階的に一都
三県に拡大へ。
以下，省略。

【特色】
国内流通 2
強の一角，総
合スーパー
(GMS) 中心。
M&A で成長。
上場子会社で
金融，不動産
など

【連結事業】
GMS　　35
SM　　　29
他　　　37

【海外】　8

【決算】
2 月
【設立】
1926.9
【上場】
1974.9

【業績】 (百万円)	売上高	営業利益	経常利益	純利益
連 19.2	8,518,215	212,256	215,117	23,637
連 20.2	8,604,207	215,530	205,828	26,838
連 21.2	8,603,910	150,586	138,801	▲71,024
連 22.2	8,715,957	174,312	167,068	6,504
連 23.2	9,116,823	209,783	203,665	21,381

【本社】千葉市美浜区
【従業員】〈23.2〉
連 160,404 名　単 444 名
(49.3 歳) 年 838 万円
【証券】上東京 P
【銀行】幹 (主) 野村

会社四季報

イオンモール

【株式】	
時価総額	4,107 億円

【財務】	百万円
総資産	1,559,592
自己資本	440,494
自己資本比率	28.2%
資本金	42,381
利益剰余金	317,279
有利子負債	668,828

【指標等】	
ROE	3.0%
ROA	0.8%
設備投資	1,022 億
減価償却	704 億
研究開発	‥‥‥ 億

【キャッシュフロー】	億円
営業 CF	1,014(614)
投資 CF	▲1,032(▲1,223)
財務 CF	135(82)
現金同等物	1,011(829)

【株主】
イオン　　　　(58.1)
日本マスター信託口
　　　　　　　　(5.9)
日本カストディ信託口
　　　　　　　　(3.2)
BNYML ノントリーティ・
アカウント　　　(1.1)
日本証券金融　 (0.7)
以下，省略。

【役員】
(社) 岩村康次
(取相) 岡田元也
以下，省略。

【連結】
下田タウン
イオンモール (中国)

【回復進む】
店舗純増国内
4，海外 1 (前
期各 2，1)。柱
の国内は催事
活発化し既存
施設型調。中
国は都市封鎖
なく正常営業
続き客数反発。
ASEAN も好調，
電気代重いが
利益回復軌道。
コロナ関連等
特損減。

【提携】
競合少ない地
方中心に住宅，
収益不動産開
発手がけるマ
リモ (広島市)
と資本提携。
以下，省略。

【特色】
イオンのショッ
ピングセンター
や商業施設
OPA を開発・
運営。中国や
ASEAN で海外
展開

【連結事業】
ショッピング
センター 100

【決算】
2 月
【設立】
1911.11
【上場】
2002.7

【業績】 (百万円)	売上高	営業利益	経常利益	純利益
連 19.2	312,976	52,987	52,206	33,358
連 20.2	324,138	60,794	56,117	34,239
連 21.2	280,688	34,394	28,437	▲1,864
連 22.2	316,813	38,228	32,540	19,278
連 23.2	398,244	43,979	36,409	12,994
連 24.3 予	447,000	58,500	49,000	27,000

【本社】千葉市美浜区
【事務所】大阪，他 5
(海外)中国，インドネシア，
ベトナム，カンボジア
【ショッピングセンター】
145 (海外　35 中国，ベ
ナム，他)

（出所）東洋経済新報社「会社四季報」（2023 年 3 集）

　　下さい。

【参考文献】

・新井清光・川村義則『新版　現代会計学（第 3 版)』(中央経済社 2022)
・伊藤邦雄『新現代会計入門（第 5 版)』(中央経済社 2020)
・大塚宗春，他『テキスト入門会計学【第 6 版】』(中央経済社 2022)
・桜井久勝『会計学入門〈第 5 版〉』(日本経済新聞出版社 2018)
・髙沢修一『会計学総論』(森山書店 2003)
・千代田邦夫『新版会計学入門（第 7 版)』(日本経済新聞出版社 2022)
・東洋経済新報社「会社四季報」(2023 年 3 集)
・永野則雄「ケースブック会計学入門（第 4 版)」(新世社 2014 年)

第11章　財務諸表論

1　損益会計
1-1　現金主義会計

　企業会計では，社会環境の変化や経済の発展に応じて期間損益計算の計算構造が現金主義会計から発生主義会計へと移行しました。

　現金主義会計とは，現金主義の原則に基づいた会計思考であり，費用・収益を現金の支出・収入が行われた時点で認識する考え方です。つまり，現金主義会計では，現金の収入事実に基づいて収益を認識し，現金の支出事実に基づいて費用を認識することになります。そのため，現金主義会計では，期間損益計算と営業取引期間の現金増減額が一致します。しかし，現金主義会計は，現行の信用経済システムにおける信用取引の増大や大企業の出現に伴う固定資産在庫の増大と棚卸資産在庫の恒常化に対応することができないため，期間損益計算の計算構造が現金主義会計から発生主義会計へと移行することになります。

1-2　発生主義会計

　発生主義会計とは，費用・収益を企業の経営活動における費消（犠牲）の事実と財貨・役務の発生（獲得）という経済価値の増減に基づいて識別する考え方です。つまり，発生主義会計は，適正な期間損益計算を実現するという点において優れています。しかし，収益認識を発生に基づいて計算するという期間損益計算構造では，金額面における確実性が乏しく利益処分の可能性において問題が生じます。そのため，発生主義会計では，収益の認識基準について原則的に発生主義を採用しながらも，収益面においては収益における金額の確実性を保つために未実現の不確実な利益については計上を見送るという実現主義を採用しています。

2　資産会計
2-1　資産の定義と分類

　資産会計とは，資産の取得から保管・売却までの経済活動を測定し記録報告

する会計のことです。また，資産とは，企業が将来の収益獲得を目的として保有する経済的便益や用益潜在力のことあり，資産は，流動資産，固定資産，繰延資産の3区分に分類されますが，資産を流動と固定に分類する際に用いるのが，正常営業循環基準と1年基準（ワン・イヤー・ルール；one year rule）です。正常営業循環基準とは，図表1に示すように，主たる営業取引過程（原材料の仕入→製品の生産→商品の販売→資金の回収）に登場する資産であれば流動資産と判定し，それ以外の資産であれば固定資産と判定します。そして，正常営業循環基準から外れた資産に対しては1年基準が適用され，決算日の翌日から1年以内に現金化される資産は流動資産と判定され，それ以外の資産であれば固定資産と判定されます。

図表1　資産と正常営業循環基準・1年基準

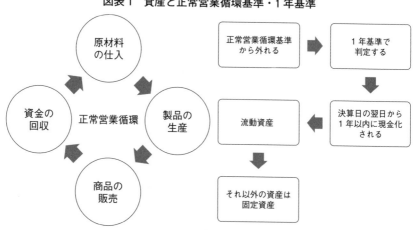

また，資産の評価基準としては，原価主義と時価主義があります。原価主義とは，その資産を購入するのに要した対価である取得原価を基礎にした評価基準のことであり，時価主義とは，その資産の決算時の価額である市場価額を基礎にした評価基準のことです。

　第一に，流動資産について説明します。流動資産には，当座資産，棚卸資産，その他の流動資産があります。

　まず，主な当座資産としては，現金，当座預金，普通預金，売掛金，短期貸付金，受取手形，売買目的有価証券等があります。例えば，有価証券には，(i)

売買目的有価証券（時価の変動により利益を得ることを目的として保有する有価証券），(ii)満期保有目的債券（満期まで所有する目的をもって保有する社債等の債券），(iii)子会社株式および関連会社株式，(iv)その他の有価証券がありますが，売買目的有価証券のみが流動資産に分類されます。

　次いで，棚卸資産とは，売買目的のために保有する商品と製品や製造過程にある仕掛品，半製品及び原材料のことであり，売上原価は，図表2に示すような計算式で計算します。そして，売上原価を計算する方法としては，個別法（個々の商品の取得原価によって期末商品棚卸高を決定する方法），先入先出法（先に仕入れ取得した商品から順に販売されると考えて期末商品棚卸高を決定する方法），総平均法（平均単価で期末商品棚卸高を決定する方法），売価還元法（類似する商品をグループごとの期末の売価合計額に原価率を乗じて期末商品棚卸高を決定する方法）等があります。なお，その他の流動資産としては，未収収益（未収家賃・未収利息）や短期の前払費用等があります。

図表2　売上原価の計算式

売上原価＝期首商品棚卸高＋当期商品仕入高－期末商品棚卸高

　第二に，固定資産について説明します。固定資産には，有形固定資産，無形固定資産，その他の固定資産があります。まず，有形固定資産とは，企業の営業活動を長期的に支え使用することを目的として保有する土地，建物，機械，備品，車両運搬具等のことですが，土地を除く有形固定資産は，時間の経過とともに経済的便益が逓減します。そして，企業会計では，費用配分の原則に基づいて減価償却し減価償却費を各期間に配分します。例えば，代表的な減価償却費の計算方法としては，図表3に示すように，定額法と低率法があります。

図表3　減価償却費の計算方法

定額法：　減価償却費＝（取得原価－残存価額）÷耐用年数
定率法：　減価償却費＝（取得原価－減価償却累計額）×償却率

　また，有形固定資産は，購入により取得できますが，自家建設（自社で製作や製造した建物や車両運搬具等），現物出資（金銭に替えて株主から出資され

た土地や建物等），交換（自社の所有資産と交換して取得した株式や社債等），受贈（贈与を受けた資産等）により取得できます。そして，無形固定資産とは，企業の営業活動を長期的に支え使用することを目的として保有するソフトウエア，のれん，その他の固定資産のことですが，ソフトウエアとは，ソフトウエアの製作費のうちで研究開発を除く資産のことです。そして，のれんとは，他の企業を買収や合併した際に生じる無形固定資産のことです。例えば，A社が純資産100億円のB社を150億円で買収した際に，A社の平均的収益力がB社の平均的収益力を上回っている場合には，この差額である超過収益力（50億円）が「のれん」となります。つまり，のれんとは，ブランド力，人的資源，技術開発力，顧客ネットワーク等のように企業買収や合併により対価を支払って取得した場合に生じる目に見えない価値を金額換算して評価したもののことです。逆に，A社がB社を80億円で買収した場合，B社の純資産額を20億円下回っているので，20億円が「負ののれん」になりますが，負ののれんは，損益計算書の特別利益に計上します。

　また，現行の財務会計においては，「自己創設のれん」の貸借対照表への計上を認めていません。なぜならば，自己創設のれんは，企業が第三者に対して対価を支払わずに創設したのれんのことであるため，その評価において恣意性が介入し客観的な評価ができない恐れがあるからです。逆に，有償取得のれんは，取得の際に対価を支払うことから客観性を確保できるため貸借対照表への計上が認められています。さらに，国際会計（International Financial Reporting Standards: IFRS）では，20年以内の償却を認めている日本基準とは異なり，毎期減損の判定が求められます。

　なお，その他の固定資産としては，投資有価証券，関係会社株式，社債，出資金，関係会社出資金，長期貸付金等が挙げられます。

　第三に，繰延資産について説明します。繰延資産とは，企業会計原則注解15に拠れば，すでに代価の支払が完了し又は支払義務が確定しこれに対応する役務の提供を受けたにもかかわらずその効果が将来にわたって発現するものと期待される特定の費用のことです。例えば，改正前商法は，図表4に示すように，創立費，開業費，開発費，株式交付費，社債発行費を繰延資産としています。

図表4　繰延資産の種類と処理

	内容	処理
創立費	会社の設立費用や発起人の報酬等	会社設立後5年以内にその効果が及ぶ期間にわたって毎決算期に均等額以上を償却しなければなりません。
開業費	営業開始までに要した開発準備資金等	
開発費	新技術の採用費や新市場の開拓費等	
株式交付費	会社設立後の新株発行や自己株式の処分費用等	会社設立後3年以内にその効果が及ぶ期間にわたって毎決算期に均等額以上を償却しなければなりません。
社債発行費	社債発行のために要した費用等	

2-2　減損会計

　減損とは，固定資産に対する投資額が収益性の低下のために回収することが見込めなくなったケースのことです。そして，減損会計とは，固定資産の減額に係る会計基準の設定に関する意見書三1に拠れば，事業用資産の過大な帳簿価額を減額し，将来の損失を繰り延べないために行われる会計処理のことです。すなわち，減損会計では，技術革新というような企業にとっては客観的ともいえるような社会経済的事情により発生する臨時的な償却のケースとは異なり，新店舗展開の失敗というような企業自身の責任が問われることになる市場調査や経営戦略の判断が原因となっているケースでは減損処理されることになります。

　また，固定資産の減額に係る会計基準の設定に関する意見書二2（1）に拠れば，減損の兆候を示す資産又は資産グループにおいて，減損損失を認識するかどうかの判定は，資産又は資産グループから得られる割引前将来キャッシュ・フローの総額が帳簿価額を下回るケースで，減損を認識することになります。そして，減損損失は，収益性の回復を図ることを目的としています。なぜならば，減損処理は，固定資産の減価償却費を大きく圧縮することにより，資金を留保して新たなビジネスチャンスに投資することができるからです。例えば，アメリカ会計学では，このような減損損失を用いた手法をビックバス効果と呼称しています。つまり，ビックバス効果とは，赤字計上を避けることができない年度において，敢えて不良在庫を一斉整理し，そして人員の大リストラ（人員削減）を敢行して巨額の特別損失を計上することにより次年度以後の損

失及び費用を軽減させて収益の回復を図るという経営手法のことです。

　なお，ビックバスの由来は，大きな風呂に浸かることにより不要となった汚れを落として身体を清めることに由来しており，カルロス・ゴーン・ビシャラ（Carlos Ghosn Bichara）CEO（最高経営責任者）が日産自動車で行ったV字回復がビックバス効果の典型的な事例になります。

2-3　金融商品会計

　金融商品とは，金融資産（現金預金・売上債権・金銭債権・有価証券等），金融負債（仕入債務・金融債務等），金融派生商品（デリバティブ取引）の総称です。

　また，金融商品に関する会計基準では，金融資産と金融負債に係わる契約を締結した時に取引を認識し，以下のような仕訳になります。

```
契約時：　（借）有価証券　×××　（貸）未払金　×××
引渡時：　（借）売掛金　　×××　（貸）売上高　×××
```

　デリバティブ取引とは，金融派生商品を用いた取引のことであり，先物取引，オプション取引，及びスワップ取引のことです。例えば，先物取引とは，将来の特定の時期において，事前に約定した価格で特定の対象物を受け渡すことを取り決めた取引のことであり，将来における売買の価格や数量を予め約束して取引を行い，将来の約定した時点で売買が行われます。次いで，オプション取引とは，将来の特定の時期において，事前に約定した価格で特定の対象物を受け渡すことを取り決めた取引をする権利を売買する取引のことであるため，行使や権利放棄が認められています。そして，スワップ取引とは，事前に約定した価格で特定の対象物を交換する取引のことであり，異なるタイプの利息を交換する取引であるため金利のみの交換となります。

　また，有価証券は，図表5に示すように，(ⅰ)売買目的有価証券，(ⅱ)満期保有目的債券，(ⅲ)子会社および関連会社株式，(ⅳ)その他有価証券に分類され，時価又は取得原価により評価されます。

図表5　有価証券の分類と評価基準

区分	評価基準
売買目的有価証券	時価
満期保有目的有価証券	取得原価
子会社および関連会社株式	取得原価
その他の有価証券	時価

2-4　リース会計

　従来，平成30（2018）年までは，ファイナンス・リースとオペレーティング・リースが併用されてきました。会計上，ファイナンス・リースとは，代金を分割払いしているだけでありその実態は売買と同じ取引と見なされ，オンバランス（資産計上する）処理されてきました。一方，オペレーティング・リースは，売買ではなく賃貸として捉えるためリース料は全額が賃貸料（経費）となり，オフバランス（資産計上しない）処理されてきました。

　その後，平成元（2019）年1月1日以降に開始する事業年度から国際会計基準のIFRS16号が強制適用されることになり，ファイナンス・リースとオペレーティング・リースに区分されていた取引区分が廃止されました。そして，リース会計基準の改正に伴い平成元（2019）年1月1日以降に開始する事業年度からは，原則として全てのリース取引がオンバランス（資産計上）されることになりました。

　また，リース取引に関する会計基準に拠れば，ファイナンス・リース取引の要件としては，ノンキャンセラブルとフルペイアウトが挙げられます。つまり，ノンキャンセラブルとは，リース契約のリース期間の中途において当該契約を解除することができないというリース契約であり，フルペイアウトとは，借手がリース契約に基づいて使用するリース物件から経済的利益を実質的に享受することができ，かつ，当該リース物件の使用に伴って発生するコストを実質的に負担するリース契約です。

　しかし，ファイナンス・リースとオペレーティング・リースの区分を廃止して，全ての資産と負債をオンバランスにするということは，貸借対照表に計上されるリース負債の金額が増えることになり，自己資本比率を減少させること

になります。そして，オペレーティング・リースでは，全額費用のリース料が
減価償却費と支払利息として分割して費用化されるため，一時的に営業利益が
増えることにより法人税が増加する可能性があります。

3　負債会計
3-1　負債の定義と分類

　負債会計とは，負債の発生から消滅までの経済活動を測定し記録報告する会
計のことです。また，負債とは，企業が負っている将来の経済的負担のことで
あり，貨幣金額によって合理的に測定できるものです。すなわち，負債とは，
将来の収益獲得を目的として保有する経済的便益や用益潜在力のことですが，
負債の多数を債務が占めるため負債会計は債権者との法律関係を取り扱い処理
することになります。

　また，負債は，流動負債と固定負債に分類されますが，負債を流動と固定に
分類する際に用いるのが，正常営業循環基準と1年基準（ワン・イヤー・ルー
ル；one year rule）であり，図表6に示すように，正常営業循環基準の要件
を充たしていれば，流動負債と判定し，それ以外の負債であれば固定負債と判
定します。そして，正常営業循環基準から外れた負債に対しては1年基準が適
用され，決算日の翌日から1年以内に支払期限が到来する負債は流動負債と判
定され，それ以外の負債であれば固定負債と判定されます。例えば，流動負債

図表6　負債と正常営業循環基準・1年基準

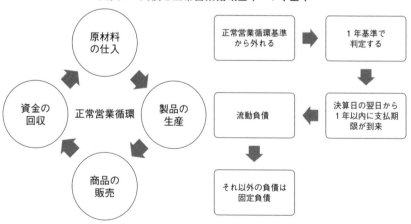

としては，仕入債務とその他の流動負債（短期借入金・預り金・前受金・未払金・前受収益・未払費用等）が挙げられ，固定負債としては，長期借入金や社債等が挙げられます。

3-2　引当金

引当金は，企業会計原則注解18に拠れば，「将来の特定の費用又は損失であって，その発生が当期以前の事象に起因し，発生の可能性が高く，かつ，その金額を合理的に見積もることができる場合には，当期の負担に属する金額を当期の費用又は損失として引当金に繰入れ，当該引当金の残高を貸借対照表の負債の部又は資産の分に記載するものとする。」と定義します。つまり，引当金とは，将来の費用及び損失のうち，当期の負担に属する金額を当期の費用及び損失として計上し，費用と収益の適正な対応を行うことにより期間損益計算の適正化を図っています。そのため，引当金の要件としては，将来の特定の費用又は損失であって，その発生が当期以前の事象に起因し，発生の可能性が高く，かつ，その金額を合理的に見積もることができることが挙げられます。

また，引当金は，図表7に示すように，評価制引当金と負債性引当金に大別され，評価制引当金には貸倒引当金が該当しますが，負債性引当金としては，退職給付引当金，製品保証引当金，賞与引当金，修繕引当金等が該当します。

図表7　評価制引当金と負債性引当金

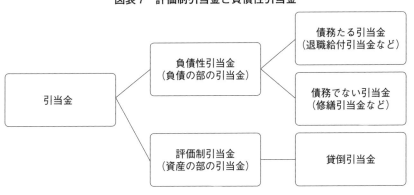

3-3　退職給付会計

　退職給付会計における退職給付とは，退職一時金及び退職年金などのように，従業員により一定期間にわたり提供された労役に対して支給される給付である退職金のことです。

　また，退職給付は，従業員の退職時に支払われることを目的として積み立てられますが，負債となり年々増加するため，企業会計では従業員の退職に備えて外部に「年金資産」を積み立てておくことが求められます。そして，年金資産が，退職給付のうちから認識時点までに発生していると認められる部分を割り引いた現在価値である「退職給付債務」を下回った場合，その不足額を「退職給付に係る負債」として財務諸表に計上することになります。

　また，退職給付引当金が導入されるまでは，退職給与引当金と呼ばれていましたが，両者の差異は，退職給与引当金のケースでは企業内部引当金の性格が強かったが，退職給付引当金では，企業外部の保険会社等の金融機関に資産を預けて運用させるという外部積立ての性格が強いのです。

3-4　資産除去債務基準

　資産除去債務は，資産除去債務に関する会計基準に拠れば，「有形固定資産の取得，建設，開発又は通常の使用によって生じ，当該有形固定資産の除去に関して法令又は契約で要求される法律上の義務及びそれに準ずるものをいう」と定義されます。

　すなわち，資産除去債務とは，流通業及び金融業における契約期間終了後の閉鎖店舗や環境汚染における有害物資の排除を目的とした浄化処理施設等の有形固定資産の処理義務のことです。

　また，資産除去債務には，まず，資産・負債の両建処理があります。資産・負債の両建処理方式では，以下のような仕訳になり，資産除去債務の全額を負債として計上し，同額を有形固定資産の取得原価として会計処理します。

　　（借）有形固定資産　×××　（貸）資産除去債務　　×××

　次いで，資産除去債務には，引当金処理方式があります。引当金処理方式で

は，以下のような仕訳になり，有形固定資産の除去に係わる用役が当該有形固定資産の使用期間に応じて各期間に費用として配分され，それに対応する金額を負債として認識します。

　　（借）減価償却費　×××　　　（貸）減価償却累計額　×××

　しかしながら，引当金処理の場合には，有形固定資産の除去に必要な金額が貸借対照表に計上されないことから，資産除去債務の負債計上が不十分であるという意見もあります（資産除去債務に関する会計基準）。そのため，資産負債アプローチを支持する国際会計では，資産負債の両建処理の評価が高いのです。

4　資本会計

　資本とは資産（積極財産）と負債（消極財産）の差額（純資産）であり，所有者である株主に帰属する額のことです。従来，資本は，株主が企業設立時に準備した「払込資本」と企業内に留保された利益である「内部留保金」により構成されていました。

　現在，資本は「純資産」と称しますが，図表8に示すように株主に帰属する資本である「株主資本」と株主資本以外の評価・換算差額等や新株予約権により構成されます。

ディスカッションのテーマ

1　会計における連結財務諸表の重要性についてディスカッションしてみて下さい。
2　引当金制度が企業経営に与える影響についてディスカッションしてみて下さい。

【参考文献】
・新井清光・川村義則『新版　現代会計学（第3版）』（中央経済社 2022）
・大塚宗春，他『テキスト入門会計学【第6版】』（中央経済社 2022）
・小栗崇資『コンパクト財務会計　クイズでつける読む力』（中央経済社 2016）

図表 8　純資産

（純資産の部）	
株主資本	×××
資本金	×××
資本剰余金	×××
資本準備金	×××
その他資本剰余金	×××
利益剰余金	×××
利益準備金	×××
その他利益剰余金	×××
任意積立金	×××
繰越利益剰余金	×××
自己株式	△×××
評価・換算差額等	×××
新株予約権	×××
純資産合計	×××

株式会社は，株式を発行した場合，資本金としますが，払込金額のうち 2 分の 1 までを資本準備金として計上できます。

株式会社は，その他利益剰余金から配当する場合に，その配当額の 10 分の 1 を利益準備金として，資本準備金と利益準備金の合計額が資本金の 4 分の 1 に達するまで積立てなければなりません。

株式会社は，自社発行の株式を自己株式（金庫株）として保有できます。

評価・換算差額等とは，資産及び負債を時価評価することにより生じる評価差額等のことです。

新株予約権とは，あらかじめ定められた価格（行使価格）で株式の交付を受けることができる権利です。

・桜井久勝『財務会計講義〈第 24 版〉』（中央経済社 2023）
・桜井久勝『財務諸表分析（第 8 版）』（中央経済社 2020）
・髙沢修一『法人税法会計論（第 3 版）』（森山書店 2017）
・並木秀明『はじめての会計基準（第 2 版）』（中央経済社 2022）
・日本経済新聞社『財務諸表の見方〈第 14 版〉』（日本経済新聞出版 2023）
・藤井秀樹『入門財務会計〈第 4 版〉』（中央経済社 2021）

第12章　経営分析

1　会社四季報の有用性と限界

会社四季報は，財務情報の宝庫であり，財務分析を行うことにより，(i)投資先の分析，(ii)取引先の分析，(iii)融資先の分析，(iv)就職先の分析等に用いることができるため，企業の外部利害関係者（株主・投資家・金融機関・学生等）にとっては有益な書籍です。

また，会社四季報からは，企業の経営活動を読み取ることもできます。例えば，ヤクルト本社は，図表1に示すように，(i)拠点拡大で海外収益が柱になっており，(ii)海外での売り上げが大きく海外進出型企業であると判断できます（ヤクルト本社 HP：海外29事業体）。

図表1　会社四季報を用いた財務分析

会社四季報

（株）ヤクルト本社

【決算】3月
【設立】2009.10
【上場】2009.10

【特色】乳酸生菌飲料主力。女性訪問販売員による強固な販売網。医薬品も。拠点拡大で海外収益が柱に

【連結事業】

飲料・食品（国内）	48
飲料・食品（海外）	45
医薬品	3
他	5
【海外】	45

【連続最高益】医薬品は薬価改定で続落。ただ国内は高単価商品「ヤクルト1000」が生産増強で数量続伸。海外も中国軸に値上げ効果で増勢。営業益大幅増。
【連続最高益】以下，省略。

【特色】【連結事業】等から海外進出企業とわかります。

【株主】
日本マスター信託口 (13.0)
自社 (8.7)
日本カストディ信託口 (3,9)
フジメディア HLD (3.7)
以下，省略。

【役員】
（社）成田　裕
以下，省略。

【連結】
ヤクルト商事
東京ヤクルト販売

【株式】

時価総額	15,582億円

【財務】

	百万円
総資産	749,419
自己資本	498,658
自己資本比率	66.5%
資本金	31,117
利益剰余金	484,243
有利子負債	63,606

【キャッシュフロー】

	億円
営業CF	4,337(2,044)
投資CF	▲3,351(▲3,438)
財務CF	18(▲22)
現金同等物	12,144(10,909)

【業績】（百万円）

	売上高	営業利益	経常利益	純利益
連19.3	407,017	45,846	57,121	34,935
連20.3	406,004	45,675	58,478	39,735
連21.3	385,706	43,694	57,601	39,267
連22.3	415,116	53,202	68,549	44,917
連23.3	483,071	66,068	77,970	50,641

2023年3月：営業利益率＝営業利益÷売上高×100
＝(66,068÷483,071×100)＝13.676%
2003年3月：経常利益率＝経常利益÷売上高×100
＝(77,970÷483,071×100)＝16.140%

【本社】東京都港区海岸
【従業員】〈23.3〉
連29,880名　単2,765名
(42.5歳) 年850万円
【証券】上東京P
（幹）（主）みずほ
【銀行】みずほ，りそな，三菱U

（出所）東洋経済新報社「会社四季報」(2023年3集)

　しかし，会社四季報に掲載された財務情報だけで経営分析を行うことには限界があります。そのため，経営分析は，図表2に示すように，会社四季報に掲載されている基本的な情報に加えて，IR（Investor Relations）情報から得た詳細な財務情報と新聞・経済誌やインターンシップ等から得た非財務情報に基づいて行います。

図表2　経営分析に求められる情報

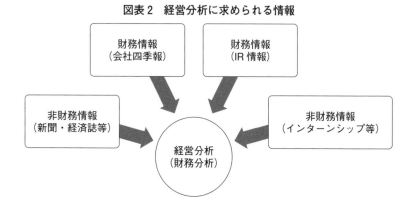

2　会社四季報を用いた経営分析
2-1　収益性分析

　会社四季報には，図表3に示すように，【業績】に損益計算書の財務データが掲載されています。例えば，連23.2とは，2023年2月決算のことですが，営業利益率や経常利益率を算定することにより「収益性」を分析することができます。例えば，収益性の数値が高いほど利益率の高い企業であることがわかりますが，(i)営業利益率の高い企業は本業の業績が好調であることを示しており，図表3に示すように(ii)経常利益率が営業利益率よりも高い企業は多角化していることがわかります。

　例えば，ヤクルト本社の営業利益率と経常利益率は10％を超えて優良ですが，営業利益率よりも経常利益率が高いことから本業以外のビジネスを展開していることがわかります。一般的に，営業利益率と経常利益率の数値が高ければ，収益性の高い企業であると評価されます。

図表3　ヤクルト本社の収益性

ヤクルト本社の収益性	2021年2月	2022年2月	2023年2月
営業利益率	11.328%	12.816%	13.676%
経常利益率	14.933%	16.513%	16.140%

（注1）営業利益率＝営業利益÷売上高×100　（注2）経常利益率＝営業利益÷売上高×100

損益計算書

```
経常損益の部
 営業損益の部
  売上高            ×××
  売上原価          △×××
   売上総利益        ×××    ← 粗利
  販管費            △×××
   営業利益          ×××    ← 本業の利益
 営業外損益の部
  営業外収益         ×××
  営業外費用         △×××
   経常利益          ×××    ← 会社全体（本業＋本業以外）の利益
 特別損益の部
  特別利益           ×××
  特別損失           △×××
   税引前当期利益     ×××    ← 税金を支払う前の利益
  法人税及び住民税     △×××
   当期利益          ×××    ← 最終の利益
   前期繰越利益       △×××
   当期未処分利益     ×××
```

2-2　安全性分析

　会社四季報には，図表4に示すように，【業績】に貸借対照表の財務データが掲載されています。例えば，自己資本比率とは，総資産に占める自己資本の割合のことであり，数値が高いほど経営が安定しています。なぜならば，資本には，他人資本（借入金等）と自己資本（資本金等）がありますが，総資本（総資産）のなかに占める自己資本の割合が高ければ高いほど無理なく資金調達できていると考えるからです。例えば，ヤクルト本社の自己資本比率は，66.5%（2023年3月決算）と安定しています。

　また，安全性の分析としては，自己資本比率以外にも，図表5に示すように，(ⅰ)流動比率，(ⅱ)当座比率，(ⅲ)固定比率，(ⅳ)固定長期適合率，(ⅴ)負債比率等が挙げられますが，安全性の分析は，貸借対照表を用いることにより算定することができます。第一に，流動比率とは，流動負債に対する流動資産の割合を示す

図表4　ヤクルト本社の安全性分析

会社四季報

【株式】
時価総額　　　　　15,582 億円

【財務】
　　　　　　　　　　百万円
総資産　　　　　　749,419
自己資本　　　　　498,658
自己資本比率　　　　66.5%
資本金　　　　　　 31,117
利益剰余金　　　　484,243
有利子負債　　　　 63,606

【指標等】
ROE　　　　　　　　10.7%
ROA　　　　　　　　 6.8%
設備投資　　　　　325 億円
減価償却　　　　　253 億円

【キャッシュフロー】
　　　　　　　　　　億円
営業 CF　　　　　865(733)
投資 CF　　　　▲190(▲118)
財務 CF　　　　▲445(▲451)
現金同等物　　1,904(1,507)

【株主】

自己資本比率
＝自己資本÷
総資産×100

＝ 498,658
÷ 749,419
× 100
＝ 66.539%

【役員】
　(社) 成田 裕
以下，省略。

【連結】
ヤクルト商事
東京ヤクルト販売

【連続最高益】
医薬品は薬価改
定で続落。ただ
国内は高単価商
品「ヤクルト
1000」が生産
増強で数量続伸。
海外も中国軸に
値上げ効果で増
勢。営業益大幅
増。連続増配。

【新中計】
24 年度に売上
高 5750 億円，
営業益 860 億円
に上方修正，海
外での販売数量
持ち直しが達成
のカギ。以下，
省略。

【特色】
乳酸生菌飲料
主力。女性訪
問販売員によ
る強固な販売
網。医薬品も。
拠点拡大で海
外収益が柱に

【連結事業】
飲料・食品
(国内)　48
飲料・食品
(海外)　45
医薬品　 3
他　　　 5

(海外)　45

(株) ヤクルト本社

【決算】
3 月
【設立】
2009.10
【上場】
2009.10

【業績】(百万円)	売上高	営業利益	経常利益	純利益
連 19.3	407,017	45,846	57,121	34,935
連 20.3	406,004	45,675	58,478	39,735
連 21.3	385,706	43,694	57,601	39,267
連 22.3	415,116	53,202	68,549	44,917
連 23.3	483,071	66,068	77,970	50,641
連 24.3 予	531,000	75,500	91,000	58,500

【本社】東京都港区海岸
【従業員】(23.3)
連 29,880 名　単 2,765 名
(42.5 歳) 年 850 万円
【証券】上東京 P
(幹) (主) みずほ
【銀行】みずほ，りそな，
三菱 U

(出所) 東洋経済新報社「会社四季報」(2023 年 3 集)

貸借対照表

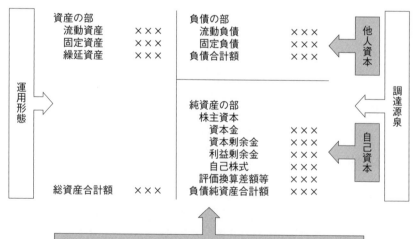

指標のことであり，企業の短期（1年以内）の返済能力と資金繰りを分析することができ，比率が高いほど健全であると考えられ，比率が100％未満の場合には企業の支払能力の安全性（健全性）が損なわれており資金の悪化が予測できます。第二に，当座比率とは，流動負債に対する当座資産の割合を示す指標のことであり，当座の支払能力を示す分析であり流動比率の補完的指標として捉えることができ100％が目安となり比率が高いほど安全性が高いと考えます。第三に，固定比率とは，自己資本に対する固定資産の割合のことであり，固定資産が自己資本によりどのように負担されているかを示しますが，固定資産の購入は自己資本の範囲内であることが望ましく100％以下の指標が目安となり低いほど安全性が高いです。第四に，固定長期適合率とは，固定資産の負担額を自己資本にだけに限定するのではなく，自己資本に他人資本を加えた指標のことであり比率が低いほど安全性が高いです。第五に，負債比率とは，他人資本の自己資本に対する割合を示す指標のことであり，比率が低いほど安全性が高いです。

図表5　安全性の分析の計算式

安全性の分析	計算式
流動比率（％）	（流動資産÷流動負債）×100
当座比率（％）	（当座資産÷流動負債）×100
固定比率（％）	（固定資産÷自己資本）×100
固定長期適合率（％）	{固定資産÷（自己資本＋少数株主持分＋固定負債）}×100
負債比率（％）	（他人資本÷自己資本）×100

2-3　ROE・ROA 分析

ROE（Return On Equity：自己資本利益率）は，企業の自己資本（株主資本）に対する当期純利益の割合を示す指標のことであり，当期純利益を自己資本で除して100（％）を乗じることにより計算できます。例えば，ROEは，投資家が投下した資本を活用していかに利益を上げているかを示す指標ですので，ROEの数値が高ければ経営効率の高い企業経営が行われていることになります。例えば，ヤクルト本社の【業績】のROEは，10.7％（2023年3月決算）と安定した数値を示しています。

〔補足資料〕貸借対照表の雛形

貸借対照表
（平成○○年○月○日現在）　　　　　　（単位：円）

項目	金額	項目	金額
（資産の部）		（負債の部）	
Ⅰ　流動資産		Ⅰ　流動負債	
現金及び預金	○○	支払手形	○○
受取手形	○○	買掛金	○○
売掛金	○○	短期借入金	○○
有価証券	○○	未払金	○○
製品及び商品	○○	リース債務	○○
短期貸付金	○○	未払法人税等	○○
前払費用	○○	賞与引当金	○○
繰越税金資産	○○	繰延税金負債	○○
その他	○○	その他	○○
貸倒引当金	△○	流動負債合計	○○○
流動資産合計	○○○	Ⅱ　固定負債	
Ⅱ　固定資産		社債	○○
（有形固定資産）		長期借入金	○○
建物	○○	リース債務	○○
構築物	○○	退職給付引当金	○○
機械及び装置	○○	繰延税金負債	○○
工具，器具及び備品	○○	その他	○○
リース資産	○○	固定負債合計	○○○
土地	○○	負債合計	○○
建設仮勘定	○○	（純資産の部）	
その他	○○	Ⅰ　株主資本	
（無形固定資産）		資本金	○○
ソフトウエア	○○	資本剰余金	
のれん	○○	資本準備金	○○
その他	○○	その他資本剰余金	○○
（投資その他の資産）		資本剰余金合計	○○
関係会社株式	○○	利益剰余金	
投資有価証券	○○	利益準備金	○○
出資金	○○	その他利益剰余金	
長期貸付金	○○	××積立金	○○
長期前払費用	○○	繰越利益剰余金	○○
繰越税金資産	○○	利益剰余金合計	○○
その他	○○	自己株式	△○
貸倒引当金	△○	株主資本合計	○○
固定資産合計	○○○	Ⅱ　評価・換算差額等	
Ⅲ　繰延資産	○○	その他有価証券評価差額金	○○
		評価・換算差額等合計	○○
		Ⅲ　新株予約権	○○
		純資産合計	○○
資産合計	○○○	負債・純資産合計	○○○

（出所）中小企業庁ホームページ参照。

　また，【業績】の ROA（Return On Asset：総資産利益率）とは，企業の総資産（自己資本と他人資本を合せた全ての資産）に対する当期純利益の割合を示す指標のことであり，当期純利益を総資産で除して 100（％）を乗じることにより計算できます。例えば，ROA は，企業に投下された総資産が利益獲得のためにいかに効率的に活用されているかを示す指標ですので，ROA の数値が高いほど経営効率の高い企業経営が行われていることになります。

2-4　フリーキャッシュ・フロー

　キャッシュ・フロー計算書は，キャッシュの出入により一会計期間における資金の流れであるキャッシュ・フロー状況を把握することを目的として作成されますが，この場合のキャッシュとは，手元現金，普通預金，当座預金，満期又は償還期限 3 ヶ月以内の定期預金，譲渡性預金，コマーシャルペーパー等のように換金が容易であり価値変動のリスク負担が僅少である「現金及び現金同等物」のことを指します。

　また，キャッシュ・フロー計算書は，営業活動によるキャッシュ・フロー，投資活動によるキャッシュ・フロー，財務活動によるキャッシュ・フローにより構成されますが，営業活動によるキャッシュ・フローの作成方法には，図表 6 に示すように 2 種類あります。例えば，営業活動によるキャッシュ・フロー計算書には，主たる取引ごとに収入総額と支出総額を算定する直説法と税金等調整前当期純利益を起点として調整項目を加減して算定する間接法が存在しますが，計算が容易であるため間接法を採用する企業が多いです。そして，フリーキャッシュ・フローとは，営業活動によるキャッシュ・フローと投資活動によるキャッシュ・フローを合算した数値ですが，フリーキャッシュ・フローがプラスの数値の場合には，投資額に応じた資金が回収されているため財務的に安定しているといえます。例えば，営業利益率が，図表 7 に示すように，10％を計上していても売掛金や手形決済が多い場合には手元現金が不足し，「黒字倒産」になる可能性もあります。

　しかし，フリーキャッシュ・フローの数値がプラスならば，売掛金や手形決済が少なく資金繰りが安定しているため「黒字倒産」の可能性が低いです。

　実際に，会社四季報を用いてヤクルト本社のキャッシュ・フローを分析してみます。ヤクルト本社のキャッシュ・フローは，図表 8 に示すように健全です。

図表6　営業活動によるキャッシュ・フロー計算書の分類

営業CFを直接法により表示する方法

営業収入	×××
原材料又は商品の仕入支出	△×××
人件費支出	△×××
その他の営業支出	△×××
小計	×××
利息及び配当金の受取額	×××
利息の支払額	△×××
損害賠償金の支払額	△×××
法人税等の支払額	△×××
営業活動によるキャッシュ・フロー	×××

営業CFを間接法により表示する方法

税金等調整前当期純利益	×××
減価償却費	×××
連結調整勘定償却額	×××
貸倒引当金の増加額	×××
受取利息及び受取配当金	△×××
支払利息	×××
為替差損	×××
持分法による投資損益	△×××
有形固定資産売却益	△×××
損害賠償損失	×××
売上債権の増加額	△×××
棚卸資産の減少額	×××
仕入債務の減少額	△×××
小計	×××
利息及び配当金の受取額	×××
利息の支払額	△×××
損害賠償金の支払額	△×××
	×××
法人税等の支払額	△×××
営業活動によるキャッシュ・フロー	×××

図表7　キャッシュ・フロー計算書の重要性

売上高	10億円
△売上原価	8億円
売上総利益	2億円
△販売費及び一般管理費	1億円
営業利益	1億円
（営業利益率）	10%

黒字倒産

営業利益率が高い数値を示しても売掛金や手形決済が多い場合には手元現金が不足し黒字倒産することになります。

3　安全余裕率の重要性

　企業経営の安全性を分析するうえで「安全余裕率」は重要な指標ですが，会社四季報のデータから安全余裕率を求めることはできません。そのため，安全余裕率は，図表9に示すように，売上高から損益分岐点売上高を控除し，さらに，売上高で除することにより計算しますが，会社四季報のデータから安全余裕率を計上することができないため，IR情報から必要な財務情報を収集して

図表8　ヤクルト本社のフリーキャッシュ・フロー

会社四季報

【株式】		【株主】	【連続最高益】	【特色】	
時価総額	15,582 億円	日本マスター信託口 (13.0)	医薬品は薬価改定で続落。ただ国内は高単価商品「ヤクルト1000」が生産増強で数量続伸。海外も中国軸に値上げ効果で増勢。営業益大幅増。連続増配。	乳酸生菌飲料主力。女性訪問販売員による強固な販売網。医薬品も。拠点拡大で海外収益が柱に	(株)ヤクルト本社

【財務】　　　　百万円
総資産　　　749,419
自己資本　　498,658
自己資本比率　66.5%
資本金　　　31,117
利益剰余金　484,243
有利子負債　63,606

【株主】
日本マスター信託口　(13.0)
自社　　　　　　(8.7)
日本カストディ信託口 (3.9)
フジメディア HLD (3.7)
以下，省略。

【役員】

【連結】

【新中計】

【指標等】
ROE　　　　10.7%
ROA　　　　6.8%
設備投資　　325 億円
減価償却　　253 億円

【キャッシュフロー】　億円
営業 CF　　865(733)
投資 CF　　▲190(▲118)
財務 CF　　▲445(▲451)
現金同等物　1,904(1,507)

フリーキャッシュ・フロー
＝営業 CF＋投資 CF
＝835 億円＋(▲190 億円)
＝675 億円

【連結事業】
飲料・食品(国内)　48
飲料・食品(海外)　45
医薬品　　　　3
他　　　　　　5

【海外】　　45

【決算】3月
【設立】2009.10
【上場】2009.10

【業績】(百万円)	売上高	営業利益	経常利益	純利益
連 19.3	407,017	45,846	57,121	34,935
連 20.3	406,004	45,675	58,478	39,735
連 21.3	385,706	43,694	57,601	39,267
連 22.3	415,116	53,202	68,549	44,917
連 23.3	483,071	66,068	77,970	50,641
連 24.3 予	531,000	75,500	91,000	58,500

【本社】東京都港区海岸
【従業員】〈23.3〉
　連 29,880 名　単 2,765 名
　(42.5 歳) 年 850 万円
【証券】上東京 P
(幹)(主)みずほ
【銀行】みずほ，りそな，三菱 U

(出所) 東洋経済新報社「会社四季報」(2023 年 3 集)

〔補足資料〕

区分	判定
営業キャッシュ・フロー	本業が好調の場合プラスになるので，プラスが望ましいです。
投資キャッシュ・フロー	将来のためにキャッシュを投入したならばマイナスになります。
財務キャッシュ・フロー	金融機関等にキャッシュを返済したならばマイナスになります。
フリーキャッシュ・フロー	営業 CF と投資 CF を合せてプラスになるのが望ましいです。

計算します。

　一般的に，安全余裕率は 20%以上であれば経営が安全であるといわれ，逆に 0%未満であれば赤字経営となります。そのため，企業経営では，最低でも 10%以上を維持しながら 20%を目指すことになります。

　また，損益分岐点とは，損益がゼロになる売上高のことを指し，売上高－費用＝0（売上高＝費用）となる分岐点であるため，売上高が損益分岐点を超えていれば利益が生じますが，逆に，売上高が損益分岐点を超えていなければ損

図表 9　安全余裕率

安全余裕率のイメージ

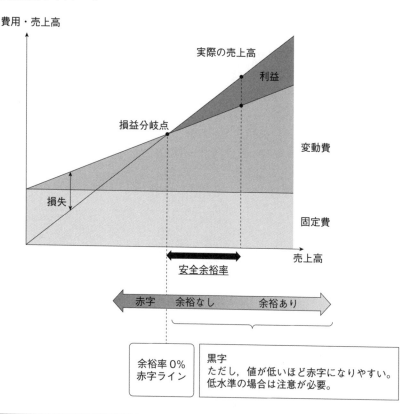

安全余裕率（％）＝（売上高－損益分岐点売上高）÷売上高× 100
損益分岐点売上高＝固定費÷［（売上－変動費）÷売上］
　　　　　　　＝固定費÷（1－変動費率）＝固定費÷限界利益率
　（注）変動費率＝変動費÷売上高　限界利益率＝ 1－変動費率

（出所）髙沢修一『会計学総論』（森山書店 2003），株式会社ミクロ情報サービス，及びクラ
　　　ウド会計参照。

〔補足資料〕

［例］売上高　1,000 万円　　損益分岐点売上高　700 万円
安全余裕率＝（売上高－損益分岐点売上高）÷売上高× 100（％）
　　　　　＝（1,000 円－ 700 万円）÷ 1,000 万円× 100（％）
　　　　　＝ 30％

失が生じることになります。よって，企業経営者は，安全余裕率の数値が悪い場合には，損益分岐点売上高を下げることにより経営の改善を目指さなければなりません。

ディスカッションのテーマ

1 下記（図表10）の会社四季報を用いて，ヤクルト本社の競合相手である雪印メグミルクを財務分析しヤクルト本社の財務内容と比較してディスカッションしてみて下さい。

2 マネジメントにおける財務分析の重要性についてディスカッションしてみて下さい。

図表 10 雪印メグミルクの会社四季報

会社四季報

【株式】		【株主】		【小反発】	【特色】
時価総額	1,360 億円	全国農業協同組合連合会 (13.0)		乳製品は「さける」シリーズなどチーズが数量堅調。飲料類は付加価値高い機能性飲料「MBP」が勢い続く。原材料高重いが，価格改定の効果出る。営業益や戻す。前上記の物流施設火災特損消える。	雪印乳業と日本ミルクコミュニティが 11 年に統合。ヨーグルトが成長中。海外進出も積極化
【財務】	百万円	農林中央金庫 (9.5)			
総資産	410,130	日本マスター信託口 (9.0)			【連結事業】
自己資本	212,879	日本カストディ信託口（伊藤忠） (5.2)			乳製品 43
自己資本比率	51.9%	以下，省略。			飲料・デザート 41
資本金	20,000				飼料・種苗 9
利益剰余金	151,908	【役員】			他 6
有利子負債	65,007	(社) 佐藤雅俊		【追加値上げ】	
【指標等】		以下，省略。		7～8 月にチーズ，牛乳，ヨーグルト等値上げ。シンガポール穀物商社と合弁設立し，植物性食品加工原料に参入。25 年度に代替食品売上高 60 億円目指す。	【決算】 3 月
ROE	4.4%				【設立】 2009.10
ROA	2.2%	【連結】			【上場】 2009.10
設備投資	195 億円	雪印種苗			
減価償却	171 億円	雪印ビーンスターク			
【キャッシュフロー】	億円				
営業 CF	268(294)				
投資 CF	▲196(▲202)				
財務 CF	▲72(▲112)				
現金同等物	203(199)				

【業績】（百万円）	売上高	営業利益	経常利益	純利益		【本社】東京都新宿区四谷
連 19.3	603,378	17,230	19,014	10,754		【従業員】(23.3)
連 20.3	613,405	17,998	19,680	12,165		連 5,715 名 単 3,118 名
連 21.3	615,186	19,780	21,662	14,913		(41.2 歳) 年 723 万円
連 22.3	558,403	18,059	19,987	12,068		【証券】上東京 P，札幌
連 23.3	584,308	13,054	14,480	9,129		(幹) 大和，三菱 U モル
連 24.3 予	610,000	14,000	15,000	9,500		【銀行】農中，三菱 U，みずほ
連 25.3 予	630,000	16,000	17,000	11,500		【仕入先】ホクレン農業協同組合連合会

（出所）東洋経済新報社「会社四季報」（2023 年 3 集）

【参考文献】
・桜井久勝『財務諸表分析（第 8 版）』（中央経済社 2020）
・渋谷武夫『ベーシック経営分析〔第 2 版〕』（中央経済社 2011）

・髙沢修一『会計学総論』（森山書店 2003）
・東洋経済新報社「会社四季報」（2023 年 3 集）
・西澤　茂・上西順子『グローバル企業の財務報告分析』（中央経済社 2017）
・野中郁江『企業と会社がわかる市民が学ぶ決算書』（惟学書房 2020）

第13章　会計学演習

1　企業会計原則と中小企業の会計に関する指針
1-1　公会計制度における会計公準と会計原則

　会計理論は，基礎的な前提である「会計公準」に基づいて，基本的な概念である「会計原則」が置かれる体系になっています。そして，会計公準には，企業実体公準，継続企業の公準（ゴーイング・コンサーン），貨幣的評価の公準の3種類があります。

　また，減価償却の手続きでは，図表1に示すような費用配分の原則に基づいていますが，会計原則が成立するためには，企業の継続を前提とする「継続企業の公準」が必要になります。例えば，町田市では，図表2に示すように，新公会計制度上，会計基準に該当するものとして「町田市会計基準」を定め，準則に相当するものとして「固定資産計上基準」や「リース資産・リース債務の計上に関する基準」などが定められました。但し，町田市の新公会計制度は，企業会計とは異なるので会計公準と会計原則のすべてがあてはまるわけではありません。

図表1　貸借対照表原則五

　貸借対照表に記載する資産の価額は，原則として，当該資産の取得原価を基礎として計上しなければならない。資産の取得原価は，資産の種類に応じた費用配分の原則によって，各事業年度に配分しなければならない。有形固定資産は，当該資産の耐用期間にわたり，定額法，定率法等の一定の減価償却の方法によって，その取得原価を各事業年度に配分し，無形固定資産は，当該資産の有効期間にわたり，一定の減価償却の方法によって，その取得原価を各事業年度に配分しなければならない。繰延資産についても，これに準じて，各事業年度に均等額以上を配分しなければならない。

1-2　中小企業の会計に関する指針と重要性の原則

　重要性の原則は，図表3に示すように，一般原則に準ずる原則ですが，企業会計原則は，昭和24（1949）年に企業会計制度対策調査会（現在　金融庁企業会計審議会）が初めて制定した会計基準であり，昭和57（1982）年に修正

図表2 企業会計の基礎と町田市「新公会計制度」

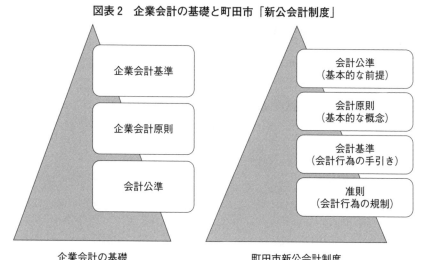

企業会計の基礎　　　　　　　　町田市新公会計制度

（出所）「町田市会計課・財政課　おとなの新公会計のツボ」第12号（2012年12月14日）参照。

されるまで「公正なる会計慣行の規定」として企業会計の拠りどころとなっていました。そして，平成31（2019）年2月に公表された「中小企業の会計に関する指針」に拠れば，大企業ばかりでなく中小企業においても重要性の原則による会計処理が認められています。例えば，重要性の原則は，会計上の処理及び表示において，正規の簿記の原則や明瞭性の原則と密接な関係を有しており，企業会計原則注解〔注1〕で「企業会計は，定められた会計処理の方法に従って正確な計算を行うべきものであるが，企業会計が目的とするところは，企業の財務内容を明らかにし，企業の状況に関する利害関係者の判断を誤らせないようにすることにあるから，重要性の乏しいものについては，本来の厳密な会計処理によらないで他の簡便な方法によることも正規の簿記の原則に従った処理として認められる。」と規定しています。

2　収益認識に関する会計基準と引当金
2-1　収益認識に関する会計基準と引当金の会計処理

　引当金の要件としては，企業会計原則注解18に拠れば，①　将来の特定の支出又は損失であること，②　その発生原因が当期または当期以前にあること，

図表3　一般原則と重要性の原則

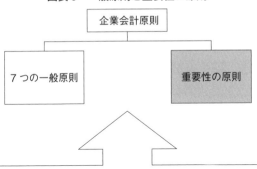

企業会計の目的は，投資家等の利害関係者の判断を誤らせないようにすることにあるので，重要性の乏しいものについては，簡便な方法での処理が認められています。例えば，文房具などの消耗品は，未使用であっても買った時点で費用としますが，些細な細かいことまで厳密に処理をしていますと，真に重要なことを見落としてしまう恐れがあるため，重要性の原則は，「重要性の乏しいものは簡便な処理や表示を認める」側面と，「重要性の高いものは詳細な処理や表示を求める」側面という両方の側面を有することになります。

（出所）日本公認会計士協会・jicpa「重要性の原則」参照。

③　その発生の可能性が高いこと，④　その金額を合理的に見積もることができることが挙げられます。

　また，令和3（2021）年4月1日以後に開始する事業年度から，収益認識に関する会計基準という新しい会計基準が適用されました。そのため，会計上は多くの引当金が認められていますが，法人税法は，貸倒引当金のみが限定的に認められます。例えば，資本金1億円以下の普通法人（但し，資本金の額等が5億円以上である法人等との間にその法人等による完全支配関係があるもの等を除きます），公益法人等及び協同組合等並びに銀行・保険会社等に限り損金算入が認められます。すなわち，図表4に示すように，企業会計では，費用収

図表4　収益認識に関する会計基準と引当金

益の対応に基づき，招来の特定の費用や損失を見越して引当金を計上しますが，法人税法では，課税の公平性を重視するため引当金の計上が限定されることになります。

2-2　収益認識に関する会計基準とポイントサービスの処理

　従来，収益認識基準では，現金主義，発生主義，実現主義が採用されていました。しかし，令和3（2021）年4月から，大会社（会社法第2条において最終事業年度に係る貸借対照表に資本金として計上した額が5億円以上であること，又は，最終事業年度に係る貸借対照表の負債の部に計上した額の合計額が200億円以上であることという要件を満たしている会社），及び上場（予定）会社を対象として収益認識に関する会計基準が適用されました。

　また，収益認識に関する会計基準が導入された背景としては，国際会計基準（International Financial Reporting Standards：IFRS）の導入に対応したことが考えられます。例えば，ポイントサービス制度の会計処理は，図表5に示すように変わります。但し，ポイントサービスの付与において新会計基準に該当するのは，購入等の取引に金額が伴う場合に限られており，入会・入店ポイント等のアクションポイントは従来通りの引当金処理となります。

図表5　ポイントサービス制度の会計処理

例　10,000円の商品購入について，1,000円分のポイントを付与した。
① 従来の会計処理

借方	金額	貸方	金額
現金	10,000	売上	10,000
引当金繰入	1,000	引当金	1,000

② 新会計基準の会計処理

借方	金額	貸方	金額
現金	10,000	売上	9,090（注1）
		契約負債	910（注2）

（注1）独立販売価格　10,000円×10,000円÷(10,000円+1,000円)＝9,090.9090…円
（注2）独立販売価格　1,000円×10,000円÷(10,000円+1,000円)＝909.0909…円
（出所）岡田祐子稿，「ポイント会計処理～上場企業に強制適用！引当金処理から切替必要：前編」(NTTテクノクロス)

3　企業会計と税務会計
3-1　会計上の繰延資産と税法上の繰延資産の相違点

　繰延資産は，会計（会社法）上と税法上では異なりますので，企業経営においては留意する必要があります。企業会計原則注解15は，繰延資産について「すでに代価の支払が完了しまたは支払義務が確定しこれに対応する役務の提供を受けたにもかかわらずその効果が将来にわたって発言するものと期待される費用をいう」と定義します。つまり，会計（会社法）上の繰延資産は，図表6に示すように，創立費，開業費，株式交付費，社債発行費，開発費です。例えば，(i)創立費とは，会社設立に要した費用であり，(ii)開業補とは，会社設立後に事業開始までに要した費用であり，(iii)株式交付費とは，新株の発行に要した費用であり，(iv)社債発行費とは，社債発行に要した費用であり，(v)開発費とは，新技術開発や新市場開拓に要した費用です。

図表6　会社法（会計上）の繰延資産

区分	具体例	償却期間（均等償却）
創立費	登録免許税・定款作成費等	5年
開業費	広告費等	5年
株式交付費	新株発行費用等	3年
社債発行費	看板やショーケース等の購入費	社債の償還期限内
開発費	新技術開発費・新市場開拓費	5年

　一方，税法上の繰延資産とは，図表7に示すように，支出効果が1年以上に及ぶ，(i)自己が便益を受ける公共的及び共同的施設の設置又は改良のための支出に要する費用，(ii)建物等を賃借及び使用するために支出する権利金及び立ち退き料等のために要する費用，(iii)役務提供を受けるために支出する権利金等に要する費用，(iv)製品等の広告宣伝に供する資産を贈与したことにより要する費用，(v)その他の自己が便益を受けるために要する費用のことです。

　また，税法上の繰延資産は，会計上の資産とは異なるため，投資その他の資産区分において長期前払費用として処理され，図表8に示すような計算式から算定できます。

図表7　会社法（会計上）の繰延資産

区分	具体例
自己が便益を受ける公共的及び共同的施設の設置又は改良のための支出に要する費用	商店街のアーケード設置等
建物等を賃借及び使用するために支出する権利金及び立ち退き料等のために要する費用	賃貸借契約における礼金等
役務提供を受けるために支出する権利金等に要する費用	フランチャイズ加盟金等
製品等の広告宣伝に供する資産を贈与したことにより要する費用	看板やショーケース等
その他の自己が便益を受けるために要する費用	―

図表8　税法上の繰延資産の償却限度額の計算式

償却限度額＝繰延資産の額×（当期の月数÷償却期間の月数）

3-2　固定資産における減価償却の役割と 200%定率法

　固定資産における減価償却の計算方法は，会計と税法では異なりますので留意する必要があります。会計上，適切な期間損益計算を行うためには，減価償却資産の取得価額が費用配分の方法により各会計期間に配分されなければなりませんが，建物，車両運搬具，器具備品等の固定資産の減価償却の方法には，定額法と定率法の2種類があります。定額法は，毎期均等額の減価償却費を計算する方法であり，定率法は，毎期の未償却残高に一定率を乗じて減価償却費を計算する方法であり，図表9に示すような計算式から算定できます。

図表9　会計上の減価償却費の計算式

定額法の減価償却費＝（取得価額×0.9）÷耐用年数
定率法の減価償却費＝帳簿価額×定率法償却率

　一方，法人税の計算では，課税の公平性を保つため，法人の恣意性を防ぐことを目的として，図表10に示すように，予め減価償却の計算の基礎となる取得価額の算定方法，償却方法，耐用年数などが規定されています。つまり，法人が損金経理をして償却費として処理した金額のうち法人税法で定める償却方法に基づいて償却限度額の範囲内で損金の額に算入します。

図表 10　減価償却資産の償却方法

区分			償却方法	法定償却方法
有形減価償却資産	一般資産	建物	定額法	
		建物附属設備 構築物 機械及び装置 船舶 航空機 車両及び運搬具 工具，器具及び備品	定額法 定率法 （注1）	定率法
	鉱業用資産	鉱業経営上直接必要で鉱業の廃止により著しくその価値を減ずる資産	定額法 定率法 生産高比例法 （注2）	生産高比例法
無形減価償却資産	一般資産	（物権的財産権） 漁業権，ダム使用権，水利権 （工業所有権） 特許権，実用新案権，意匠権，商標権 （利用権） 水道施設利用権，電気ガス供給施設利用権，公共施設等運営権等	定額法	
	鉱業用資産	鉱業権（祖鉱権及び採石権その他土石を採掘し又は採取する権利を含む）	定額法 生産高比例法	生産高比例法
	営業権		5年間均等償却	
	ソフトウエア	複写して販売するための原本その他のもの	3年間均等償却 5年間均等償却	
生物		（動物） 牛，馬，豚，綿羊，やぎ （果樹） かんきつ樹，りんご樹等 （果樹以外の植物） 茶樹，オリーブ樹等	定額法	

（注1）平成28年4月1日以後に取得した建物附属設備及び構築物については，定額法
（注2）平成28年4月1日以後に取得した建物，建物附属設備及び構築物については，定額法又は生産高比例法
（出所）藤井大輔・木原大策編著，『日本の税制』（財経詳報社，2022年）161ページ。

　また，平成23（2011）年12月の税制改正により，平成24（2012）年4月1日以後に取得をされた減価償却資産に適用される定率法の償却率について，定額法の償却率を2.5倍した償却率（以下，「250％定率法」とする）から，定額法の償却率を2倍した償却率（以下この償却率による償却方法を「200％定率法」とする）に引き下げられました（「保証率」および「改定償却率」についても，この償却率の改正に合わせて見直されました。）。なお，減価償却資産の償却限度額の計算方法は，図表11を参照して下さい。

　つまり，法人税の計算では，平成23（2011）年税制改正により平成24（2012）年4月1日以後取得する減価償却資産の償却限度額を計算する際に使用する定率法の償却率が従来の250％定率法に替えて200％定率法に引き下げましたが，200％定率法の採用の背景には，企業の新規の設備投資を促すという狙いもあります。一般的に，設備投資額は，減価償却費の範囲内でという考え方があります。なぜならば，新規の設備投資をすると減価償却費が重くなり，売上高が大きく増えない限り企業利益が圧迫されることになるため無理な設備投資は控えるという経営者が多いからです。そのため，減価償却費よりも多くの設備投

図表11　減価償却資産の償却限度額の計算方法（平成19年4月1日以後の取得分）

1　定額法
　取得年月日　平成19年4月1日（3月決算法人）
　取得価額：100万円　　耐用年数：8年　　定額法の償却率：0.125
　なお，各事業年度の償却費の額は償却限度額相当額とします

（単位：円）

事業年度（至）	償却費（償却限度額）	償却累積額	未償却残高
20.3.31	1,000,000×0.125×12/12＝125,000	125,000	875,000
21.3.31	1,000,000×0.125×12/12＝125,000	250,000	750,000
22.3.31	1,000,000×0.125×12/12＝125,000	375,000	625,000
23.3.31	1,000,000×0.125×12/12＝125,000	500,000	500,000
24.3.31	1,000,000×0.125×12/12＝125,000	625,000	375,000
25.3.31	1,000,000×0.125×12/12＝125,000	750,000	250,000
26.3.31	1,000,000×0.125×12/12＝125,000	875,000	125,000
27.3.31	1,000,000×0.125×12/12＝125,000 → 124,999	999,999	1

（注）8年目における計算上の償却限度額は12万5,000円ですが，残存簿価が1円になりますので，結果として実際の償却限度額は12万4,999円になります。

2 定率法

〈200％定率法による計算例〉

取得年月日 平成 24 年 4 月 1 日（3 月決算法人）

取得価額：100 万円　　耐用年数：8 年　　償却率：0.250　　改定償却率：0.334

保証率　　0.07909（償却保証額 79,090 円）

なお，各事業年度の償却費の額は償却限度額相当額とします。

（単位：円）

事業年度 （至）	償却費（償却限度額）	償却累積額	未償却残高
25.3.31	1,000,000×0.250×12/12＝250,000	250,000	750,000
26.3.31	750,000×0.250×12/12＝187,500	437,500	562,500
27.3.31	562,500×0.250×12/12＝140,625	578,125	421,875
28.3.31	421,875×0.250×12/12＝105,468	683,593	316,407
29.3.31	316,407×0.250×12/12＝79,101	762,694	237,306
30.3.31	237,306×0.250×12/12＝59,326＜償却保証額 79,090 →　237,306×0.334×12/12＝79,260	841,954	158,046
31.3.31	237,306×0.334×12/12＝79,260	921,214	78,786
R2.3.31	237,306×0.334×12/12＝79,260　→　78,785	999,999	1

（注）8 年目における計算上の償却限度額は 79,260 円ですが，残存簿価が 1 円になりますので，結果として実際の償却限度額は 78,785 円になります。

〈250％定率法による計算例〉

取得年月日 平成 19 年 4 月 1 日（3 月決算法人）

取得価額：100 万円　　耐用年数：8 年　　償却率：0.313　　改定償却率：0.334

保証率：0.05111（償却保証額 51,110 円）

なお，各事業年度の償却費の額は償却限度額相当額とします。

（単位：円）

事業年度 （至）	償却費（償却限度額）	償却累積額	未償却残高
20.3.31	1,000,000×0.313×12/12＝313,000	313,000	687,000
21.3.31	687,000×0.313×12/12＝215,031	528,031	471,969
22.3.31	471,969×0.313×12/12＝147,726	675,757	324,243
23.3.31	324,243×0.313×12/12＝101,488	777,245	222,755
24.3.31	222,755×0.313×12/12＝69,722	846,967	153,033
25.3.31	153,033×0.313×12/12＝47,899＜償却保証額 51,110 →　153,033×0.334×12/12＝51,113	898,080	101,920
26.3.31	153,033×0.334×12/12＝51,113	949,193	50,807
27.3.31	153,033×0.334×12/12＝51,113　→　50,806	999,999	1

（注）8 年目における計算上の償却限度額は 51,113 円ですが，残存簿価が 1 円になりますので，結果として実際の償却限度額は 50,806 円になります。

（出所）国税庁 HP 参照。

図表 12　日本の自動車会社の比較（2023 年 3 月）

単位：億円

区分	設備投資	減価償却
トヨタ自動車	16,058	11,850
日産自動車	3,508	3,168
ホンダ	4,939	4,393
SUBARU	1,228	1,030
スズキ	2,698	1,772

（出所）東洋経済新報社「会社四季報」（2023 年 3 集）を基に自己作成。

〔補足資料〕ホンダの会社四季報

会社四季報

【株式】		【株主】	【好転】	【特色】
時価総額	72,909 億円	日本マスター信託口	稼ぎ頭の 2 輪はインドなど好調で台数伸長。4 輪販売は半導体不足和らぐ。435万台（18％増）市場停滞の中国減るが, 北米やアジアで台数増。売価上昇も貢献。販売経費こなす。営業益反発。増配。	4 輪世界 7 位で北米が収益源。2 輪は世界首位。環境対応を強化。40 年までに脱エンジン目標。

【株式】
時価総額　72,909 億円

【財務】　百万円
総資産　24,670,067
自己資本　11,228,101
自己資本比率　45.5％
資本金　86,067
利益剰余金　10,023,979
有利子負債　7,665,168

【指標等】
ROE　6.4％
ROA　2.8％
設備投資　4,939 億
減価償却　4,393 億
研究開発　8,520 億

【キャッシュフロー】　億円
営業 CF　21,290（16,796）
投資 CF　▲6,780（▲3,760）
財務 CF　▲14,683（▲6,157）
現金同等物　38,030（36,749）

【株主】
日本マスター信託口
　　　　　　（14.3）
自社（自己株口）（8.0）
モクスレイ＆Co.（6.4）
日本カストディ信託口
　　　　　　（5.7）
明治安田生命保険
　　　　　　（2.7）
以下, 省略。

【取締】
（会）倉石誠司
以下, 省略。

【連結】
本田技術研究所
米国ホンダ

【好転】
稼ぎ頭の 2 輪はインドなど好調で台数伸長。4 輪販売は半導体不足和らぐ。435万台（18％増）市場停滞の中国減るが, 北米やアジアで台数増。売価上昇も貢献。販売経費こなす。営業益反発。増配。

【5 回目】
英アストンマーティンと組み 26 年から F1 再参戦。以下, 省略。

【特色】
4 輪世界 7 位で北米が収益源。2 輪は世界首位。環境対応を強化。40 年までに脱エンジン目標。

【連結事業】
二輪　17
四輪　63
金融サービス　17
パワープロダクツ他　3

【海外】　86

ホンダ

【決算】　3 月
【設立】　1948.9
【上場】　1957.12

【業績】（百万円）	売上高	営業利益	税前利益	純利益
連 19.3	15,888,617	726,370	979,375	610,316
連 20.3	14,931,009	633,637	789,918	455,746
連 21.3	13,170,519	660,208	914,053	657,425
連 22.3	14,552,696	871,232	1,070,190	707,067
連 23.3	16,907,725	829,398	938,194	695,267

【本社】東京都港区南青山
【工場】埼玉, 浜松, 鈴鹿
【従業員】（23.3）
　連 197,039 名
　単 33,065 名
【証券】上東京 P, NY
　(幹) 三菱 U モル
【銀行】三菱 U, みずほ

資をしている企業は積極的な経営を行っているといえます。例えば, 図表 12 に示すように, ホンダなどの日本の自動車メーカーは減価償却を上回る設備投資をしており積極的経営を行っています。

3-3　補助金給付における圧縮記帳のメリットとデメリット

　法人税法は, 図表 13 に示すように圧縮記帳を認めています。そのため, 震

図表 13　圧縮記帳に分類と仕組み

区分	法人税法	租税特別措置法
補助金等を受けた場合の圧縮記帳	・国庫補助金等で習得した固定資産 ・工事負担金で取得した固定資産 ・保険金等で取得した固定資産	・課徴金で取得した試験研究用資産 ・転廃業助成金等で取得した固定資産
交換の場合の圧縮記帳	・交換により取得した資産	・換地処分等に伴い取得した資産 ・特定の資産の交換により取得した資産
有償譲渡の場合の圧縮記帳		・収用等に伴い取得した代替資産 ・特定の資産の買換えにより取得した資産

（出所）藤井大輔・木原大策編著，『日本の税制』（財経詳報社，2022 年）169 ページ。

図表 14　圧縮記帳の方法

直接減額方式	積立金方式
固定資産の取得原価を直接減額し，圧縮損を計上することで補助金（益金）と圧縮損を相殺する。	決算確定日までに剰余金を処分することにより圧縮積立金を積立てて法人税確定申告時に調整する。

　災等の一定の理由により取得した資産については，一定額まで帳簿価額を圧縮記帳して減額することができます。なぜならば，国庫補助金を受けた場合には，法人税の計算では益金となりますので，国庫補助金や保険金で取得した資産の一定額を圧縮しその圧縮額を損金の額に算入し補助金や保険差益などの益金と相殺しなければ，法人税が課税されることになるからです。そして，圧縮記帳には，図表 14 及び図表 15 に示すように，直接減額方式と積立金方式の 2 種類があります。しかし，国庫補助金という益金を圧縮記帳で法人税を減額することには，その妥当性について否定的な見解もあります。つまり，圧縮記帳とは，課税を一時的に繰り延べるための特例措置であり，課税上のテクニックにしか過ぎないため，圧縮記帳の在り方を見直すべきです。

図表15　直接減額方式と積立金方式

A社は，国庫補助金500万円の交付を受け，補助金交付目的にした機械装置1,500万円（耐用年数5年は定額法で償却）を購入し，事業の用に供した。

直接減額方式

	借方科目	借方金額	貸方科目	貸方金額	摘要
国庫補助金の交付	預金	500万円	国庫補助金収入	500万円	補助金取得
機械装置の取得	機械装置	1,500万円	預金	1,500万円	補助金取得
圧縮損の計上	機械圧縮損	500万円	機械装置	500万円	圧縮損の計上
減価償却計算	減価償却費	200万円	機械装置	200万円	償却費の計上

積立金方式

	借方科目	借方金額	貸方科目	貸方金額	摘要
圧縮積立金の積立	繰越利益剰余金	500万円	圧縮積立金	500万円	積立金の計上
減価償却計算	減価償却費	300万円	機械装置	300万円	償却費の計上
積立金取り崩し	圧縮積立金	100万円	圧縮記帳積立金取崩益	100万円	積立金の取崩

直接減額方式：減価償却費200万円（1,500万円÷5年＝300万円・500万円−300万円）
積立金方式：300万−200万円＝100万円（圧縮記帳積立金取崩益）

（出所）「国税庁が補助金への圧縮記帳を運用！要件や方式，国税庁の指針を解説」参照。

4　企業経営と財務分析
4-1　MBO（株式非公開化）とネットキャッシュの関係

　株式非公開化（Management Buyout，以下，「MBO」とする）は，M&A（Mergers and Acquisitions）手法の一種であり，創業家等の経営者が金融機関からの借り入れや投資ファンドからの出資に基づいて自社の株式を株式市場から買い取ることにより株式の非公開化を図ることであり，例えば，2023（令和5）年に大正製薬ホールディングス（以下，「大正製薬HD」とする）がMBOに踏み切っています。企業がMBOを選択する理由としては，「株主への配当金の確保や投資家を意識した株価維持に捕らわれることなく，中長期的視野を有しながら急激に変化する時代の変革に迅速に対応するため，スピーディーに経営改革を実施したい」という経営方針が考えられます。そして，経営者が株式上場を維持する理由としては，資金調達，社名知名度の浸透，優秀な従業員の確保等があります。例えば，大正製薬HDの令和5（2023）年3月期の財務内容は，図表16に拠れば，自己資本比率が83.5%であり財務の安全性が高く，

図表 16　大正製薬 HD の財務内容（2023 年 3 月）

区分	数値	計算式
時価総額	4,580 億円	
自己資本比率	83.5%	
有利子負債	0 円	
フリーキャッシュフロー	138 億円	409 億円＋（▲ 271 億円）
現金同等物	2,320 億円	
営業利益率	7.637%	23,018 百万円÷301,381 百万円×100
経常利益率	10.101%	30,444 百万円÷301,381 百万円×100
ネットキャッシュ	2,722 億円	IR 情報から分析

会社四季報

【株式】
時価総額　　　　　4,580 億円

【財務】　　　　　　　　百万円
総資産　　　　　　941,490
自己資本　　　　　785,745
自己資本比率　　　　83.5%
資本金　　　　　　　30,000
利益剰余金　　　　713,776
有利子負債　　　　　　　0

【指標等】
ROE　　　　　　　　2.5%
ROA　　　　　　　　2.0%
設備投資　　　　　　312 億
減価償却　　　　　　163 億
研究開発　　　　　　207 億

【キャッシュフロー】　　億円
営業 CF　　　　409（285）
投資 CF　　▲271（▲70）
財務 CF　　▲108（▲100）
現金同等物　2,320（2,275）

【株主】
公益財団法人上原記念
生命科学財団　　（17.6）
上原昭二　　　　　（9.0）
日本マスター信託口
　　　　　　　　　（6.7）
公益財団法人上原美術
館　　　　　　　　（4.5）
自社（自己株口）　（3.6）
三井住友銀行　　　（3.5）
三菱 UFJ 銀行　　（3.5）
上原　明　　　　　（2.5）
日本カストディ信託口
　　　　　　　　　（2.1）
鹿島　　　　　　　（1.9）

【役員】
（社）上原　明
以下，省略。

上原家の
ファミリー
ビジネス

【連結】
大正製薬
大正ファーマ
ビオフェルミン製薬

【急落】
一般用は国内
が主力「リポ
ビタン」シリー
ズ堅調推移。ア
ジアでコロナ
影響緩和進み
大幅伸長。医
薬は中外製薬
から継承の
「ボンビバ」貢
献。ただ開発
進捗に伴う研
究開発費や販
促費がかさ
み，営業益反
落。

【先行投資】
当面は M&A
など成長投資
に向けた資本
配分を優先。
以下，省略。

【特色】
市販薬最大手
でドリンク剤，
風邪薬，発毛
薬が柱。医療
用医薬品は糖
尿病薬主力。
創業家色

【連結事業】
セルフメディ
ケーション88
医薬　　　　12

【海外】　　　42

大正製薬 HD

【決算】
3 月
【設立】
2011.10
【上場】
2011.10

【業績】（百万円）	売上高	営業利益	経常利益	純利益
連 19.3	261,551	31,211	40,851	48,593
連 20.3	288,527	21,460	25,010	20,531
連 21.3	281,980	19,965	25,946	13,316
連 22.3	268,203	10,743	18,412	13,122
連 23.2	301,381	23,018	30,444	18,997

【本社】東京都豊島区高田
【主要子会社】大塚製薬
【従業員】（23.3）
　連 8,784 名　単 64 名
【証】上東京 S（幹）大和
【銀行】三井住友，三菱 U

（出所）東洋経済新報社「会社四季報」（2023 年 3 集）

　有利子負債 0 円，フリーキャッシュフロー 138 億円，現金同等物 2,320 億円と資金繰りも安定しており，営業利益率 7.637%，経常利益率 10.101% と収益性も高いため，資金調達のために上場維持する必要がありません。そして，大正製薬 HD は，財務が安定しているばかりでなく知名度も高く，優秀な従業員の確保も容易であるため必ずしも上場を維持する必要がないのです。

〔補足資料〕2023年の主なMBO企業と日本企業関連M＆A

2023年の主なMBO企業		
社名	株式取得額	PBR
大正製薬HD	7,077億円	0.54倍
ベネッセHD	2,079億円	1.14倍
シダックス	365億円	3.2倍
シミックHD	337億円	0.78倍
ジャパンベストレスキューシステム	334億円	2.23倍
岩崎電気	289億円	0.57倍
イハラサイエンス	288億円	1.04倍
インパクトHD	225億円	5.7倍
システム情報	152億円	2.95倍
ピージーデポコーポレーション	139億円	0.57倍

（注）PBR（Price Book-value Ratio）とは，株価純資産倍率のことであり，時価総額と純資産の割合を示しており，株価を一株当たりの純資産で除することにより算定できます。
（出所）日本経済新聞，2023年11月26日参照。

2023年の主な日本企業関連M＆A		
買い手	対象	金額
日本製鉄	USスチール	2兆円
日本産業パートナーズ	東芝	2兆円
産業革新投資機構	JSR	9000億円
アステラス製薬	アイベリック・バイオ	8000億円
大正製薬HD経営陣	大正製薬HD	7000億円
産業革新投資機構・大日本印刷・三井化学	新光電気工業	6800億円
東京ガス	ロッククリフ・エナジー	4000億円
NTT・JERA	グリーンパワーインベストメント	3000億円

（出所）日本経済新聞，2024年1月5日参照。

　また，キャッシュリッチとは，現預金などの流動性の高い資産を潤沢に保有することにより無借金であることを指し，企業が保有する現預金や有価証券が多く有利子負債を上回っている場合には，事実上の無借金経営状態でありネットキャッシュと称されます。大正製薬HDのネットキャッシュ（現金預金＋短期保有有価証券－有利子負債－前受金）の数値は，東洋経済ONLINE（2023

〔補足資料〕第 11 回「金持ち企業ランキング」／ランキングベスト 20

順位	前回順位	企業名	都道府県	業種	Net Cash	前回 Net Cash
1	1	任天堂	京都府	娯楽用品・玩具製造業	1 兆 2,065 億円	1 兆 1,852 億円
2	2	信越化学工業	東京都	化学工業	1 兆 824 億円	8,391 億円
3	3	ファーストリテイリング	山口県	織物・衣服・身の回り品小売業	7,020 億円	6,235 億円
4	4	SMC	東京都	はん用機械器具製造業	6,733 億円	6,185 億円
5	12	リクルートホールディングス	東京都	職業紹介・労働者派遣業	6,089 億円	3,883 億円
6	5	SUBARU	東京都	自動車製造業	5,490 億円	5,734 億円
7	43	第一三井	東京都	医薬品製剤製造業	4,990 億円	1,537 億円
8	7	セコム	東京都	セキュリティサービス業	4,747 億円	4,507 億円
9	11	キーエンス	大阪府	電子部品・デバイス・電子回路製造業	4,643 億円	4,012 億円
10	8	ファナック	山梨県	生産用機械器具製造業	4,235 億円	4,298 億円
11	6	三菱電機	東京都	電気機械器具製造業	3,977 億円	5,185 億円
12	23	ネクソン	東京都	情報提供サービス業	3,652 億円	2,388 億円
13	14	日東電工	大阪府	電子部品・デバイス・電子回路製造業	3,618 億円	3,003 億円
14	13	シマノ	大阪府	自転車部品製造業	3,614 億円	3,056 億円
15	15	京セラ	京都府	窯業・土石製品製造業	3,176 億円	2,888 億円
16	16	小糸製作所	東京都	電気機械器具製造業	2,989 億円	2,829 億円
17	19	スズキ	静岡県	自動車製造業	2,987 億円	2,623 億円
18	31	大塚ホールディングス	東京都	医療関連事業	2,751 億円	2,036 億円
19	17	大成建設	東京都	総合工事業	2,749 億円	2,754 億円
20	34	東京エレクトロン	東京都	生産用機械器具製造業	2,743 億円	1,865 億円

（出所）Press 2022.8.24 参照。

年 1 月 25 日）に拠れば 2,722 億円と高く，手元資金が潤沢な上位 500 社中 27 位に位置しており財務内容に優れ株主還元のための資源を豊富に有しているため，資金確保を目的として株式上場している理由はないといえます。つまり，大正製薬 HD の創業家である上原家は，財務内容が優れており資金力に不安がないため，経営者（創業家）の経営裁量の確保を目指して MBO に踏み切ったと推測できます。なお，大正製薬 HD の MBO における TOB（株式公開買い付け）は 7,100 億円です。

4-2　親子上場の解消と時価総額 1 兆円企業の増加

　従来，親子上場には，親会社側には，子会社が上場した場合に子会社株式の売却によって生じた資金（売却益）を将来のビジネスに投入できるというメリットが生まれ，子会社側にとっても上場することにより社会認知度を高め資金調達が容易になるというメリットが生まれると指摘されてきました。しかし，大株主である親会社の利益が優先された場合には，子会社に投資している親会社以外の株主の利益が侵害されるというデメリットが生まれる可能性もあります。つまり，親子上場にはメリットがある反面，デメリットも存在するため親子上場を廃止する企業が増えました。

　一方，現代の企業経営では，親子上場解消の拡大に歩調を合わせるように時価総額 1 兆円を超えた企業が漸増しており，2023 年 12 月 25 日時点で 1 兆円を超えた企業は，2022 年末比で約 2 割増え 165 社に増加しています（日本経済新聞社 2023 年 12 月 26 日参照）。1 兆円企業を目指す企業は時価総額経営を行っていますが，時価総額経営とは，株主への利益還元を最優先し時価総額の増加による株価の上昇を目指す経営手法であるため投資家にとっては魅力的な企業に映ります。しかし，含み益により株価が上昇すると時価総額が増加し企業実体との乖離が生まれる恐れもあるため自己資本比率等の財務内容にも留意するべきです。例えば，任天堂の時価総額は，図表 17 に示すように 76,739 億円ですが，自己資本比率の数値も高く無借金経営であり，現金同等物を多数保有し安全性や収益性も高く財務バランスがとれている企業です。しかし，任天堂が企業経営のグローバル化を目指すうえでは，より一層，投資家からの信頼を得て事業資金を集める必要があるため時価総額の存在が重要視されるのです。

4-3　政策保有株式（株式持ち合い）と循環出資の類似点

　日本企業の株式の持ち合い（以下，「政策保有株式」とする）と韓国財閥の循環出資は類似しています。政策保有株式は，敵対的買収からの防衛や取引先との信頼関係の構築等を目的とする源流（母体）や地縁（地域）を同じくするグループ企業の結び付きですが，トヨタ自動車グループは，豊田自動織機を本家としており，図表 18 に示すように，豊田自動織機・トヨタ自動車・豊田通商の三者間で株式を持ち合っています。例えば，トヨタ自動車は，豊田自動織

図表 17 任天堂の時価総額経営（2023 年 3 月）

区分	数値	計算式
時価総額	76,739 億円	
自己資本比率	79.4%	
有利子負債	0	
現金同等物	11,945 億円	
営業利益率	31.490%	504,375 百万円÷1,601,677 百万円×100
経常利益率	37.527%	601,075 百万円÷1,601,677 百万円×100
ネットキャッシュ	17,108 億円	有価証券報告書のデータから分析

会社四季報

任天堂

【株式】
時価総額　　　　　76,739 億円

【財務】　　　　　　　百万円
総資産　　　　　　2,854,284
自己資本　　　　　2,266,233
自己資本比率　　　　　79.4%
資本金　　　　　　　　10,065
利益剰余金　　　　2,392,704
有利子負債　　　　　　　　0

【指標等】
ROE　　　　　　　　　20.0%
ROA　　　　　　　　　15.2%
設備投資　　　　　　　339 億
減価償却　　　　　　　110 億
研究開発　　　　　　1,100 億

【キャッシュフロー】　　億円
営業 CF　　　　3,228(2,896)
投資 CF　　　　1,115(936)
財務 CF　　▲2,909(▲3,370)
現金同等物　11,945(10,227)

【株主】
日本マスター信託口
　　　　　　　　　(15.2)
自社（自己株口）(10.3)
JP モルガン・チェース・
バンク 380815　(8.8)
日本カストディ信託口
　　　　　　　　　(5.3)
京都銀行　　　　　(3.7)
野村信銀信託口（三菱
U 銀）　　　　　(3.2)
以下，省略。

【役員】
(社) 古川俊太郎
以下，省略。

【連結】
Nintendo of America

【減配】
「ゼルダ」新作
が絶好調。つ
れて前作の本
数も伸ばす。
映画効果もあ
り旧作や追加
コンテンツが
デジタル売上
増に貢献。だ
が。7 年目ス
イッチが販売
長期化で漸
減。営業益続
落。為替差益
見込まず。

【伝説】
5 月発売の「ゼ
ルダ」新作は
3 日間で 1000
万本突破。海
外比率約 8 割。
以下，省略。

【特色】
ゲームハード,
ソフトで総合
首位。海外シェ
ア高い。ドル
建て資産多く
期末為替で経
常益変動

【連結事業】
ゲーム専用機
　　　　　　97
スマートデバ
イス・IP 関連
収入等　　　3
トランプ他　0

【海外】　　　77

【決算】
3 月
【設立】
1947.11
【上場】
1962.1

【本社】京都市南区上鳥羽
【工場】宇治
【従業員】〈23.3〉
連 7,317 名　単 2,779 名
【証券】東京 P
(主) 野村，(副) 日興
【銀行】京都，三菱 U, り
そな

【業績】（百万円）	売上高	営業利益	経常利益	純利益
連 19.3	1,200,560	249,701	277,355	194,009
連 20.3	1,308,519	352,370	360,461	258,641
連 21.3	1,758,910	640,634	678,996	480,376
連 22.3	1,695,344	592,760	670,813	477,691
連 23.2	1,601,677	504,375	601,070	432,768

（出所）東洋経済新報社「会社四季報」（2023 年 3 集）

機や豊田通商の安定株主となり，豊田自動織機は，トヨタ自動車や豊田通商の安定株主になり，豊田通商は，豊田自動織機の安定株主になっています。

　一方，大韓民国（以下，「韓国」とする）では，韓国経済を担う存在であるサムスングループ，現代グループ，SK グループ，LG グループ，ロッテグループ等の韓国財閥ばかりでなく，中小の企業グループに至るまで，儒教精神に基

図表 18　トヨタ自動車グループの政策保有株式

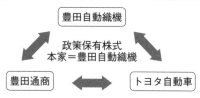

〔補足資料〕トヨタ自動車グループの会社四季報

会社四季報

【株式】		【株主】		【最高益圏】	【特色】
時価総額	27,566 億円	トヨタ自動車　（23.5）		フォークリフト	トヨタグルー
		デンソー　　　（9.0）		は海外牽引し数	プ本家。フォー
【財務】	百万円	日本マスター信託口		量増。トヨタ増	クリフト，車
総資産	7,821,185		（7.5）	産でエンジンや	両組み立て，
自己資本	3,837,416	トヨタ不動産　（4.9）		コンプレッサー	コンプレッ
自己資本比率	49.1%	自社（自己株式）（4.7）		など伸びる。販	サーディーゼ
資本金	80,462	豊田通商　　　（4.6）		売是正も効く。	ルエンジン主
利益剰余金	1,652,648	日本カストディ信託口		エンジン認証関	
有利子負債	1,699,139		（3.1）	連費見込まず。	【連結事業】
		日本生命保険　（2.0）		原材料高騰や労	自動車　　28
【指標等】		アイシン　　　（2.0）		務費負担の増加	産業車両　68
ROE	5.0%	あいおいニッセイ同損		をかける。最高	繊維機械　　3
ROA	2.5%		（1.5）	純益。増配。	他　　　　　2
設備投資	1,444 億	【役員】			
減価償却	999 億	（会）豊田鐵朗		【不正】	海外　　　74
		以下，省略。		フォークは国内	
【キャッシュフロー】	億円			エンジン認証法	【決算】
営業 CF	1,949(3,210)	【連結】		規違反一部出荷	3 月
投資 CF	▲4,276(▲2,298)	アイチコーポレーショ		停止，約 7・2 万	【設立】
財務 CF	1,836(▲921)	ン		台分でリコール	1926.11
現金同等物	2,027(2,470)			を届け出。以下，	【上場】
				省略。	1949.5

豊田自動織機

【業績】（百万円）	売上高	営業利益	税前利益	純利益	
連 19.3	2,214,946	134,684	202,225	152,748	【本社】愛知県刈谷市豊田町
連 20.3	2,171,355	128,233	196,288	145,881	【工場】刈谷，大府，共和，
連 21.3	2,118,302	118,159	184,011	136,700	長草
連 22.3	2,705,183	159,066	246,123	180,306	【従業員】〈23.3〉
連 23.3	3,379,891	169,904	262,967	192,861	連 74,887 名　単 14,240 名
連 24.3 予	3,500,000	185,500	275,000	200,800	【証券】上東京 P，名古屋 P
					（幹）野村，（名）三菱 U 信
					【銀行】三井住友，三菱 U
					【仕入先】トヨタ自動車
					【販売先】トヨタ自動車

づき創業家の直系男子が後継者となる事業承継を行っています。特に，韓国財閥は，「循環出資」と称する財閥創業家が資本支配する経営形態を採用しており，財閥創業家による経営体制を維持するために循環出資を用いた相続税対策と事業承継が行われています。例えば，韓国財閥のファミリービジネスを形成するインフォーマル・ネットワークとしては，血縁，地縁，学縁（学閥）が挙げられますが，特に，出身校による学縁（学閥）と財閥間の婚姻関係による婚脈の結びつきが強く特異な資本構造である循環出資が問題視されています。循

会社四季報

トヨタ自動車

【株式】	
時価総額	31.4兆円

【財務】	百万円
総資産	74,303,180
自己資本	28,338,706
自己資本比率	38.1%
資本金	397,050
利益剰余金	28,343,296
有利子負債	29,380,273

【指標等】	
ROE	9.0%
ROA	3.3%
設備投資	16,058億
減価償却	11,850億

【キャッシュフロー】	億円
営業CF	29,550(37,226)
投資CF	▲15,988(▲5,774)
財務CF	▲561(▲24,665)
現金同等物	75,169(61,136)

【株主】
自社(自己株口) (16.8)
日本マスター信託 (11.6)
豊田自動織機 (7.3)
日本カストディ銀行 (5.5)
日本生命保険 (3.8)
JPモルガン・チェース・バンク (3.2)
デンソー (2.7)
ステート・ストリート・バンク&トラスト (2.0)
BNYMデポジタリRH (1.7)
三井住友海上火災 (1.7)

【役員】
(会) 豊田章男
以下、省略。

【連結】
ダイハツ工業
日野自動車
米国トヨタ自動車販売

【上向く】
世界販売1138万台(7%増)で過去最高。円安一服も、好採算のSUVが台数増。原価改善や北米など新車値上げが効き資材高こなす。営業益好転。持分法中国も貢献。会社計画やや慎重。増益。

【商用車】
独ダイムラーと提携。以下省略

【特色】
4輪世界首位。国内シェア3割超。日野、ダイハツを傘下。SUBARU、マツダ、スズキと提携。

【連結事業】
自動車 91
金融 8
他 2

【決算】3月
【設立】1937.8
【上場】1949.5

【業績】(百万円)	営業収益	営業利益	税前利益	純利益
連19.3	30,225,681	2,467,545	2,285,465	1,882,873
連20.3	29,929,992	2,442,869	2,554,607	2,076,183
連21.3	27,214,594	2,197,748	2,932,354	2,245,261
連22.3	31,379,507	2,995,697	3,990,532	2,850,110
連23.3	37,154,298	2,725,025	3,668,733	2,451,318
連24.3予	38,000,000	3,100,000	3,950,000	2,750,000

【本社】愛知県豊田市トヨタ
【工場】本社、元町、上郷、高岡
【従業員】〈23.3〉
連375,235名
【証券】上東京P、名古屋P、NY、LON
(幹)(主)野村、(名)三菱U信
【銀行】三菱U、三井住友

会社四季報

豊田通商

【株式】	
時価総額	22,482億円

【財務】	百万円
総資産	6,377,064
自己資本	1,914,327
自己資本比率	30.0%
資本金	64,936
利益剰余金	1,526,615
有利子負債	2,021,700

【指標等】	
ROE	15.6%
ROA	4.5%
設備投資	……億
減価償却	1,289億

【キャッシュフロー】	億円
営業CF	4,442(501)
投資CF	▲1,399(▲1,573)
財務CF	▲2,066(449)
現金同等物	7,716(6,530)

【株主】
豊田自動車 (21.5)
日本マスター信託口 (14.6)
豊田自動織機 (11.1)
日本カストディ信託口 (5.9)
三菱UFJ銀行 (2.2)
三井住友銀行 (1.2)
以下、省略。

【役員】
(会) 村上英彦
以下、省略。

【連結】
ユーラスエナジーホールディングス

【連続増配】
新車生産が徐々に拡大。欧州・北米で数量増勢の自動車部品やアフリカ事業が牽引。車載向け伸びるエレキも拡大。ただ、前期高騰した電力や金属の市況落ち着く。純益高水準だが小幅減。連続増配。

【SiC】
EV化で需要増のSiCパワー半導体ウエハの研究開発会社を関西学院大と設立。以下、省略。

【特色】
トヨタ系の総合商社、06年トーメン合併。自動車関連事業で営業利益の7割稼ぐ。アフリカ強い。

【連結事業】
金属 28
グローバル・ロジ 12
自動車 8
機械エネ 8
化学エレ 21
食料生活産業 8
他 14

【決算】3月
【設立】1948.7
【上場】1961.10

【業績】(百万円)	営業収益	営業利益	税前利益	純利益
連19.3	6,762,702	215,197	229,193	132,622
連20.3	6,694,071	210,370	224,801	135,551
連21.3	6,309,303	213,058	221,425	134,602
連22.3	8,028,000	294,141	330,132	222,235
連23.3	9,848,560	388,753	427,126	284,155
連24.3予	10,500,000	400,000	420,000	280,000

【本社】名古屋市中村区名駅
【従業員】〈23.3〉
連66,944名
【証券】上東京P、名古屋P
(幹)野村、(名)三菱U信
【銀行】三菱U、三井住友

図表19　韓国財閥上位グループの持ち株所有比率（2014年4月）

企業名	創業家 （オーナー家族）	系列企業	その他	合計
サムスン	0.99%	41.97%	2.70%	45.66%
現代自動車	3.75%	44.43%	1.01%	49.19%
SK	0.79%	62.56%	1.27%	64.62%
LG	3.89%	34.66%	5.72%	44.27%
ロッテ	2.24%	56.87%	0.34%	59.45%
現代重工業	1.49%	68.98%	3.10%	73.57%
GS	16.25%	41.99%	0.53%	58.77%
韓進	6.33%	37.91%	5.67%	49.91%
韓火	1.97%	54.20%	0.80%	56.97%
斗山	3.55%	49.33%	5.83%	58.71%
錦湖アシアナ	1.67%	36.85%	1.99%	40.51%
STX	3.28%	53.62%	2.40%	59.30%
LS	4.53%	63.98%	3.91%	72.42%
CJ	7.73%	60.13%	3.43%	71.29%
新世界	16.82%	37.03%	0.03%	53.88%

（出所）日本貿易振興機構（ジェトロ）アジア経済研究所編，「『経済民主化』で注目される財閥オーナーの裁判」（2013年）3ページ参照。

環出資とは，韓国財閥の企業統治のための経営手法であり，主要な系列企業同士で順送りに株式を持つことにより創業家が僅少な株式数で企業グループを支配するため，相続税対策にもなり創業家の事業承継を安定させる効果があります。そのため，韓国財閥は，図表19に示すように少数の持ち株でグループ支配を行っています。例えば，韓国財閥を代表するサムスングループ創業家の持株比率は0.99％であり，現代自動車グループ創業家の持ち株比率は3.75％であり，SKグループ創業家の持ち株比率も0.79％にしか過ぎず，韓国財閥上位5社で持ち株比率が4％を超えている企業はありません。しかし，韓国財閥の循環出資に対しては批判的な見解もあります。なぜならば，創業家の持ち株とグループ系列企業の持ち株を合わせると創業家の内部所有比率が著しく高くなり，企業統治を妨げていることが明白だからです。つまり，循環出資は，韓国財閥創業家の相続・事業承継を容易にしていますが，企業統治を不透明にさせ健全な企業経営を妨げ，韓国社会の経済格差を助長させているのです。

　また，政策保有株式と循環出資に対しては批判的見解も多く，政策保有株式は，資本の空洞化や株主総会の機能不全などの視点から批判されており，循環出資に対しては，創業家の企業支配を助長させ企業統治を不透明にすると批判されています。そのため，政策保有株式は，平成30（2018）年6月1日の東京証券取引所企業統治指針（コーポレートガバナンス・コード）改訂において株式の持ち合いにおける開示が強化されたことに伴い減少傾向を示しています。そして，循環出資に対しても，歴代韓国大統領のコーポレートガバナンス改革において解消が求められています。

4-4　多国籍企業のタックス・マネジメントと租税回避行為

　タックス・マネジメントとは，税法の遵法精神を遵守しながらタックスコンプライアンス（内部統制）を前提として，親会社が系列のグループ企業をマネジメントすることにより合法的に企業グループ全体の税負担の減少を図り，税金（タックス）という費用を最小化すること（節税）により内部留保額を最大化し，企業グループ内に蓄積された内部留保額を設備投資や試験研究費に回す税務会計戦略のことです。また，タックス・マネジメントを導入している企業としては，図表20に示すように，花王株式会社（以下，「花王」とする）が挙げられます。

　また，タックス・マネジメントは，一部の多国籍企業が行っているタックス・ヘイブン（Tax Haven）を活用した租税回避行為とは異なります。タックス・ヘイブンとは，自国の法人税率と比較して著しく法人税率が低い国及び地域のことですが，多国籍企業のなかには，法人税の税額を減らすことを目的としてタックス・ヘイブンに拠点を置いてサービスを提供している企業もあります。例えば，国際課税は，1928年に制定された「恒久的施設がなければ課税しない」という条約案を前提としているため，外国企業が自国内でサービスを提供しても自国内に支店や工場等の拠点が存在していなければ課税することができませんでした。例えば，ケイマン諸島のように，法人税率が0%又は著しく低い国及び地域に法人の拠点を置いて税額を減らす企業も増えました。そのため，国際課税では，法人税において15%以上の最低税率を定めることが検討されました。例えば，ミニマムタックスとは，多国籍企業の課税逃れを防止するため，進出先の国ごとに最低税率分の税金を課税する制度のことですが，

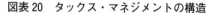

図表20　タックス・マネジメントの構造

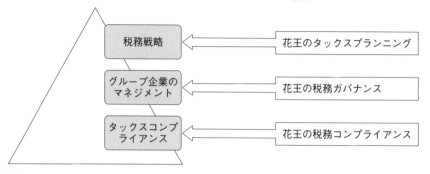

・花王の税務ガバナンス：
　　各国の税制や行政の運用に適時対応し，早期の税務リスクの発見と対応を可能とする運営体制を構築し，花王は，税の透明性を確保し，各国・地域の税務に関する法令・規則などの遵守を徹底しています。また，適切な税務処理に関する各種教育を行い，一人ひとりが税務コンプライアンス意識を高めています。企業価値向上のためのリスク管理を行います。
・花王の税務コンプライアンス：
　　租税に関連する法令遵守を徹底します。また，税務調査の要請があれば，税務当局に対して適時かつ適切な情報開示を行い，誠実に対応・協力することで信頼関係を構築します。国際的な税務フレームワークへの取り組み，各国税法を遵守すると共に，国際的な取り組みの主旨に則った税務管理を行い，税に関する透明性を確保します。
・花王のタックスプランニング：
　　事業目的に沿って海外進出先やグローバルな事業体制を決定することとしており，タックスヘイブン等を利用する恣意的な租税回避および濫用的なタックスプランニングを行いません。

（出所）花王HPを基に作成。

　日系多国籍企業がタックス・ヘイブンに子会社を設立した場合，その子会社の法人税は0円です。しかし，日本の法人税制にミニマムタックスが導入されれば，図表21に示すように，日本政府は，当該子会社の税率が最低税率と同等になるような税金を当該子会社の親会社である日系多国籍企業に対して課税できるようになります。つまり，タックス・ヘイブンを活用した租税回避行為とタックス・マネジメントとは異なります。日系多国籍企業のなかには，ベトナム進出を考えている企業も多く存在し，花王も日本国内の人口減少に対応しベトナムでの事業展開を強化しましたが，花王の経営手法は，タックス・ヘイブンを活用した租税回避行為ではなく，タックス・マネジメントを用いた税務会計戦略です。そして，花王等の日本企業がベトナムに注目した理由としては，優先業種ならば法人税率が20％又は10％になるという税制支援に加えて，政

図表 21　国際的法人税率のイメージ

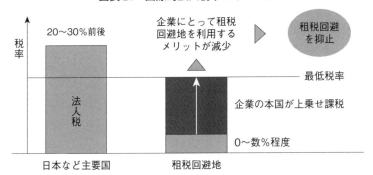

各国の実効法人税率

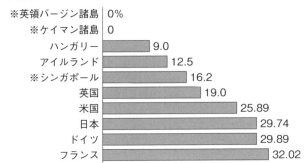

（注）経済協力開発機構（OECD）のデータから。2019 年の国税と地方税を合
　　計した税率。※は 17 年の税率
（出所）毎日新聞 HP（2019 年 9 月 13 日）

治的安定性，市場の成長性，安価な労働力，地理的優位性等も挙げられます。
　しかし，1992 年に，韓国とベトナムの間でベトナム戦争後に国交が樹立さ
れ，李明博大統領が新アジア外交構想を打ち出し，「韓国・ベトナム戦略協力
パートナーシップ共同声明」を発信すると韓国とベトナムの経済関係は大きく
進展し，サムスングループ等の韓国財閥が大挙してベトナムに進出したため日
本企業と競合状態になっています。

5　会計監査と公益法人に対する課税
5-1　株式会社の仕組みと会計参与及び監査役の機能

　会社は，会社法により法人とすると規定され（3条），会社が事業に関して行う行為は商行為とされますが（5条），定款に目的とする営業活動を記載して活動します。そして，会社は，商号として必ず会社の種類を入れなければなりませんが，商号の名称や住所地は他社との間で重複することができず，登記しなければ第三者に対抗することができません。会社は，図表22に示すよう

図表22　会社区分と社員構成

区分	社員構成
株式会社	社員（株主）は，有限責任社員のみで構成されています。つまり，社員は，株式の引き受け価額の範囲内で出資義務を負いますが，会社債権者に対して直接責任を負うことはなく間接責任を負うだけです（会社法104条）。そのため，会社債権者は，会社に対して責任を追及できますが，個人に対しては責任を追及することができません。また，株主の地位は，株主平等の原則により所有する株式の内容や数量に応じて平等に扱われ（会社法109条1項），資本充実・維持の原則により会社財産の保全を目的として資本の減少については厳密な規定が設けられています。そのため，会社法では資本の最低限度額を規定していませんが，純資産が300万円未満の場合には剰余金の株主への配当を認めていません（会社法458条）そして，株式会社は，所有と経営の分離に基づき株主総会と取締役を設置しなければなりません。
合名会社	社員は，無限責任社員のみで構成されています（576条2項・580条1項）。また，社員は，無限責任，直接責任，連帯責任を負います。つまり，会社債務を会社の財産で弁済できないときには，会社が債務全額を完済するまで社員に対して債務負担の義務があり，会社債権者からの請求があれば社員は債務負担に応じなければならず，複数の社員が存在していても個々の社員が負債全額に対して責任を負うことになります。そのため，会社債権者は，会社に対して責任を追及できますが，会社財産で会社債務を完済できなければ個人に対しても責任を追及できます。
合資会社	社員は，無限責任社員と有限責任社員で構成されています（576条3項）。合資会社の業務執行権と代表権は，有限責任社員と無限責任社員の両者で共有できますが，業務執行役員が複数存在する場合の業務執行の意思決定は，業務執行役員の過半数で決定することになります。
合同会社	社員は，有限責任社員で構成されています（576条4項・580条2項）。合同会社は，アメリカのLimited Liability Company（LLC）をモデルとしています。また，合同会社は社員が有限責任社員のみで構成されている点において株式会社に類似していますが，社員全員が会社運営に関与できるという点においては異なります。

に，株式会社，合名会社，合資会社，合同会社に区分されますが，株式会社には，株主総会，取締役等が置かれ，取締役，会計参与，監査役が会社法上の役員になります（会社法329条1項）。取締役には，競業避止義務や利益相反取引の制限があり，取締役が会社と同種の取引をする又は自らの会社と取引をする場合には，株主総会で当該取引に係わる重要事項について開示し承認を受けなければなりません（会社法356条1項・365条1項）。そして，代表取締役が複数人存在する場合には，定款等の規定に基づく取締役の互選又は株主総会の決議により代表取締役が選定され，社長・副社長・専務等の代表取締役が会社を代表する機関として機能します（会社法349条3項4項・362条）。

　また，会計参与とは，取締役と共同して計算書類及び附属明細書等を作成する機関のことであり，常時，会計帳簿等を閲覧・謄写して取締役会等で会計報告を求めることができます（会社法374条）。但し，会計参与になれるのは，公認会計士及び監査法人，又は税理士及び税理士法人に限られています（会社法2条8号）。一方，監査役とは，取締役や会計参与の職務執行を監査する機関のことであり，監査役の役割としては，取締役の職務内容や執行状況を監査する業務監査と計算書類の監査を実施する会計監査があります（会社法381条・329条）。加えて，監査役は，取締役会の招集を請求できる権利を有し，取締役の法定違反行為の差し止めを請求することができます（会社法383条2項・385条）。そして，大会社では，監査役会，監査等委員会又は指名委員会等の何れかを設置しなければなりません（会社法328条）。但し，監査役会設置会社においては，監査役は3人以上でそのうちの半数以上は社外監査役を置かなければなりません（会社法335条3項）。

5-2　宗教法人の書類・帳簿の備え付け義務と課税の特異性

　宗教法人には，図表23に示すように，文部科学大臣所轄の宗教法人と都道府県知事所轄の宗教法人に分類されますが，文化庁は，「宗教法人は，管理運営を行うに当たり，法人の状況を的確に把握するため，必要な書類，帳簿を常に備え付け，その保管には万全の注意を払う必要があります。また，宗教法人法に定められた備付け書類等は，信者その他の利害関係人の閲覧請求権の対象になりますし，その一部の写しは毎年所轄庁に提出する必要があります。」と規定しています。そして，宗教法人の事務所には，常に，図表24に示すよう

図表 23　宗教法人数総括表

(平成 29 年 12 月 31 日現在)

所轄 / 系統	区分	包括宗教法人	単位宗教法人					
			被包括宗教法人			単位宗教法人	小　計	合　計
			文部科学大臣所轄包括宗教法人に包括されるもの	都道府県知事所轄包括宗教法人に包括されるもの	非法人包括宗教団体に包括されるもの			
文部科学大臣所轄	神　道　系	123	23	—	1	70	94	217
	仏　教　系	157	169	—	4	136	309	466
	キリスト教系	65	43	—	1	214	258	323
	諸　　　教	29	26	—	—	58	84	113
	計	374	261	0	6	478	745	1,119
都道府県知事所轄	神　道　系	6	82,399	139	115	1,986	84,639	84,645
	仏　教　系	11	73,967	65	168	2,603	76,803	76,814
	キリスト教系	7	2,758	29	21	1,630	4,438	4,445
	諸　　　教	1	13,838	—	8	382	14,228	14,229
	計	25	172,962	233	312	6,601	180,108	180,133
合　　計		399	173,223	233	318	7,079	180,853	181,252

出典：文化庁　宗教統計調査結果（e-Stat）より

な次の書類，帳簿を備え付けておくことが義務づけられています。しかし，公益事業以外の事業を行っていない法人で，その一会計年度の収入が 8,000 万円以内の場合は，当分の間，収支計算書を作成しないことが認められており，加えて，宗教法人は，文化的価値の高い建造物，伽藍，仏像，経典等を世襲していますが，相続税の課税対象から除かれるという特典も有しています。一般的に，宗教活動は，宗教上の教義を広め儀式行事を行うという宗教的サービスを国民に提供することにより国家の安寧や公益に貢献していると考えられるため，宗教法人は，図表 25 及び図表 26 に示すように，収益事業から生じた所得にのみ法人税が課税され税率も低率です。また，宗教法人の収益事業の是非については，線引きすることが難しいのが実情であり，宗教法人は，脱税行為が発生しやすい団体であるといわれています。

図表24　宗教法人の書類・帳簿の備え付け義務

(1) 規則，認証書

宗教法人の運営は，常に規則の定めるところに従って行われなければなりませんので，所轄庁の認証を受けた「規則」とそれを証明する「認証書」を備え付けておき，規則による法人運営の適法性が常時確認できる状態にしておく必要があります。なお，規則や認証書を紛失していたら，直ちに所轄庁に相談して，規則や認証書の謄本の交付を受けてください。

(2) 役員名簿

宗教法人の運営は，責任役員等の役員により行なわれるものです。常時，現在の役員が誰であるかを把握できるように「役員名簿」等を整備しておく必要があります。

(3) 財産目録

(4) 収支計算書

公益事業以外の事業を行っていない法人で，その一会計年度の収入が 8,000 万円以内の場合は，当分の間，収支計算書を作成しないことができます。ただし，そのような宗教法人であっても，実際に収支計算書を作成しているときには，それを事務所に備え付ける必要があります。

(5) 貸借対照表（作成している場合）

(6) 境内建物（財産目録に記載されているものを除く。）に関する書類

(7) 責任役員会等の議事録

宗教法人の意思は，責任役員会で決定されるので，後日の証拠資料として会議の経過と決定した事項を記録として残しておく必要があります。責任役員会以外の規則で定める機関（総代会など）の会議内容についても同様です。

(8) 事務処理簿

宗教法人の管理運営に関する事務を処理した経過を簡潔に記録しておき，後日の参考とするため「事務処理簿」を備えておく必要があります。

(9) 事業を行う場合には，その事業に関する書類

※その他の書類，帳簿

以上のほか，宗教法人法上は義務づけられてはいませんが，「規則の施行細則」，「法人の登記事項証明書」，「信者名簿」等の書類，帳簿を備え付けておくことが望まれます。

役員名簿や財産目録等の作成，備付けを怠ったときは，代表役員，その代務者，仮代表役員等は 10 万円以下の過料に処せられることとされています。また，虚偽の記載をしたときも同様です。

　　　　　（出所）文化庁「あなたの宗教法人は書類，帳簿類を備えていますか」参照。

図表25　収益事業（34業種）

物品販売業	不動産販売業	金銭貸付業	物品貸付業	不動産貸付業
製造業	通信業	運送業	倉庫業	請負業
印刷業	出版業	写真業	貸席業	旅館業
料理店その他の飲食店業	周旋業	代理業	仲立業	問屋業
鉱業	土石採取業	浴場業	理容業	美容業
興行業	遊技所業	遊覧所行	医療保険業	技芸の教授
駐車場業	信用保証業	無体財産権の提供等	労働者派遣業	

図表 26　公益法人などの主な課税の取扱い

	公益社団法人 公益財団法人	学校法人 更生保護法人 社会福祉法人	宗教法人 独立行政法人 日本赤十字社 等	認定 NPO 法人 特例認定 NPO 法人	非営利型の 一般社団法人 一般財団法人 （注1） NPO 法人	一般社団法人 一般財団法人
根拠法	公益社団法人 及び公益財団 法人の認定等 に関する法律	私立学校法 更生保護事業 法 社会福祉法	宗教法人法 独立行政法 人通則法 日本赤十字 社法 等	特定非営利活 動促進法	一般社団法 人及び一般 財団法人に 関する法律 （法人税法） 特定非営利 活動促進法	一般社団法 人及び一般 財団法人に 関する法律
課税対象	収益事業から 生じた所得に のみ課税 ただし，公益 目的事業に該 当するものは 非課税	収益事業から 生じた所得に のみ課税	収益事業か ら生じた所 得にのみ課 税	収益事業から 生じた所得に のみ課税	収益事業か ら生じた所 得にのみ課 税	全ての所得 に対して課 税
みなし寄附 金（注2） ※損金算入 限度額	あり ※次のいずれ か多い金額 ①所得金額の 50% ②みなし寄附 金額のうち 公益目的事 業の実施に 必要な金額	あり ※次のいずれ か多い金額 ①所得金額の 50% ②年200万円	あり ※所得金額 の20%	あり （特例認定 NPO 法人は 適用なし） ※次のいずれ か多い金額 ①所得金額の 50% ②年200万円	なし	なし
法人税率 （所得年 800万円ま での税率） （注3）	23.2% (15%)	19% (15%)	19% (15%)	23.2% (15%)	23.2% (15%)	23.2% (15%)
寄附者に対 する優遇 （注4）	あり	あり	あり （宗教法人 等を除く）	あり	―	―

(注1) 非営利型の一般社団法人・一般財団法人：①非営利性が徹底された法人，②共益的活動を目的とする法人

(注2) 収益事業に属する資産のうちから収益事業以外の事業（公益社団法人及び公益財団法人にあっては「公益目的事業」，認定 NPO 法人にあっては「特定非営利活動事業」）のために支出した金額（事実を隠蔽し又は仮装して経理することにより支出した金額を除く。）について寄附金の額とみなして，寄附金の損金算入限度額の範囲内で損金算入

(注3) 平成24年4月1日から令和5年3月31日までの間に開始する各事業年度に適用される税率

(注4) 特定公益増進法人に対する寄附金については，一般寄附金の損金算入限度額とは別に，特別損金算入限度額まで損金算入
一般寄附金の損金算入限度額：（資本金等の額（注5）の0.25%＋所得金額の2.5%）×1/4
特別損金算入限度額：（資本金等の額（注5）の0.375%＋所得金額の6.25%）×1/2

(注5) 令和4年4月1日以後開始する事業年度においては，資本金及び資本準備金の額

ディスカッションのテーマ

1　現代の企業会計と税務会計における問題点についてディスカッションして
　みて下さい。
2　多国籍企業のマネジメントと内部留保の関係についてディスカッションし
　てみて下さい。

【参考文献】
・新井清光・川村義則『新版　現代会計学（第3版）』（中央経済社 2022）
・大塚宗春，他『テキスト入門会計学【第6版】』（中央経済社 2022）
・桜井久勝『財務会計講義〈第24版〉』（中央経済社 2023）
・桜井久勝『財務諸表分析（第8版）』（中央経済社 2020）
・髙沢修一『法人税法会計論（第3版）』（森山書店 2017）
・西澤　茂・上西順子『グローバル企業の財務報告分析』（中央経済社 2017）
・東洋経済新報社「会社四季報」（2023年3集）

第14章　税法学入門

1　租税の定義と課税の根拠

　租税は，ドイツ租税基本法（1919年）1条1項に拠れば，「特別の給付に対応した反対給付として捉えるべき性質のものではなく，公法上の団体が法律上の要件に該当するすべての者に対して，収入の獲得を目的として課する単発的又は継続的な金銭給付のことをいう」と規定されています。

　一般的に，租税を規定する法律のことを『税法』と称しますが，租税とは，国又は地方自治体が国民（住民）や法人に対して強制力をもって徴収する財貨のことであり「公益性」と「権力生」を有し「非対価」的です。つまり，租税は，特別の給付に応じた反対給付ではなく，公共的なサービスに充てることを目的としており強制的に徴収され，反対給付を伴わない点において非対価的な性質を有しているのです。

　また，課税の根拠としては，「利益説」と「義務説」が挙げられます。前者は，国家が納税者の財産や身体を保護することへの対価として租税を認識するという考え方であり，後者は，国家が有する課税権に対する義務として租税を認識するという考え方です。この他の課税の根拠としては，「会費説」が挙げられます。会費説とは，国家を維持するためには財源が求められることになりますが，納税者は自己の担税能力に応じて会費として財源を負担するという考え方です。

　なお，租税の法源としては，憲法・法律・政令・省令・告示・条例・規則・条約・通達等が挙げられます。

2　租税原則と租税の種類

　租税原則としては，アダム・スミス（Adam Smith）の四原則とアドルフ・ワグナー（Adolf Heinrich Gotthilf Wagner）の四原則が有名です。まず，アダム・スミスの四原則とは，公平の原則（納税者は各自の担税能力に応じて納税するべきである），明確の原則（納税の期日，納税の方法及び納税の金額は明確でなければならない），便宜の原則（納税者が納税するに際して便利でな

図表1　租税の種類

区分	内容
国税と地方税	国税とは，課税主体が国となる税金（例／所得税・法人税・相続税・消費税・印紙税・酒税・たばこ税・登録免許税等）であり，地方税とは，課税主体が地方自治体となる税金であり，都道府県が課税する税金（例／都道府県民税・事業税・不動産取得税・ゴルフ利用税・自動車税等）と市町村が課税する税金（例／市町村民税・固定資産税・軽自動車税・特別土地保有税等）に区分されます。
内国税と関税	内国税とは，財務省主税局，国税庁（国税局・税務署）を所掌として賦課・徴収される税金のことであり，関税とは，国内事業の保護を目的として海外から輸入される貨物に対して課される税金のことです。
直接税と間接税	直接税とは，租税負担者と納税義務者が一致する税金（例／所得税・法人税・相続税・登録免許税・印紙税・都道府県民税・市町村民税・事業税・不動産取得税・自動車税・自動車取得税・固定資産税・特別土地保有税・都市計画税等）のことであり，間接税とは，租税負担者と納税義務者が不一致の税金（例／消費税・酒税・たばこ消費税・石油税・揮発油税・石油ガス税等）のことです。
人税と物税	人税とは，納税者個人の人的事情に配慮して財産や収益に対して課される税金のことであり，物税とは，納税者個人の人的事情に配慮することなく客観的な判断に基づいて財産や収益に対して課される税金のことです。
収得税と財産税	取得税とは，収入を得ているという事実に基づいて課される税金（例／所得税・法人税・住民税等）のことであり，財産税とは，財産を所有しているという事実に基づいて課される税金（例／固定資産税・自動車税等）のことです。
消費税と流通税	消費税とは，物品の購入又はサービスの消費という事実に基づいて課される税金のことであり，流通税とは，各種の経済的取引や法律行為に基づいて課される税金（例／登録免許税・印紙税・不動産取得税等）のことです。
普通税と目的税	普通税とは，使途を特定することなく一般経費に充てることを目的として課される税金のことであり，目的税とは，特定の目的に充てるために課される税金（例／自動車取得税・軽油取得税・都市計画税等）のことです。
従量税と従価税	従量税とは，物品数量を課税標準とする税金のことであり，従価税とは，物品価格を課税標準とする税金のことです。
経常税と臨時税	経常税とは，毎期，経常的に課される税金のことであり，臨時税とは，臨時的に一定期間だけ課される税金のことです。

ければならない），最小徴税費の原則（納税者が課される徴税費はできるだけ少額なものでなければならない）で構成されています。次いで，アドルフ・ワグナーの四原則とは，財政政策上の諸原則（財政需要に応じるためには十分な租税収入が求められ，弾力的に操作できる租税収入でなければならない），国民経済上の諸原則（国民経済の発展を妨げることなく税源が選択されるべきであり，税負担が公平に行わなければならない），公正の諸原則（租税は，特権階級を生み出すことなく普遍的に公平に配分されなければならない），税務行政上の諸原則（アダム・スミスの明確性の原則，便宜性の原則，最小徴税費の原則と同質の内容である）により構成されています。

また，租税の種類としては，図表1に示すように，国税と地方税，内国税と関税，直接税と間接税，人税と物税，収得税と財産税，消費税と流通税，普通税と目的税，従量税と従価税，経常税と臨時税に分類されます。

3　租税法律主義と租税公平主義

税法の基本原則としては，租税法律主義と租税公平主義が挙げられますが，租税法律主義の萌芽は，1215年のマグナカルタに窺うことができ，1629年の権利請願を経て1689年の権利章典において確立します。日本でも，1889年に制定された大日本帝国憲法第62条1項に規定されており，さらに日本国憲法でも租税法律主義が採用されていますが，日本国憲法第30条は，「国民は，法律の定めるところにより，納税に義務を負う」と規定し，同第80条は，「新たに租税を課し又は現行の租税を変更するには，法律又は法律の定める条件によることを必要とする」と定め，租税徴収の拠りどころとして租税法律主義を採用しています。逆に，国民は，法律上の根拠を要することなく租税の義務を負いません。

また，租税法律主義は，図表2に示すように，課税要件法定主義，課税要件明確主義，合法性の原則（手続的保障原則）により構成されます。第一に，課税要件法定主義とは，法律で規定された課税要件を充たすことにより納税義務が成立するという考え方です。第二に，課税要件明確主義とは，法律にもとづいて課税要件を確定する際の見解は一義的なものでなければならず多義的なものは認めないという考え方です。第三に，合法性の原則とは，租税の賦課及び徴収等に係わる行政処分は法律に基づき適正なものでなければならないという

図表 2　税法の基本原則

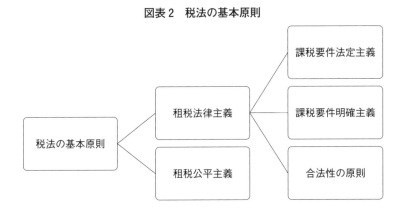

考え方です。

　次いで，租税公平主義とは，国民の担税力に応じて公平に租税を配分しなければならないという原則です。また，租税公平主義は，租税平等主義とも称されるものであり，日本国憲法第14条の平等の原則の要請に応じた原則です。

4　シャウプ勧告と所得税

　昭和24（1949）年，日本における長期的・安定的な税制及び税務行政の確立を図るため，シャウプ使節団が来日し「シャウプ勧告書」が提出されましたが，シャウプ勧告書とは，「シャウプ使節団日本税制報告書」（Report on Japanese Taxation by the Shoup Mission, vol. 1~4, 1949）と「第二次報告書」（Second Report on Japanese Taxation by the Shoup Mission, 1950）の併称のことです。シャウプ勧告とは，近代的な税制の構築を目的とし直接税を中核とする包括的所得税に基づく税制改革案のことですが，税制改革案では，国税と地方税に跨る税制の合理化と負担の適正化が図られ，申告納税制度の水準の向上を図ることを目的として青色申告制度等が導入されました。そして，昭和25（1950）年税制改正では，概ねシャウプ税制使節団の勧告の基本原則に従うことに決定し，図表3に示すように，日本財政の中核を形成する所得税が定められました。

　また，日本財政の主軸を担ってきた所得税は，国税，直接税，人税，収得税に分類されますが，納税者の担税力や個人的な事情に配慮し応能課税原則に最も適した租税です。そして，所得税は，包括的所得概念を採用し，反復的・継

図表 3　シャウプ勧告の主な内容〔国税関係〕

(1) 所得税の見直し
　① 課税単位の変更（同居親族合算課税→所得稼得者単位課税）
　② 包括的な課税ベースの構成（キャピタル・ゲインの全額課税，利子の源泉選択課税廃止）
　③ 最高税率の引き下げ（20 ～ 85％，14 段階→ 20 ～ 55％，8 段階）
(2) 法人税の見直し
　① 単一税率の導入〔法人普通所得（35％）・超過所得（10 ～ 20％）→ 35％単一税率〕
　② 所得税との二重課税の調整の促進〔配当税額控除（15％→ 25％），留保利益に利子付加税〕
(3) 事業用固定資産の再評価
　時価で再評価し，再評価益に対しては 6％で課税
(4) 相続税・贈与税の見直し
　① 両税の一本化（累積課税方式の採用，遺産取得課税への移行）
　② 税率の引上げ（10 ～ 60％，19 段階→ 25 ～ 90％，14 段階）
(5) 富裕税の創設
　500 万円超の純資産に対し，0.5 ～ 3％の累積税率で課税
(6) 間接税の見直し
　織物消費税の廃止，取引高税の条件付（歳出削減）廃止，物品税の税率引き下げ等
(7) 申告納税制度の整備等
　青色申告制度の導入，協議団の創設等

（出所）藤井大輔・木原大策編，『図説　日本の税制（令和 2-3 年度版）』（2022 年，財経詳報社）45 ページ参照。

〔補足資料〕シャウプ使節団日本税制報告書

（注）髙沢修一所蔵品

続的に生じる所得（利子・配当・地代・利潤・給与等）に加えて，一時的・臨時的に生じる所得（キャピタル・ゲイン）や雑所得も対象としています。

　また，所得税は，図表 4 に示すように，個人が 1 月 1 日から 12 月 31 日までに得た国内所得と国外取得を対象として，図表 5 に示すような流れで計算しま

図表4 納税義務者となる個人

個人の区分		定義	課税所得の範囲
居住者	非永住者以外の居住者	次のいずれかに該当する個人のうち非永住者以外の者 ・日本国内に住所を有する者 ・日本国内に現在まで引き続き1年以上居所を有する者	国内および国外において生じたすべての所得
	非永住者	居住者のうち，次のいずれにも該当する者 ・日本国籍を有していない者 ・過去10年以内において，日本国内に住所又は居所を有していた期間の合計が5年以下である者	国外源泉所得以外の所得および国外源泉所得で日本国内において支払われ，または国外から送金されたもの
非居住者		居住者以外の個人	国内源泉所得

（出所）国税庁「納税義務者となる個人」参照。

図表5 所得税および復興特別所得税の申告納税額の計算の流れ

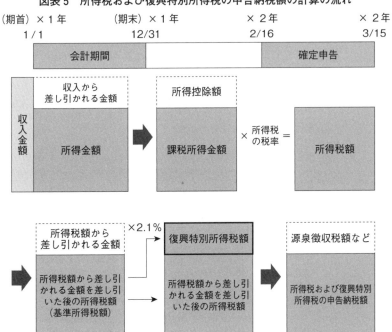

（出所）国税庁「所得税の仕組み」参照。

図表 6　非課税所得の種類

区　分	非課税所得の項目および内容
利子・配当所得関係	1.　障害者等の少額預金の利子（所法 10） 2.　勤労者財産形成住宅貯蓄の利子等（措法 4 の 2） 3.　勤労者財産形成年金貯蓄の利子等（措法 4 の 3） 4.　納税準備預金の利子（措法 5） 5.　オープン型証券投資信託の特別分配金（所法 9①十一，所令 27） 6.　非課税口座内，未成年者口座内の少額上場株式等に係る配当等（いわゆる「NISA，ジュニア NISA」）（措法 9 の 8，9 の 9）
給与所得・公的年金関係	1.　傷病者や遺族などの受け取る恩給，年金等（所法 9①三，所令 20） 2.　給与所得者に支給される一定の旅費，限度額内の通勤手当，職務の遂行上必要な現物給与（所法 9①四〜六，所令 20 〜 21） 3.　国外で勤務する者の受ける一定の在外手当（所法 9①七，所令 22） 4.　外国政府，国際機関等に勤務する外国政府職員等が受ける給与所得（所法 9①八，所令 23，24） 5.　文化功労者年金法の規定による年金等（所法 9①十三） 6.　特定の取締役等が受ける新株予約権等の行使による株式の取得に係る経済的利益（いわゆる「税制適格ストック・オプション」（措法 29 の 2）
譲渡（山林）所得関係	1.　生活に通常必要な動産の譲渡による所得（所法 9①九，所令 25） 2.　資力喪失の場合の強制換価手続による譲渡による所得等（所法 9①十，所令 26） 3.　非課税口座内，未成年者口座内の少額上場株式等に係る譲渡所得等（いわゆる「NISA，ジュニア NISA」）（措法 37 の 14，37 の 14 の 2） 4.　国や地方公共団体等に財産を寄附した場合の譲渡所得等（措法 40）
その他	1.　内廷費および皇族費（所法 9①十二） 2.　オリンピック，パラリンピックにおいて優秀な成績を収めた者に財団法人日本オリンピック委員会等から交付される金品（所法 9①十四） 3.　学資金および扶養義務を履行するために給付される金品（所法 9①十五，所令 29） 4.　国または地方公共団体が行う保育・子育て助成事業により，保育・子育てに係る施設・サービスの利用に要する費用に充てるために給付される金品（所法 9①十六） 5.　相続，遺贈または個人からの贈与により取得するもの（所法 9①十七） 6.　心身に加えられた損害または突発的な事故により資産に加えられた損害に基づいて取得する保険金，損害賠償金，慰謝料など（所法 9①十八，所令 30） 7.　公職選挙法の適用を受ける選挙に係る公職の候補者が選挙運動に関し取得する金銭等（所法 9①十九） 8.　都道府県，市区町村から，消費税率の引上げに際して低所得者に配慮する観点から支払われる一定の給付金（措法 41 の 8，措規 19 の 2）

（出所）国税庁「所得税および措置法による主な非課税所得」参照。

す。なお，所得税には，図表6に示すような非課税所得があります。

　また，所得税は，次の①から⑤の手順により計算します。

① 所得税の計算の流れは，図表7に示すとおりです。

図表7　所得税の計算の流れと所得税率

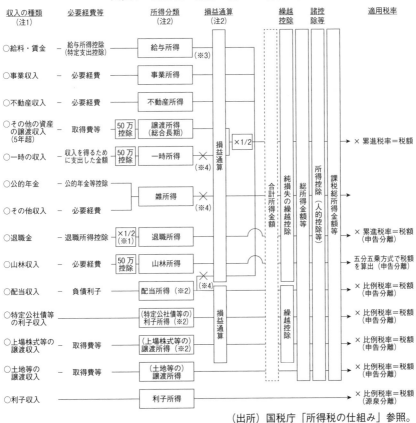

（出所）国税庁「所得税の仕組み」参照。

② まず，所得を，図表8に示すように10種類に区分し，総合課税される所得
　と分離課税される所得に大別します。なお，不動産所得，事業所得，山林所
　得，譲渡所得は損益通算できます。

③ 次いで，図表9に示すように課税標準から所得控除し課税所得金額を算定
　します。

図表8　所得の種類と課税方法

種類		概要	課税方法
事業所得 （営業等・農業）		商・工業や漁業，農業，自由職業などの自営業から生ずる所得	総合
		事業規模で行う，株式等を譲渡したことによる所得や先物取引に係る所得	申告分離
不動産所得		土地や建物，船舶や航空機などの貸付けから生ずる所得	総合
利子所得		国外で支払われる預金等の利子などの所得	総合
		特定公社債の利子などの所得 確定申告不要制度 があります。	申告分離
		預貯金の利子などの所得	源泉分離
配当所得		法人から受ける剰余金の配当，公募株式等証券投資信託の収益の分配などの所得 ※上場株式等の配当等について，申告分離課税を選択（※）したものを除く。 確定申告不要制度 があります。	総合
		上場株式等に係る配当等，公募株式等証券投資信託の収益の分配などで申告分離課税を選択（※）したものの所得 確定申告不要制度 があります。	申告分離
		特定目的信託（私募のものに限る。）の社債的受益権の収益の分配などの所得	源泉分離
給与所得		俸給や給料，賃金，賞与，歳費などの所得	総合
雑所得	公的 年金等	国民年金，厚生年金，確定給付企業年金，確定拠出年金，恩給，一定の外国年金などの所得	
	業務	原稿料，講演料，シルバー人材センターやシェアリング・エコノミーなどの副収入による所得	
	その他	生命保険の年金，暗号資産取引による所得など他の所得に当てはまらない所得	
		先物取引に係る所得	申告分離
譲渡所得		ゴルフ会員権や金地金，機械などを譲渡したことによる所得	総合
		土地や建物，借地権，株式等を譲渡したことによる所得 ※株式等の譲渡については事業所得，雑所得となるものを除く。	申告分離
一時所得		生命保険の一時金，賞金や懸賞当せん金などの所得	総合
		保険・共済期間が5年以下の一定の一時払養老保険や一時払損害保険の所得など	源泉分離
山林所得		所有期間が5年を超える山林（立木）を伐採して譲渡したことなどによる所得	申告分離
退職所得		退職金，一時恩給，確定給付企業年金法及び確定拠出年金法による一時払の老齢給付金などの所得	

※大口株主等が支払を受ける上場株式等の配当等については，申告分離課税を選択することはできません。

（出所）国税庁「所得の種類と課税方法」参照。

図表9　所得控除の種類

種類	控除を受けられる場合
雑損控除	災害や盗難，横領により住宅や家財などに損害を受けた
医療費控除	一定額以上の医療費等の支払がある
セルフメディケーション税制	
社会保険料控除	健康保険料や国民健康保険料(税)，後期高齢者医療保険料，介護保険料，国民年金保険料などの支払がある
小規模企業共済等掛金控除	小規模企業共済法の共済契約に係る掛金，確定拠出年金法の企業型年金加入者掛金及び個人型年金加入者掛金，心身障害者扶養共済制度に係る掛金の支払がある
生命保険料控除	新(旧)生命保険料や介護医療保険料，新(旧)個人年金保険料の支払がある
地震保険料控除	地震保険料や旧長期損害保険料の支払がある
寄附金控除	国に対する寄附金やふるさと納税（都道府県・市区町村に対する寄附金），特定の政治献金などがある
寡婦・寡夫控除	あなたが寡婦又は寡夫である
勤労学生控除	あなたが勤労学生である
障害者控除	あなたや控除対象配偶者，扶養親族が障害者である
配偶者控除	控除対象配偶者がいる
配偶者特別控除	あなたの合計所得金額が1,000万円以下で，配偶者の合計所得金額が38万円を超え，76万円未満である
扶養控除	控除対象扶養親族がいる
基礎控除	38万円の控除

（出所）国税庁，「所得から差し引かれる金額」参照。

④ そして，課税所得金額に，図表10に示すような超過累進税率を乗じることにより税額を計算し，税額から配当控除，外国税額控除，住宅借入金等特別控除（住宅ローン控除）等の税額控除を差し引いて納税額を算定します。

⑤ 但し，不動産所得，事業所得，山林所得のある人が複式簿記に基づいて帳簿を作成した場合には，青色申告を行うことができますが，青色申告の主な特典としては，青色事業専従者給与の必要経費算入，青色申告特別控除（1つに所得金額から55万円〈一定の要件を満たす場合は65万円〉または10万円を控除する），純損失の繰越控除・繰戻還付等が挙げられます。

図表10　所得税率

課税される所得金額	税率	控除額
1,000円から1,949,000円まで	5%	0円
1,950,000円から3,299,000円まで	10%	97,500円
3,300,000円から6,949,000円まで	20%	427,500円
6,950,000円から8,999,000円まで	23%	636,000円
9,000,000円から17,999,000円まで	33%	1,536,000円
18,000,000円から39,999,000円まで	40%	2,796,000円
40,000,000円以上	45%	4,796,000円

※平成25年から令和19年までの各年分の確定申告においては，
　所得税と復興特別所得税（原則としてその年分の基準所得税額
　の2.1パーセント）を併せて申告・納付することとなります。
（出所）国税庁「所得税の税率」参照。

5　地方分権改革と法定外目的税

　平成11（1999）年，小渕恵三内閣は，地方財政の健全化を図ることを目的として，地方自治体の課税自主権を尊重して独自課税制度の要件を緩和し，地方分権一括法を成立させて条例に基づく法定外税を定めましたが，この法定外税は，図表11に示すように，予め税収の使途を特定する「法定外目的税」と税収の使途を特定しない「法定外普通税」に分類されます。例えば，東京都の法定外目的税である宿泊税は，国際都市東京の魅力を高めるとともに，観光の振興を図る施策に要する費用に充てることを目的として平成14（2002）年10月1日から実施されましたが，納付税額は，都内のホテル又は旅館に宿泊する者に課税され，宿泊数×税率で計算されます。なお，税率は，1人1泊あたり10,000円以上15,000円未満で100円であり，1人1泊あたり15,000円以上で

図表11　法定外税の分類

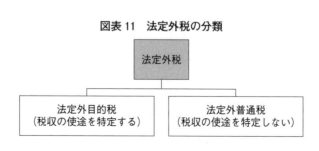

200 円です。

　また，法定外税では，地方団体の意思決定に対して，総務大臣が拒否権プレイヤーになるケースがあります。例えば，法定外税の新設等の手続には，図表12 に示すような手続きが求められますが，横浜市は，総務大臣という拒否権プレイヤーの登場により「勝馬投票券発売税」を導入することができませんでした。総務大臣が拒否権プレイヤーとなった理由としては，横浜市が勝馬投票券発売税を導入したならば，中央競馬の収入がもたらす財政的安定を脅かす可能性があると判断されたと推測できます。

図表 12　法定外税の新設等の手続

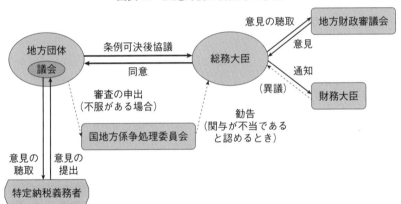

（注）次のいずれかが該当すると認める場合を除き，総務大臣はこれに同意しなければならない。（地方税法第 261 条，第 671 条，第 733 条）① 国税又は他の地方税と課税標準を同じくし，かつ，住民の負担が著しく過重となること ② 地方団体間における物の流通に重大な障害を与えること ③ ①及び②のほか，国の経済施策に照らして適当でないこと。

（出所）総務省「地方税制度」法定外税参照。

ディスカッションのテーマ

1　シャウプ勧告を調べてディスカッションしてみて下さい。
2　法定外目的税における拒否権プレイヤーの存在についてディスカッションしてみて下さい。

【参考文献】

・川田　剛『租税法入門（第 19 版)』（大蔵財務協会 2023）
・藤井大輔・木原大策『日本の税制』（財経詳報社 2022）
・増井良啓『租税法入門（第 3 版)』（有斐閣 2023）
・三木義一『よくわかる税法入門〔第 16 版〕』（有斐閣 2022）

第15章　法人税法

1　法人税の定義

　法人税は，法人の企業活動により得られる所得に対して課される税のことですが，法人税法は，内国法人に法人税を納める義務があると規定します。例えば，本店所在地主義に拠れば，国内に本店又は主たる事務所を有するものが内国法人になり，内国法人の法人税の納税地はその本店又は主たる事務所の所在地になります。そして，内国法人は，地方公共団体や公社・公庫等の「公共法人」（納税義務は生じない），学校法人や宗教法人等の「公益法人」（収益事業からなる所得に対して納税義務が生じる），PTAや学会等の「人格のない社団等」（収益事業からなる所得に対して納税義務が生じる），農業協同組合や漁業協同組合等の「協同組合等」（すべての所得に対して納税義務が生じる），株式会社等の「普通法人」（すべての所得に対して納税義務が生じる）に分類され課税範囲が異なります。

　また，法人の所得金額は，益金の額から損金の額を引いた金額ですが，法人税額は，図表1に示すように，そうして得られた所得金額に税率をかけて税額控除額を差し引くことで算出します。そして，法人税法は，法令及び定款等に基づき会計期間が定められているならばその会計期間を「事業年度」とし，法令及び定款等にもとづき会計期間が定められていなければ，その設立等の日から2ヶ月以内に会計期間を定めて税務署長に届け出なければなりません。そして，法人が税務署長に届け出を提出しない場合には，税務署長が「事業年度」を指定することができます。

2　税務会計：法人税の計算
2-1　益金・損金と別段の定め

　税務会計とは，法人が獲得した事業所得に対する法人税等を対象として，企業会計に影響を与える税務上の所得計算を対象とする会計制度のことです。つまり，税務会計では，図表2に示すように，当期利益に益金算入項目と損金不算入項目を加算し，益金不算入項目と損金算入項目を減じることにより所得金

図表1　法人税の仕組み

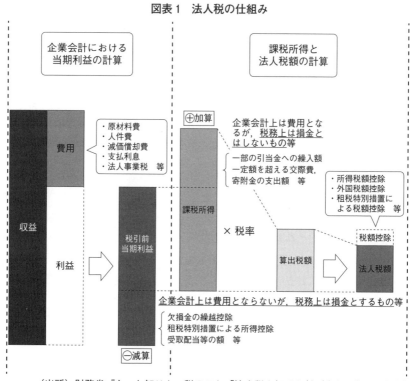

企業会計における
当期利益の計算

課税所得と
法人税額の計算

⊕加算

企業会計上は費用となるが，税務上は損金とはしないもの等

・原材料費
・人件費
・減価償却費
・支払利息
・法人事業税　等

一部の引当金への繰入額
一定額を超える交際費,
寄附金の支出額　等

・所得税額控除
・外国税額控除
・租税特別措置による税額控除　等

費用

収益

利益

税引前
当期利益

課税所得

×税率

算出税額

税額控除

法人税額

企業会計上は費用とならないが，税務上は損金とするもの等

欠損金の繰越控除
租税特別措置による所得控除
受取配当等の額　等

⊖減算

（出所）財務省『もっと知りたい税のこと「法人税を知ろう」』（令和5年7月発行）

額を算定します。そして，法人税は，確定決算主義に基づき算定されますが，別段の定めにより企業会計を部分的に修正しています。しかし，別段の定めが設けられていなければ，一般に公正妥当と認められる会計処理の基準にしたがって計算します。

2-2　益金算入

　益金算入とは，決算利益では収益とされませんが，法人税法では益金の額に算入されるものです。例えば，益金算入項目としては，法人税額から控除する外国子会社の外国税額の益金算入等が挙げられます。

図表 2 法人税申告書別表四

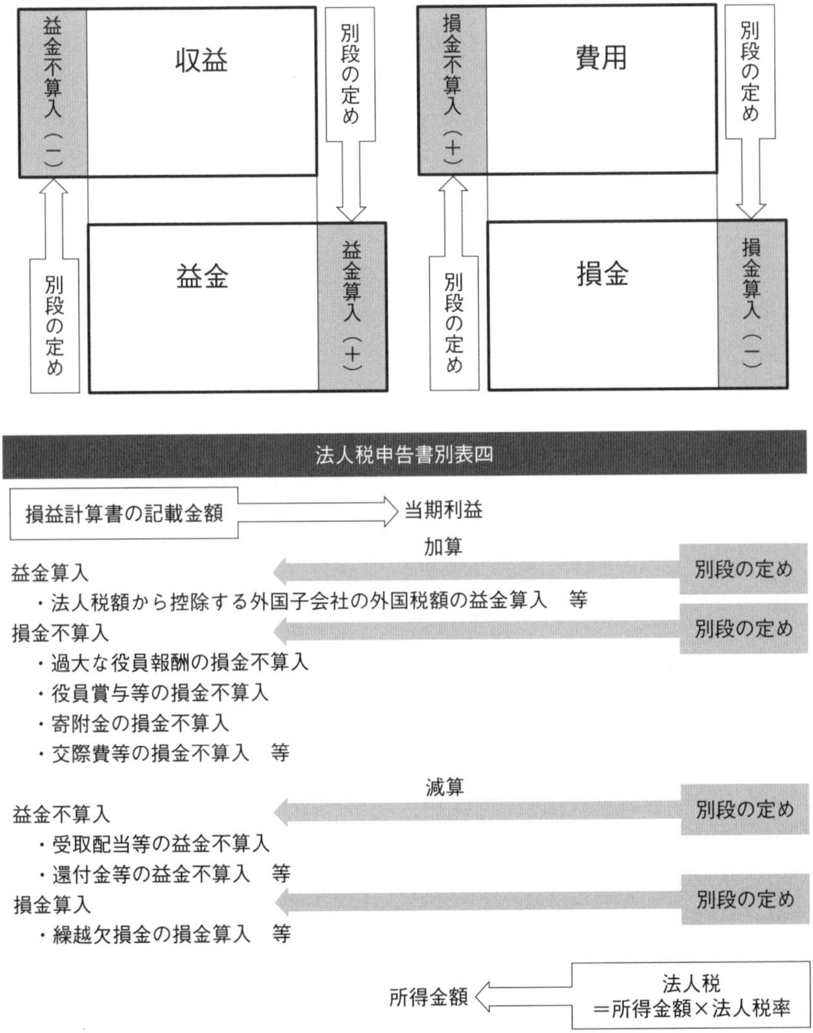

2-3 損金不算入

損金不算入とは，決算利益では費用とされていますが，法人税法では損金の額に算入されないものです。損金不算入について役員報酬を用いて説明します。

会社法上，役員に対する報酬は「報酬，賞与その他の職務執行の対価として株式会社から受ける財産上の利益」と定義され，費用として位置づけられ，発生主義にもとづき発生した期間の費用として処理されます。法人税法上，役員報酬とは1ヶ月以下の間隔で定期的に支払われる給与のことであるため，役員報酬を「業務執行の対価」とみなしますが，法人税法の役員報酬は，定期同額給与，事前確定届出給与，業績連動給与の3種類です。定期同額給与とは，毎月同額で支払われる役員報酬（役員の月収）に該当するもののことであり，所轄の税務署への届出は不要です。また，事前確定届出給与とは，指定日にまとめて支払われる報酬のことであり，所轄の税務署への事前届出が必要です。税務署への届出期限は，株主総会等の決議をした日から1ヶ月以内か，または，会計期間開始の日（事業年度開始の日）から4ヶ月以内のいずれか早い方と定められています。そして，業績連動給与とは，法人の利益に応じて支払われる役員報酬のことであり，業績連動給与は，定期同額給与や事前確定届出給与とは異なり金額が確定していません。但し，業績連動給与を損金計上するためには，次の3条件（報酬の算出方法が所定の指標を基礎とした客観的なものである，有価証券報告書に記載・開示している，通常の同族会社以外である）を充さなければなりません。

　次いで，損金不算入について役員報酬を用いて説明します。法人税法34条2項は，役員報酬が定期同額給与等の要件を充しても，業績水準が同等である同業他社の職務内容と比較して過大である場合（実質基準），又は，役員報酬が定款等による限度額を超える場合（形式基準）には，多い額を不相当に高額な給与として損金の額に算入することを認めません。つまり，法人税法上，役員報酬は，原則として損金算入できますが，過大な役員報酬は損金不算入とします。そして，役員賞与は，役員報酬とは異なり「利益の分配」とみなします。そのため，経費である役員報酬が損金に算入できるのに対して，利益である役員賞与は損金への算入が認められないのです。

　また，損金不算入について，交際費等と寄附金を例に説明します。例えば，交際費等は，図表4に示すように，原則的に損金不算入ですが，一部損金算入も認められています。租税特別措置法第61条の4は，交際費等の範囲を，図表3に示すように規定します。

　法人が支出した交際費等は，原則として損金に算入できませんが，特例とし

図表3　交際費等の範囲

> 租税特別措置法第61条の4は，交際費等の範囲を「交際費，接待費，機密費その他の費用で，法人がその得意先，仕入先その他事業に関係のある者等に対する接待，供応，慰安，贈答その他これらに類する行為のために支出するもの」と規定する。

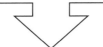

交際費等と認められる支出	交際費と認められない支出
得意先及び仕入先に対する交際費，接待費，その他の費用が交際費等となり，例えば，料亭・飲食店・旅行等への招待やその得意先及び仕入先の役員に対する中元・歳暮の贈答等である。	専ら従業員の慰安のために行われる運動会，演芸会，旅行等のために通常要する費用や飲食その他これに類する行為のために要する費用は交際費等とならず，福利厚生費，広告宣伝費，会議費等として処理される。

（出所）高沢修一『法人税法会計論（第3版）』（森山書店，2017年）120頁参照。

て，期末の資本金又は出資金の額が1億円以下の法人である中小法人については，定額控除限度額（年800万円）までの交際費等を全額損金算入することができます。なお，この特例制度は，適用期間が2年間（令和6年3月31日までの間に開始する事業年度まで）延長されています。

　同様に，寄附金も，図表4に示すように，原則的に損金不算入ですが，一部損金算入が認められています。寄附金の範囲は，法37条7項に拠れば，「寄附金，拠出金，見舞金その他いずれの名義をもってするかを問わず，内国法人が金銭その他の資産又は経済的な利益の贈与又は無償の供与（広告宣伝及び見本品の費用その他これらに類する費用並びに交際費，接待費及び複利厚生費とされるべきものを除く。）をした場合における当該金銭の額若しくは金銭以外の資産のその贈与の時における価額又は当該経済的な利益のその供与の時における価額によるものとする。」と規定されています。つまり，寄附金は，本来，反対給付を伴わない任意の財産の出損であり，利益処分に近い性格を有しているため，一定の限度額を超える部分の金額は損金算入できません。例えば，寄附金は，図表5に示すように，国又は地方公共団体に対する寄附金と指定寄附金は支出額の全額を損金に算入できますが，それ以外の寄附金は一定額までしか損金算入できません。

図表4　交際費等の損金不算入と寄附金の損金不算入

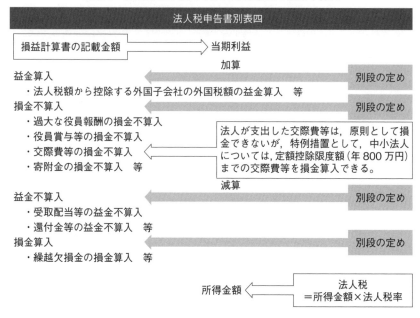

図表5　寄附金の分類

寄附金の区分		損金算入額
公益性の高い寄附金	国又は地方公共団体に対する寄附金 ・公立高校 ・公立図書館　等	支出額の全額を損金に算入する。
	指定寄附金 ・国宝の修復　・オリンピックの開催 ・赤い羽根協同募金・私立学校の教育研究等 ・国立大学法人の教育研究等　等	
	特定公益増進法人に対する寄附金 ・独立行政法人，一定の地方独立行政法人，日本赤十字社など ・公益社団法人，公益財団法人 ・学校法人　・社会福祉法人　等	下記の一般寄附金の損金算入枠を使用できるほか，次の額を限度として損金に算入する。 損金算入限度額＝（所得金額の6.25%＋資本金等の額の0.375%）× 1/2
	認定NPO法人等の特定非営利活動に対する寄附金	
一般の寄附金		次の額を限度として損金に算入する。 損金算入限度額＝（所得金額の2.5%＋資本金等の額の0.25%）× 1/4

（出所）藤井大輔・木原大策編著，『日本の税制』（財経詳報社，2022年）163頁。

2-4　益金不算入

　益金不算入とは，決算利益では収益とされていますが，法人税法では益金の額に算入されないものです。受取配当等を用いて益金不算入について説明します。法人の性格には，法人擬制説と法人実在説が存在しますが，通常，法人税は，法人擬制説を採用し，法人を株主の集合体としてとらえ，法人の所得は最終的に個人に帰属すると考えるため，法人税は所得税の前払いという性格を有するという考え方です。そのため，法人擬制説では，法人と個人（株主）との間の二重課税を防ぐことを目的として受取配当等を益金不算入します。

　一方，法人実在説を拠りどころとする考え方もあります。例えば，法人と株主をそれぞれ独立した存在として捉えるならば，法人税と所得税との間には関連性が存在せず二重課税問題も生じないため，必ずしも受取配当等を益金不算入する必要はありません。

2-5　損金算入

　損金算入とは，決算利益では費用とされていませんが，法人税法では損金の額に算入されるものです。例えば，繰越欠損金の損金算入等が挙げられます。

2-6　法人税の所得計算

　法人の各事業年度の所得金額は，図表6に示すように，企業会計に拠る決算利益にもとづき，加算（益金算入・損金不算入），減算（益金不算入・損金算入）の調整を行うことにより法人税の所得金額を算定します。

3　グループ通算制度の創設

　グループ通算制度とは，図表7に示すように，連結納税制度にあった損益通算の仕組みを保持しながらも法人税額の計算から申告・納税までの一連の手続きを企業グループ内に所属する企業が個別に行う制度です。経済産業省は，グループ通算制度について，「連結納税制度では，企業グループを"一つの法人"として捉え，親法人が子法人から財務データを収集して一つの申告書にまとめて法人税の申告・納税を行うルールであった。連結納税制度は，2002年度に導入されましたが，企業グループ全体で損益通算ができるとはいえ，全体計算

図表6　法人税の所得計算

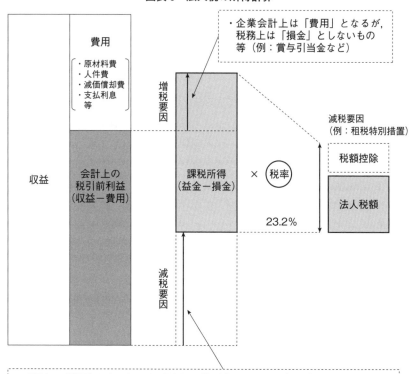

（出所）財務省「課税ベースの拡大」，「法人税の益金・損金の計算に関する資料」等参照。

〔補足資料〕

　法人税の税率は，普通法人，一般社団法人等又は人格のない社団等については23.2%（資本金1億円以下の普通法人，一般社団法人等又は人格のない社団等の所得の金額のうち年800万円以下の金額については15%）とされています。

　法人税の税率は，国の税収の確保を目的として所得税等の他の税とのバランスを図りながら，その時々における財政事情や経済情勢等を反映して決定されています。

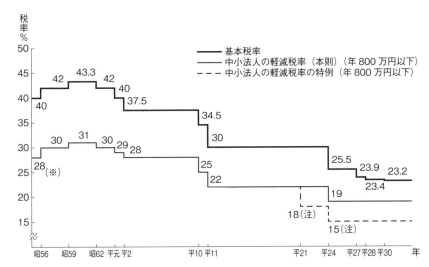

（注）中小法人の軽減税率の特例（年800万円以下）について，平成21年4月1日から平成24年3月31日の間に終了する各事業年度は18%，平成24年4月1日前に開始し，かつ，同日以後に終了する事業年度については経過措置として18%，平成24年4月1日から令和7年3月31日の間に開始する各事業年度は15%。
（※）昭和56年3月31日の間に終了する事業年度については年700万円以下の所得に適用。
　（出所）財務省「課税ベースの拡大」，「法人税の益金・損金の計算に関する資料」等参照。

項目が多いために修正が発生した場合に事務負担が多くかかることが長く問題視されていました。そのため，令和2（2020）年度税制改正により，連結納税制度を廃止する代わりに，完全支配関係にある企業グループ内の各企業を納税単位として，より業務を簡素化できるよう『グループ通算制度』が創設されました」と説明しています。

図表7　グループ通算制度

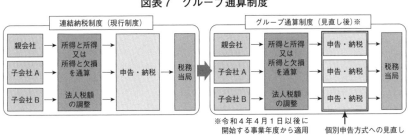

　（出所）経済産業省「令和2年度　経済産業関係　税制改正について」

ディスカッションのテーマ

1　法人税が企業経営に与える影響についてディスカッションしてみて下さい。

2　法人擬制説と法人実在説についてディスカッションしてみて下さい。

【参考文献】

・髙沢修一『法人税法会計論（第 3 版)』（森山書店 2017）
・富岡幸雄『検証企業課税論』（中央経済社 2018）
・藤井大輔・木原大策『日本の税制』（財経詳報社 2022）
・渡辺徹也『スタンダード法人税法（第 3 版)』（弘文堂 2023）

第16章　消費税法

1　消費税の構造とインボイス方式の機能

　消費税は，消費一般に対して広く公平に課される間接税です。そのため，消費税は，原則として全ての財貨・サービスの国内における販売，提供などが課税対象となります。従来，日本では，消費税の計算で「帳簿方式」による前段階控除方式を採用し，図表1に示すように，事業者は，「預かり消費税額」から「支払い消費税額」を控除しその差額を納付しました。例えば，売上金額（10億円）で仕入金額（9億円）ですと，納付税額（本則課税）は1,000万円を納付することになります。

図表1　消費税の計算
《例》売上金額（10億円）で仕入金額（9億円）のケース

> 納付税額＝預かり消費税額－支払い消費税額＝10億円×10％－9億円×10％
> 　　　　＝1,000万円

　また，日本の消費税においては，インボイス方式（適格請求書等保存方式）が令和5（2023）年10月1日から導入されましたが，インボイスとは，図表2に示すような「適格請求書」のことです。そして，インボイスの発行には，税務署に登録した発行事業者の「登録番号」の記載が求められます。例えば，買手側が仕入税額控除を認められるためには，売手側（請求書の発行者）が税務署長に対して適格請求書発行事業者になるための申請書を提出し税務署長による審査を経て，適格請求書発行事業者登録簿に登録され，登録番号の通知を受けることが必須条件となります。そのため，インボイス方式では，発行業者の登録番号の記載が無いなどの不備があれば仕入税額控除を受けることができません。

　仮に，インボイスの手続きに不備があり仕入税額控除が認められない場合には，図表3に示すように消費税の納付額が増大します。例えば，仕入税額控除が認められない場合には1,000万円の消費税額が1億円になります。

図表2　適格請求書の雛形

請求書		

請求書

2023年10月2日

MFC株式会社御中

株式会社マネーフォワード

登録番号：T6011101063359

ご請求金額　328,000円

2023/9/1	品目A		200,000円
2023/9/15	品目B ※		100,000円
※軽減税率対象品目です	小計	300,000円
	消費税	28,000円
	合計	328,000円

内訳

10%対象　　200,000円

消費税 20,000円

8%対象　　100,000円

消費税 8,000円

1. 請求書発行者の氏名又は名称

2. 取引年月日

3. 取引内容

4. 取引金額

5. 請求書受領者の氏名又は名称

6. 軽減税率の対象品目である旨

7. 税率ごとに区分して合計した税抜または税込対価の額

8. 税率ごとに区分した消費税額等

9. 請求書発行者の登録番号

（出所）国税庁ホームページ参照。

図表3　仕入税額控除の否認

《例》売上金額（10億円）で仕入金額（9億円）のケース

納付税額＝預かり消費税額－支払い消費税額＝10億円×10％－0円＝1億円

↑

仕入税額控除が認められない

2　消費税の益税問題とインボイス方式
2-1　事業者免税点制度と益税問題

　消費税には，事業者免税点制度が存在します。事業者免税点制度とは，小規模な零細事業者の税務事務の簡素化や納税負担の軽減を目的として実施された制度です。しかし，会計ソフトの発達が著しい現代においては，消費税の計算

が企業経営において必ずしも負担になるとはいえないです。

　また，事業者免税点制度は，消費税の免税が認められる事業者を免税事業者と称しますが，免税事業者であれば，図表4に示すように，消費者から受け取った消費税を税務署に納付しないで自己取得とすることができます。しかし，インボイス方式が導入された場合には，「適格請求書」を発行することができない免税事業者との取引を行うことを止める課税事業者が増えることにより免税事業者が減少する可能性が高いので「益税問題」が解決されるのではないかといわれています。つまり，免税事業者になることで益税の恩恵を受けることにより成立していたビジネスは，経済的打撃を受けることになります。

図表4　事業者免税点制度の仕組み

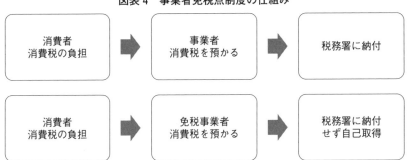

（注）事業者免税事業者の要件としては，①前々念の課税売上高が1,000万円以下である。②
　　　特定期間の課税売上高，もしくはその期間に支払った給与金額が1,000万円以下である。

2-2　簡易課税制度と益税問題

　消費税には，簡易課税制度が存在します。簡易課税制度とは，図表5に示すように，年間の課税売上高が5,000万円以下の事業者であれば，中小企業の事務負担の軽減を目的として，事前に税務署に届出書を提出することにより，預かり消費税額から簡単に算出することを認める制度です。しかし，簡易課税制度では，基準期間（前々年事業年度）の課税売上高が5,000万円以下であることが条件となりますので，課税売上高が5,000万円を超えると強制的に本則課税が適用されることになります。（基準期間の課税売上高が5,000万円以下になれば，簡易課税に戻ることもできます。）。

図表5　簡易課税制度の仕組み

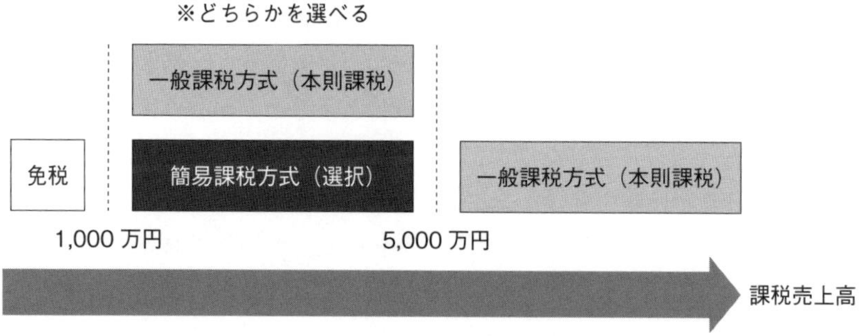

※どちらかを選べる

（出所）財務省『もっと知りたい税のこと「消費税」を知ろう』（令和5年7月発行）

　すなわち，簡易課税制度では，図表6に示すように，みなし仕入率を預かり消費税額に乗じることにより計算されます。そのため，原則課税方式で計算した消費税額よりも，みなし仕入れ率を用いて計算した消費税額の方が小さい場合には「益金問題」が発生することになります。また，簡易課税制度でも，インボイス方式導入の影響は少なからずあります。例えば，簡易課税事業者であっても，インボイスを発行するためには，適格請求書発行事業者に登録しなければなりません。なぜならば，インボイスが仕入税額控除の対象となるため，取引先からインボイスの発行を求められる可能性があるからです。

図表6　本則課税方式と簡易課税方式の比較

本則課税方式：　納付税額＝預かり消費税額－支払い消費税額
簡易課税方式：　納付税額＝預かり消費税額－（預かり消費税額×みなし仕入率）

区分	業種	みなし仕入率
第1種業種	卸売業	90%
第2種業種	小売業	80%
第3種業種	製造業	70%
第4種業種	飲食店業	60%
第5種業種	運輸通信業，金融・保険業 サービス業（飲食店業を除く）	50%
第6種業種	不動産業	40%

3　インボイス方式のメリットとデメリット

　インボイス方式には，図表7に示すように，軽減税率への適用の是非，事務負担，脱税の防止等においてメリットとデメリットがあります。

図表7　インボイス方式のメリットとデメリット

	インボイス方式	帳簿方式
メリット	・軽減税率に適正に対応できる。 ・免税事業者からの仕入税額控除は認められないため，益税の問題が生じにくい。 ・事業者間で相互牽制作用が働くため，確実な転嫁や脱税の防止を期待できる。	・事業者の事務負担が比較的小さい。 ・免税事業者の取引の中間段階から排除されるおそれがない。
デメリット	・インボイスの発行，管理など，事業者の事務負担が比較的大きい。 ・免税事業者が取引の中間段階から排除されるおそれがある。	・軽減税率への適正な対応が困難である。 ・免税事業者からの仕入税額控除を認めていることから，益税の問題の一因となっている。 ・税負担の転嫁の関係が不透明であることから，中小事業者の価格転嫁を難しくする一因となっている。

（出所）佐藤良稿，「インボイス方式導入をめぐる経緯と課題」『調査と情報—ISSUE BRIEF—』No.949（国立国会図書館，2017年）3頁参照。

4　東アジア諸国のインボイス方式の分析
4-1　韓国における税金計算書の検証

　大韓民国（以下，「韓国」とする）では，付加価値税の計算において日本のように帳簿方式を採用せず，電子税金計算書制度を採用しています。

　電子税金計算書制度とは，財貨及び役務の供給を受ける者に対して交付される税金領収証である税金計算書において，紙媒体ではなく電子的な媒体を用いる方式のことです。つまり，韓国の電子税金計算書制度では，事業者が税金計算書をインターネット・電話・端末機等の電算的方法により発行して国税庁に電子送信することになります。

　2014年，韓国では法人に対する電子税金計算書の作成が義務づけられまし

たが，財貨又は役務を提供する事業者が税金計算書を電子的手法で作成・発給するとともに，同時にその内訳を国税庁に電子メールで転送することにより個人情報の管理体制が確立されました。つまり，韓国では，電子税金計算書の導入により事業者は税金計算書の郵便送達や保管などが不要になり，インターネット等を通じて収受状況を照会，管理，申告することができるようになったため納税費用が減少しました。

4-2　台湾における統一発票の検証

　中華民国（以下，「台湾」とする）では，営業税の仕入税額控除についてインボイス方式を採用し，法人に対して，統一発票を発行することを求めています。つまり，台湾の法人は，預かった営業税から支払った営業税を控除した差額を納税しますが，1951年に，統一発票と称するインボイス制度が導入され，2000年より統一発票の電子化が推進されてきました。例えば，法人は商品やサービスを提供する際に統一発票の発行が義務付けられていますが，法人は台湾政府財政部の発行する連番の統一発票を購入し，統一発票に取引内容を記入して相手に渡す規則になっています。そして営業用のインボイスには，売上日，国の管理番号，購入者の法人統一番号，売上金額，営業税，発行者が記載されています。そして，台湾のインボイス制度では，購入者のマイナンバー番号が記載されていない個人向け対象の統一発票に宝籤機能を持たせていますが，宝籤の機能を持たせた理由としては，領収証を発行する概念が乏しく脱税が横行していた商慣習を改めるためであるといわれています。

　また，台湾の統一発票には，三連式（国内営利事業者用），二連式（国外営利事業者又は個人用），レジ式（百貨店又はコンビニ用）の３種類がありますが，納税事業者は税務署から連番の統一発票を購入して２ヶ月分を一括して納付しなければならないため脱税することが難しく，売上の計上漏れを防ぐ効果も有しています。

　なお，法人税法上，物品・サービスを購入する営利事業者が損金算入するためには必要証票として統一発票が必要となります。

（注）本章は，髙沢修一稿，「東アジア諸国の付加価値税におけるインボイス制度の分析」『大東文化大学経営学部経営学会講演会シンポジウム論文集』（2022）を参照したものである。

ディスカッションのテーマ

1　日本の消費税と海外の付加価値税との相違点についてディスカッションしてみて下さい。
2　消費税のインボイス導入が企業経営に与える影響についてディスカッションしてみて下さい。

【参考文献】
・熊王征秀『消費税法講義録〈第4版〉』（中央経済社 2023）
・佐藤英明・西山由美『スタンダード消費税法』（弘文堂 2022）
・高正臣『韓国税法の概要と争点』（税務経理協会 2009）
・周玉津著・三代川正一訳『台湾税法概論』（税務経理協会 1989）
・藤井大輔・木原大策編『図説日本の税制』（財経詳報社 2022）

第17章　相続・事業承継

1　贈与税の仕組み
1-1　贈与税の主旨

　贈与の形態は，図表1に示すように，(i)通常贈与，(ii)定期贈与，(iii)負担付贈与，(iv)死因贈与に区分されますが，被相続人が死亡して相続人が財産を相続すると相続税が課税されますので，生前贈与する者が出てきたため贈与税が生まれました。贈与税は，生存している個人（贈与者）から暦年（1月1日から12月31日まで）に財産を取得した者（受贈者）にかかります。

図表1　贈与の形態

形態区分	内容
通常贈与	書面による贈与契約に基づく贈与のことである（口頭による贈与契約も認められているが，書面による贈与契約とは異なり当事者がいつでも撤回できる）。
定期贈与	一定額の金額等を定期的に提供する贈与のことである。
負担付贈与	受贈者が一定の義務を前提として財産の提供を受ける贈与のことである。
死因贈与	贈与者の死亡という事実に基づいて財産の提供が実現する贈与のことである。

1-2　贈与税の計算

　1年間に贈与を受けた財産の価額の合計額（課税価格）から基礎控除額110万円を控除した残額（基礎控除後の課税価格）について，贈与者と受贈者との続柄及び受贈者の年齢に応じて，「贈与税の速算表」により「一般税率」又は「特例税率」のいずれかを適用して贈与税額を計算します。

(1)　一般税率

　受贈者が，父母や祖父母等の直系尊属以外の贈与者から財産の贈与を受ける場合，又は，受贈者が贈与の年の1月1日現在において18歳未満である場合には，図表2に示すように，「一般税率」を用いて贈与税の計算を行います。なお，一般税率の適用がある財産を「一般贈与財産」といいます。

図表 2 速算表（一般贈与財産用）平成 27 年分以降用

基礎控除後の課税価格	税率	控除額
200 万円以下	10%	—
300 万円以下	15%	10 万円
400 万円以下	20%	25 万円
600 万円以下	30%	65 万円
1,000 万円以下	40%	125 万円
1,500 万円以下	45%	175 万円
3,000 万円以下	50%	250 万円
3,000 万円超	55%	400 万円

《一般税率を適用した贈与税の計算例》 500 万円の贈与を受けた場合の計算例
（500 万円－110 万円）×20%－25 万円＝53 万円
（出所）国税庁「確定申告コーナー」参照。

(2) 特例税率

　受贈者が，直系尊属である贈与者から財産の贈与を受け，かつ，受贈者が贈与の年の 1 月 1 日現在において 18 歳以上である場合には，図表 3 に示すように，「特例税率」を適用して贈与税額を計算します。なお，特例税率の適用がある財産を「特例贈与財産」といいます。

図表 3 速算表（特例贈与財産用）平成 27 年分以降用

基礎控除後の課税価格	税率	控除額
200 万円以下	10%	—
400 万円以下	15%	10 万円
600 万円以下	20%	30 万円
1,000 万円以下	30%	90 万円
1,500 万円以下	40%	190 万円
3,000 万円以下	45%	265 万円
4,500 万円以下	50%	415 万円
4,500 万円超	55%	640 万円

《特例税率を適用した贈与税の計算例》 500 万円の贈与を受けた場合の計算例
（500 万円－110 万円）×15%－10 万円＝48 万 5 千円
（出所）国税庁「確定申告コーナー」参照。

2　相続税の仕組み
2-1　相続税の主旨

　相続税は，相続人が被相続人（死亡した人）から財産を相続又は遺贈により取得した場合に課される税金のことであり，(ⅰ)富の再分配機能と(ⅱ)所得税の補完機能を有しており，不労所得に対して課されます。

2-2　相続の流れ

　被相続人から財産を相続した相続人は，図表4に示すように，10か月以内に，(ⅰ)単純承認，(ⅱ)限定承認，(ⅲ)放棄の何れかを選択することになります。

図表 4　相続人の選択方法

人の死亡	3ヵ月以内	4ヵ月以内	10ヵ月以内
相続又は相続放棄の選択	準確定申告	相続税の納付	

区分	内容	要件・期限
単純承認	被相続人の財産を資産及び負債にかかわらず全て承継する。	被相続人が，相続の開始があったことを知った日から3か月以内に，限定承認や放棄を行わない場合には，単純承認したことを認めたとされる。
限定承認	被相続人の財産のうち，資産の範囲内で負債を承継する。	被相続人が全員で，相続の開始があったことを知った日から3ヵ月以内に，家庭裁判所に申し出る必要がある。
相続放棄	被相続人の財産は，資産も負債も全て承継しない。	放棄を望む被相続人が，相続の開始があったことを知った日から3か月以内に，家庭裁判所に申し出る必要がある。

2-3　指定分割（遺言）と協議分割（法定相続分）

　相続は，図表5に示すように，指定分割（遺言）と協議分割（法定相続分）を前提としますが，相続においては指定分割が優先されます。なお，遺言は，自筆証書遺言，公正証書遺言，秘密証書遺言に分類されます。

　また，遺言が存在しない場合には，家庭裁判所の調停や審判を経て図表6に示すように，第1順位から第3順位までの法定相続分で分割されます。但し，遺言書の存在により，法定相続人の生活が成り立たないような不利益が生じる

図表5　指定分割・協議分割と遺言の種類

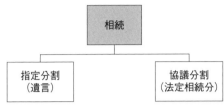

遺言の種類	内容	証人	検認
自筆証書遺言	遺言者が，遺言の内容（全文・氏名・日付）を自書して押印してある遺言書のことである。	不要	必要
公正証書遺言	遺言者が口述し，公証人が筆記してある遺言書のことである。	2人以上	不要
秘密証書遺言	遺言者が遺言書に記名・押印して封印してある遺言書のことである。	2人以上	必要

図表6　相続税の法定相続分

法定順位	法定相続人と法定相続分	
第1順位	配偶者（2分の1）	子（2分の1）
第2順位	配偶者（3分の2）	直系尊属（3分の1）
第3順位	配偶者（4分の3）	兄弟姉妹（4分の1）

（注1）配偶者が存在しない場合には，各順位内で均等相続することになります。
（注2）子には，嫡出子である実子以外の養子，非嫡出子，胎児を含み，相続人の地位を有します。但し，養子を法定相続人にする場合には，1人（被相続人に実子がいるケース）又は2人（被相続人に実子がいないケース）までです。

場合には，遺留分権利者が，相続の開始及び遺留分の侵害を知った日から1年（相続の開始を知らなかったときには10年）以内に，遺留分減殺請求の手続きをすれば「遺留分」として遺産の一部（相続人が直系尊属のみの場合には3分の1・それ以外の場合には2分の1）を取り戻すことができます。すなわち，遺留分とは，兄弟姉妹を除いた法定相続人に対して保障される最低限の遺産になります。そして，遺留分は，代襲相続により承継され胎児にも認められますが，相続欠格事由に該当したり，被相続人から廃除された場合には容認されません。なお，現行民法では，遺留分侵害額請求に改正されています。

2-4　相続税の計算

相続税は，図表7に示すような手順により計算します。

図表7　相続税の計算の流れ

相続時精算課税の適用を受ける贈与財産	遺　産　総　額		
遺　産　額	非課税財産	葬式費用	債務

↓

遺　産　額	＋	相続開始前3年以内の贈与財産

正　味　の　遺　産　額

基礎控除額※	課　税　遺　産　総　額

↑

3,000万円＋600万円×法定相続人の数

(注) 被相続人に養子がいる場合，法定相続人の数に含める養子の数は，実子がいる場合は1人，実子がいない場合は2人までとなります。

(非課税財産)
1　墓所，仏壇，祭具など
2　国や地方公共団体，特定の公益法人等に寄附した財産
　（相続税の申告に際し，一定の手続き等が必要です。）
3　生命保険金（死亡保険金）のうち次の額まで
　500万円×法定相続人の数
4　死亡退職金のうち次の額まで
　500万円×法定相続人の数

(出所) 国税庁「相続税の税率」参照。

　実際の計算では，民法に定める法定相続分に従って課税遺産総額を取得したものと仮定して，各法定相続人ごとの法定相続分に応ずる取得金額を算定し，これを図表8に示す相続財産の評価相続税の速算表に当てはめて，相続税の総額の基となる税額を算出します。そして，この速算表で計算した法定相続人ごとの税額を合計したものが相続税の総額になります。例えば，法定相続人が妻と子2人である場合，法定相続分は妻2分の1，子4分の1，子4分の1となります。課税遺産総額が1億5,200万円とすると，法定相続分に応ずる取得金

図表 8 相続税の速算票

法定相続分に応ずる取得金額	税率	控除額
1,000 万円以下	10%	—
1,000 万円超から 3,000 万円以下	15%	50 万円
3,000 万円超から 5,000 万円以下	20%	200 万円
5,000 万円超から 1 億円以下	30%	700 万円
1 億円超から 2 億円以下	40%	1,700 万円
2 億円超から 3 億円以下	45%	2,700 万円
3 億円超から 6 億円以下	50%	4,200 万円
6 億円超	55%	7,200 万円

(出所) 国税庁「相続税の税率」参照。

額は，妻が7,600万円（1億5,200万円×2分の1），子が3,800万円（1億5,200万円×2分の1×2分の1）ずつとなります。そして，これらの法定相続分に応ずる取得金額を相続税の速算表に当てはめると，算出税額は図表9に示すように計算され，算出された税額を合計すると相続税の総額は2,700万円になります。

図表 9 算出税額

・法定相続分に応ずる取得金額（妻）　7,600万円×30％−700万円＝1,580円
・法定相続分に応ずる取得金額（子）　3,800万円×20％−200万円＝560円
・法定相続分に応ずる取得金額（子）　3,800万円×20％−200万円＝560円

(出所) 国税庁「相続税の税率」参照。

また，相続税は，金銭一括納税を原則としますが，金銭一括納付が難しい場合には，延納及び物納も容認されています。但し，延納する場合には，納付すべき金額が10万円を超えており，申告期限までに延納申請書を提出することが求められます。そして，物納には，図表10に示すように第1順位から第3順位まで順位が定められています。なお，相続時精算課税とは，図表11に示

図表 10 物納順位

物納順位	国内財産
第 1 順位	国債，地方債，不動産，船舶，上場されている株式，社債等
第 2 順位	上場されていない株式，社債，証券投資信託の受益証券等
第 3 順位	動産等

図表11 相続時精算課税

[令和5年4月1日現在法令等]

　財産の贈与を受けた人は，次の場合に，財産の贈与をした人ごとに相続時精算課税を選択することができます。

相続時精算課税を選択できる場合（年齢は贈与の年の1月1日現在のもの）

・財産を贈与した人　　　→　60歳以上の父母または祖父母など
　（贈与者）　　　　　　　　（住宅取得等資金の贈与の場合には特例があります。）

・財産の贈与を受けた人　→　18歳以上の者のうち，贈与者の直系卑属（子や孫など）
　　　　　　　　　　　　　　である推定相続人または孫
　（受贈者）　　　　　　　　（一定の納税猶予制度の適用を受ける場合には特例があります。）

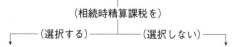

（相続時精算課税を）

──（選択する）───────（選択しない）──

相続時精算課税 [贈与税]	暦年課税 [贈与税]
(1) 贈与財産の価額から控除する金額 　特別控除額2,500万円 　なお，前年までに特別控除額を使用した場合には，2,500万円から既に使用した額を控除した金額が特別控除額となります。	(1) 贈与財産の価額から控除する金額 　基礎控除額　毎年110万円
(2) 税額 　特別控除額を超えた部分に対して一律20%の税率で計算します。	(2) 税額 　課税価格に応じ贈与税の速算表で計算します。
（相続時に精算）	
[相続税] 　贈与者が亡くなった時の相続税の計算上，相続財産の価額に相続時精算課税を適用した贈与財産の価額（贈与時の価額）を加算して相続税額を計算します。 　その際，既に支払った贈与税相当額を相続税額から控除します。なお，控除しきれない金額は還付を受けることができます。	[相続税] 　贈与者が亡くなった時の相続税の計算上，原則として，相続財産の価額に贈与財産の価額を加算する必要はありません。 　ただし，相続又は遺贈により財産を取得した者が，相続開始前3年以内に贈与を受けた財産の価額（贈与時の価額）は加算しなければなりません。

（注）令和5年度税制改正により，令和6年1月1日以後に贈与により取得する財産に対する贈与税・相続税について，相続時精算課税に係る基礎控除を創設するなどの改正がされました。

（出所）国税庁「参考　相続時精算課税制度のあらまし」参照。

すような内容です。

3　事業承継税制の仕組み
3-1　事業承継の主旨

　非上場・中小の経営者の事業承継における相続税の計算は，原則的に，相続税法を拠りどころとして法定相続分課税方式に基づいて算定されますが円滑な事業承継を目的として，図表12に示すように，昭和58（1983）年度税制改正において，「取引相場のない株式等に係る特例」と「小規模宅地等についての相続税の課税価格の計算の特例」を主柱として事業承継税制が成立しました。

図表 12　取引相場のない株式と小規模宅地等の課税の特例

取引相場のない株式等（非上場株式・自社株）に係わる特例の評価方法

評価方法	コスト・アプローチ	マーケット・アプローチ	インカム・アプローチ
計算の方法	評価会社の財務情報である賃借対照表に基づきストックである純資産に着目して価額を計算する。	評価会社と業種・規模・収益等の業務内容が類似している上場会社を標本会社として比較することにより価額を計算する。	評価会社が獲得することを期待できる将来の経済的利益である収益に着目して価額を計算する。
代表的方法	純資産価額方式	類似業種比準方式	収益還元方式　等
メリットとデメリット	比較性及び客観性に優れているが，評価会社の清算を前提とするため，市場性や将来予測に問題がある。	公開会社の会社情報を前提とするため信頼性が高いが，類似会社の選定において恣意性が入るという問題がある。	将来的な収益性を見積もることができるが，将来予測を前提としているため，客観性に劣るという問題がある。

　　（出所）髙沢修一著，『ファミリービジネスの承継と税務』（森山書店 2016 年）18-22 頁。

小規模宅地等についての相続税の課税価格の計算の特例の推移

区分		昭和58年〜	昭和63年〜	平成4年〜	平成6年〜	平成11年〜	平成13年〜	平成27年〜
事業用宅地	減額割合	40%	60%	70%	80%			
	適用対象面積	200 m²				330 m²	400 m²	
不動産貸付	減額割合	40%	60%	70%	50%			
	適用対象面積	200 m²						
居住用宅地	減額割合	30%	50%	60%	80%			
	適用対象面積	200 m²					240 m²	330 m²

　　　　　　　　　　　　　　　　　　　（出所）国税庁ホームページ参照。

図表 13　類似業種比準方式の計算式

$$A \times \left[\frac{\dfrac{Ⓑ}{B} + \dfrac{Ⓒ}{C} + \dfrac{Ⓓ}{D}}{3} \right] \times 0.7$$

(1) 上記算式中の「A」，「Ⓑ」，「Ⓒ」，「Ⓓ」，「B」，「C」及び「D」は，それぞれ次による。
「A」＝ 類似業種の株価
「Ⓑ」＝ 評価会社の 1 株当たりの配当金額
「Ⓒ」＝ 評価会社の 1 株当たりの利益金額
「Ⓓ」＝ 評価会社の 1 株当たりの純資産価額（帳簿価額によって計算した金額）
「B」＝ 課税時期の属する年の類似業種の 1 株当たりの配当金額
「C」＝ 課税時期の属する年の類似業種の 1 株当たりの年利益金額
「D」＝ 課税時期の属する年の類似業種の 1 株当たりの純資産価額（帳簿価額によって計算した金額）
(注) 類似業種比準価額の計算に当たっては，Ⓑ，Ⓒ及びⒹの金額は 183《評価会社の 1 株当たりの配当金額等の計算》により 1 株当たりの資本金等の額を 50 円とした場合の金額として計算することに留意する。
(2) 上記算式中の「0.7」は，178《取引相場のない株式の評価上の区分》に定める中会社の株式を評価する場合には「0.6」，同項に定める小会社の株式を評価する場合には「0.5」とする。

（出所）国税庁ホームページ参照。

3-2　上場企業創業家の相続と財産評価基本通達総則 6 項の関係

　令和 4（2022）年 7 月 1 日に，国税庁は，財産評価基本通達総則 6 項（以下，「総則 6 項」とする）の適用について全国税局に指示を出しました。従来，総則 6 項では，「この通達の定めによって評価することが『著しく不適当』と認められる財産の価額は，国税庁長官の指示を受けて評価する」と規定していましたが，「著しく不適当」の基準が必ずしも明確でなかったため，通達評価額と不動産鑑定評価や企業価値評価の間に 3 倍以上の乖離があるときには「著しく不適当」であると示したのです。例えば，HOYA の創業家の血脈を継承する元社長は，資産管理会社（非上場会社）の「エス・アイ・エヌ社」に対して自己が保有する百数十億円分の HOYA 株を現物出資して同社の株式を取得し，さらに，エス・アイ・エヌ社は，HOYA 株を完全子会社（非上場会社）の「ティ・ワイ・エッチ社」に寄付し，元社長の遺族は，非上場会社のエス・アイ・エヌ社の株式を図表 13 に示すような類似業種比準方式により 20 億円と算定し相続税を申告しました。しかし，国税局は，「たとえ合法的な節税であっ

ても短期間で著しく評価額が減少した場合には再評価するべきである」と判断し同株式を 110 億円と算定し直し，当初の申告額 20 億円との間に 90 億円（3 倍以上の乖離）の申告漏れがあると指摘したのです。

　また，平成 28（2016）年のキーエンス創業家の事業承継においても，総則 6 項が適用されています。キーエンス創業家は，資産管理会社を活用して税務対策を行いましたが，国税局の税務調査により資産管理会社を活用した株式の贈与を巡り 1500 億円の申告漏れが指摘されています。例えば，キーエンスの社長は，キーエンスの大株主である資産管理会社（非上場会社）のティ・ティ社の株式を後継者である長男に贈与しましたが，国税局が総則 6 項を根拠にして認めなかったのです。

(注) 髙沢修一著，『日本の安全保障と税制・財政』（財経詳報社，2024 年）第 6 章第 3 節（4）参照。

3-3　法人向け事業承継税制の創設

　平成 21 年（2009 年）4 月 1 日の租税特別措置法の改正に伴い，図表 14 に示すように，非上場株式等（取引相場のない株式等）に係る贈与税・相続税の一

図表 14　法人向け事業承継税制の内容

　この制度は，中小企業の後継者が先代経営者からの贈与，相続又は遺贈により取得した非上場株式等に係る贈与税・相続税の一部を納税猶予するものです。納税猶予を受けた中小企業は，5 年間の雇用維持を始めとする事業継続要件を満たす必要があり，その後一定の要件を満たしている場合に限り猶予税額が免除される制度です。平成 30 年度の税制改正では，中小企業の事業承継をより一層後押しするため，これまでの措置（以下「一般措置」という。）に加え，平成 30 年（2018 年）4 月 1 日から 10 年間（平成 30 年（2018 年）1 月 1 日から令和 9 年（2027 年）12 月 31 日）に限り，納税猶予の対象となる非上場株式等の制限（総株式数の 3 分の 2 まで）の撤廃や，納税猶予割合の引上げ（80％から 100％）等がされた特例措置（以下「特例措置」という。）が創設されました。また，平成 31 年度税制改正では，個人の事業用資産に係る贈与税・相続税の納税猶予制度（以下「個人向け事業承継税制」という。）が新たに創設されました。個人向け事業承継税制は，平成 31 年（2019 年）1 月 1 日から 10 年間（平成 31 年（2019 年）1 月 1 日から令和 10 年（2028 年）12 月 31 日）に限り，後継者である受贈者又は相続人等が，事業用の宅地等，建物，減価償却資産（以下「特定事業用資産」という。）を贈与又は相続等により取得した場合，その特定事業用資産に係る贈与税・相続税について，一定の要件のもと納税を猶予し，後継者の死亡等により，猶予されている贈与税・相続税の納付が免除される制度です。この制度を利用するためには，県知事の認定を受ける必要があります。

（出所）岡山県庁「事業承継税制とは」参照。

部を納税猶予する制度（以下,「法人向け事業承継税制」とする）が創設され
ました。

4　人的承継の重要性
4-1　家訓を活用した老舗の事業承継に学ぶ

　創業 100 年を超える企業を「老舗」と称しますが,醤油メーカーには,室町
時代に千葉県野田で始まった醤油製造業を起源とするキッコーマン〈千葉県野
田市・大正 6（1917）年に野田醤油として会社設立〉,ヤマサ醤油〈千葉県銚
子市・正保 2（1645）年創業〉,ヒゲタ醤油〈千葉県銚子市・元和 2（1616）年
創業〉等のように老舗が多いです。現在,キッコーマンは,創業 8 家（茂木家
6 家・高梨家・堀切家）の共同経営により年商 4000 億円を売り上げる大企業
に成長しています。しかし,創業 8 家から入社できる人材は,ワンマン体制に
陥らないように 1 世代 1 人までとして企業経営を行っていますが,同社の事業
承継を支えていたのが創業家に伝わる「家訓」の存在です。創業三家の家訓の
特徴としては,協調と質素倹約の心構え,本業重視の堅実経営,従業員への感
謝等の経営方針が挙げられますが,「家訓」に基づく経営理念が老舗の事業承
継を支えているのです。なお,ヒゲタ醤油（旧　銚子醤油）は,人気ドラマと
なった NHK 連続テレビ小説「澪つくし」の舞台としても取り上げられています。

〔補足資料〕ヒゲタ醤油の販促品（昭和 30 年代から 40 年代の陶器製の招き猫・貯金箱）

（注）髙沢修一貯蔵品（出所）まんだらけホームページ。

〔補足資料〕キッコーマンにおける創業三家の存在

会社四季報

【株式】		【株主】		【やや後退】	【特色】	
時価総額	16,189 億円	日本マスター信託口		国内はしょうゆ、調味料など値上げが効く。豆乳持ち直す。海外は北米横ばいも欧州回復、ASEAN 伸長。生産工程や配送見直し進める一方、事業売却関連費用計上で営業益やや後退。記念配当とす。	しょうゆ最大手でシェア約3割。北米が利益柱に成長。デルモンテ加工食品のアジア商標権所有	キッコーマン
【財務】	百万円		(19.3)			
総資産	566,385	日本カストディ信託口				
自己資本	410,513		(7.3)			
自己資本比率	72.5%	㈱千秋社	(3.4)		【連結事業】	
資本金	11,599	茂木佐	(3.1)		国内食料品製造・	
利益剰余金	329,482	明治安田生命保険	(2.5)		販売 23	
有利子負債	17,454	㈱引高	(2.4)		国内他 1	
		㈲くしがた	(2.1)		海外食料品製造・	
【指標等】		㈱丸仁ホールディングス			販売 20	
ROE	11.4%		(2.0)		海外食料品卸売	
ROA	7.7%	公益財団法人野田産業科			56	
設備投資	382 億	学研究所	(1.9)	【深耕】		
減価償却	222 億	公益財団法人興風会(1.6)		豆乳はアーモンド味など新製品群のラインナップ強化。以下、省略。	【海外】 76	【決算】
研究開発	51 億					3 月
		【役員】				【設立】
【キャッシュフロー】		(名会) 茂木友三郎				1917.12
	億円	(会) 堀切功章				【上場】
営業 CF	591(520)	以下、省略。				1949.5
投資 CF	▲266(▲161)		創業三家			
財務 CF	▲203(▲179)		(茂木家・			
現金同等物	993(792)	【連結】	堀切家)			
		キッコーマン食品				

【業績】(百万円)	売上高	営業利益	税前利益	純利益	【本社】千葉県野田市野田 250
連 19.3	453,565	38,417	37,925	25,992	【東京本社】東京都港区西新橋
連 20.3	468,616	39,826	39,078	26,595	【従業員】(23.3)
連 21.3	468,119	42,613	41,464	28,828	連 7,775 名
〈〉22.3	516,440	50,682	54,231	38,903	【証券】上東京 P (幹) 野村
〈〉23.2	618,899	55,370	60,797	43,733	【銀行】三菱 U, みずほ

(出所)東洋経済新報社「会社四季報」(2023 年 3 集)

4-2　事業承継の課題と第 2 創業の可能性

　従来，事業承継は，親族への承継を前提として考えられていましたが，事業承継税制が誕生し，「取引相場のない株式等に係る特例」と「小規模宅地等についての相続税の課税価格の計算の特例」の整備に伴い“物的承継”の問題は概ね解決されています。しかし，少子高齢化の進展や事業（家業）を承継したくないという者の増加に伴い，承継者の確保と育成という“人的承継”の問題は残されています。そのため，事業承継者は，必ずしも創業家の親族者のなかから事業承継者を選別する必要はなく，事業意欲や経営能力の高い従業員のなかから後継者を選ぶ方法もあります。また，事業承継を事業の継続と考えたならば，他企業との合併についても検討するべきです。つまり，事業承継の課題は，物的承継問題から優れた承継者の確保と育成という人的承継問題へと移行しているのです。そして，事業承継の円滑化のためには，事業承継を事業転換のための転機と考えて図表 15 に示すように，既存事業の経営資源を活かしながら，

新規事業分野に踏み込んでいく第二創業と考える必要もあります。

図表 15　既存事業と第二創業の位置づけ

新規性大→

	既存製品	新製品
既存市場	既存事業	②　新製品開発「経営革新型第二創業」
新市場	③　新市場開拓「経営革新型第二創業」	①　新製品・新市場「企業革新型第二創業」

新規性↓

（出所）柳　孝一教授の研究報告を基にして信金中金中央総合研究所作成。信金中央金庫総合研究所稿,「脚光を浴びる『第二創業』」（産業企業情報）2005 年 2 月 2 日, 2 ページ。

ディスカッションのテーマ

1　現代の贈与税と相続税における問題点についてディスカッションしてみて下さい。
2　老舗の家訓と事業承継についてディスカッションしてみて下さい。

【参考文献】
・髙沢修一『ファミリービジネスの承継と税務』（森山書店 2016）
・富岡幸雄『税務会計学原理』（中央大学出版部 2003）
・藤井大輔・木原大策『日本の税制』（財経詳報社 2022）
・三木義一監修・鹿田良美『よくわかる相続税法』（有斐閣 2022）

《執筆者一覧と担当章》

（著者）

髙沢　修一　大東文化大学経営学部長・教授　（第1章・第10章・第11章・第12章・第13章・第14章・第15章・第16章・第17章）

山田　敏之　大東文化大学経営学科主任・教授　（第1章・第2章・第4章・第5章・第6章・第7章）

（執筆協力者）

長谷川　礼　大東文化大学経営研究所所長（元経営学部長）・教授　（第1章・第9章）

松﨑　友世　大東文化大学経営学部東松山主任・教授　（第8章）

関口　直樹　大東文化大学経営学部専任講師　（第3章）

（注）2024年3月31日時点

現代マネジメントの基礎

令和6年4月11日　初版発行

著　者　髙沢修一・山田敏之

研究会事務局　〒175-8571　東京都板橋区高島平 1-9-1
　　　　　　　大東文化大学経営学部髙沢研究室内

発行者　宮　本　弘　明

発行所　株式会社　財経詳報社

〒103-0013　東京都中央区日本橋人形町 1-7-10
電　話　03（3661）5266（代）
ＦＡＸ　03（3661）5268
https://www.zaik.jp
振替口座　00170-8-26500

印刷・製本　創栄図書印刷
Printed in Japan